GLI SPECCHI DELLA MEMORIA

a cura di Frediano Sessi

Dello stesso autore
negli «Specchi»

Dimenticati
Dizionario del buon senso
Italiani per bene
Tipi italiani
Vita morte miracoli

Stefano Lorenzetto

Si ringrazia per le amorevoli cure prestate

Medici malattie malesseri

prefazione di Lucetta Scaraffia

Marsilio

Prima edizione: giugno 2009
ISBN 978-88-317-9789
www.marsilioeditori.it

Realizzazione editoriale: Silvia Voltolina

INDICE

«Siamo dentro la moltitudine di uomini che abitano la Terra.
Come si fa a non partecipare al pathos universale?
Ecco perché l'individuo non starà mai bene.
Dovrei essere privo di sensibilità per non pensare
a tutti i miei simili che patiscono».

Vittorio Staudacher (1913-2005), chirurgo

PREFAZIONE

Parlare di medici, come ha voluto fare Stefano Lorenzetto in questo libro, oggi non è facile, per molte e complesse questioni. Il caso Eluana Englaro, oltre a rivelare una divisione fra gli italiani a proposito della richiesta di sospendere alimentazione e idratazione presentata dal padre – che poi, come sappiamo, è stata purtroppo eseguita –, ha mostrato una divisione fra i medici: non solo tra chi era d'accordo con il padre e chi in disaccordo, ma anche tra le diverse valutazioni dello stato reale della povera donna. C'era chi diceva con sicurezza che non sentiva più niente – salvo poi prescrivere sedativi al momento del distacco del sondino che la alimentava – e chi confessava che non potevamo veramente sapere se sentiva qualcosa o no, dal momento che conosciamo il funzionamento del cervello solo al 70 per cento. Abbiamo poi visto un medico, Amato De Monte, indifferente al giuramento di Ippocrate, farsi esecutore della sentenza che ha portato Eluana alla morte sulla base di un "protocollo" elaborato a tale fine.

Mai come in questo momento il ruolo del medico è stato criticato e messo sotto accusa, e alla fine sminuito da tutti i contendenti: il destino di Eluana è infatti stato deciso dai giudici, non dai medici. Non si tratta solo di un caso isolato, se pure coinvolgente e drammatico: tutto il problema ad esso sotteso, cioè quello del cosiddetto "testamento biologico", mette in crisi la professione medica, perché in sostanza risulta essere – almeno nell'immaginario collettivo – un atto di difesa contro il potere dei medici. E perché sembra accreditare l'idea, molto diffusa oggi, che i medici non vogliano altro se non esercitare l'accanimento terapeutico, e che sia compito della legge restituire agli individui il controllo sulla propria vita. Si tratta di un'idea priva di fondamento: non solo, infatti, l'accanimento terapeutico è specificatamente proibito dal codice di deontologia medica, ma soprattutto è costoso, e nessuna azienda sanitaria è interessata a praticarlo, se non in casi in cui i parenti siano particolarmente pressanti in questo senso, e solo per evitare problemi legali.

Ma il vero problema, il vero rischio, è proprio il contrario, e cioè che non si curino sino in fondo i pazienti per motivi economici, perché il sistema sanitario non può permettersi di mantenere un numero troppo elevato di malati gravi. È evidente, quindi, come la convinzione diffusa che i medici non aspettino altro che di scatenarsi nell'accanimento terapeutico sia del tutto funzionale al partito del risparmio delle risorse: è più facile convincere le persone a diffidare dei medici, e a difendersi con un atto legale dal loro possibile strapotere, che parlare del costo dell'assistenza sanitaria a malati gravi e disabili.

A questo si deve poi aggiungere che i pazienti tendono sempre più a farsi la diagnosi da soli, confidando più in se stessi che nella capacità degli esperti, grazie alla possibilità di accedere in rete alle informazioni scientifiche. Il complesso rapporto tra medico e paziente, quindi, tende a perdere componenti necessarie come l'autorevolezza e la fiducia. Fidarsi dei medici è invece una necessità nella nostra vita di esseri umani e, specularmente, è essenziale ai medici per poter esercitare la loro professione. Ce lo ricorda Lorenzetto in questa bella raccolta di interviste a medici, preceduta da una introduzione in cui l'autore racconta il suo personale rapporto con i medici. Non è solo, quindi, la straordinaria capacità di delineare in poche pagine il ritratto di una persona – che è una caratteristica riconosciuta largamente all'autore – a rendere attraente la lettura di questo libro, ma l'interesse oggettivo verso una figura professionale oggi così controversa.

I medici intervistati hanno in comune, tutti, una sincera passione per la loro professione – o meglio, come si diceva un tempo, missione – perché la vivono come un interesse totalizzante, al tempo stesso scientifico e umano. La ricerca per guarire e aiutare i malati ha spinto molti di loro a cercare nuove strade scientifiche, spesso controverse, affrontando sacrifici personali e talvolta l'isolamento nell'ambito del lavoro. Sono medici che dicono cose controcorrente, per esempio che «i problemi cognitivi e la demenza senile sono il risultato di questa maniacalità grassofobica», cioè delle idee sbagliate diffuse sull'alimentazione; oppure che propongono cure per il cancro il cui demerito principale è quello di costare quasi nulla, andando così contro gli interessi della potente industria farmaceutica, riguardo alla quale non hanno paura di dire che «sono in ballo interessi economici e responsabilità enormi».

E a questo proposito mi viene in mente la cattiva

fama – del tutto immeritata – che circonda in Occidente il metodo naturale di controllo della fertilità scoperto dai coniugi australiani Billings, entrambi medici, e che invece è stato adottato con ottimi risultati nella Cina comunista, dove il fatto di essere gratuito ne costituisce invece un titolo di merito. Anche per quanto riguarda una delle malattie contemporanee, l'Aids, un medico dice, senza peli sulla lingua, che il motivo per cui non si trova un vaccino è che ci sono intorno «troppi interessi: l'Aids è un business mondiale, più del petrolio».

La passione scientifica va di pari passo con il coinvolgimento emotivo con il paziente, con il desiderio di guarirlo che non sempre si realizza, generando angosce: più i medici sono appassionati, più per loro è difficile accettare che «non siamo dèi, non salviamo tutti». Il desiderio di guarire, di aiutare gli altri esseri umani è veramente al centro della loro scelta professionale: molti degli intervistati hanno confessato di avere scelto medicina sull'onda di un libro, spesso *La Cittadella* di Cronin, in cui il medico veniva rappresentato come una sorta di missionario, mosso da ideali umanitari a cui si aggiungeva il sapere scientifico. Una scelta emotiva e romantica, in sostanza, lontana dall'idea della buona sistemazione professionale che talvolta ci suggeriscono studi medici troppo perfetti e alla moda.

La lettura di queste belle interviste, che ci aiutano a riprendere la fiducia che tutti vorremmo provare nei confronti dei medici, conferma l'idea che si tratti di una professione innanzitutto centrata sul valore umano di chi la pratica, e non solo sulle capacità della scienza di trovare nuovi rimedi. Lo scrive, in un altro bel libro, Atul Gawande, medico indiano che vive negli Stati Uniti

(*Con cura*, Einaudi, 2009). Secondo lui, i più importanti progressi nel campo medico si sono realizzati applicando meglio e con più serietà le regole igieniche e occupandosi con dedizione e passione dei malati. Mentre – ammonisce – spesso chi cerca di affrontare la crescente complessità delle conoscenze e delle terapie, puntando troppo sulla scienza, fallisce lo scopo finale, cioè la guarigione, magari a causa di obiettivi modestissimi, come la pulizia dell'ospedale. Tanto che Gawande, pur dicendosi sicuro che abbiamo bisogno di innovazioni per accrescere le nostre conoscenze e rendere più efficaci le terapie, ricorda che dobbiamo ancora perfezionare l'uso degli strumenti che la scienza ci ha già dato, e soprattutto è convinto che «nel prossimo decennio un rigoroso impegno per migliorare la prestazione medica, un impegno cui al momento è destinata solo una minuscola parte dei budget scientifici, potrebbe salvare più vite di quante non possano salvarne il genoma, la terapia delle cellule staminali ecc.». Un'opinione controcorrente, che però ora ci viene confermata dalla lettura delle interviste raccolte in questo libro.

Un libro che aiuta a ritrovare fiducia nei medici come persone, in quanto tali non onnipotenti e, purtroppo, capaci anche di sbagliare, mentre i pazienti oggi nutrono scarsissima fiducia in loro come persone, ma investono enormi attese su di loro come esecutori. I medici, infatti, ormai sempre più spesso non sono considerati per la loro integrità personale, quanto piuttosto per le competenze tecniche, quindi come una sorta di meri esecutori del sapere scientifico, peraltro astratto. In questo passaggio verso la perdita di autorità della categoria hanno ovviamente giocato anche altri elementi, come il fatto che la medicina moderna sia sempre più specializzata, guidata dall'industria del profitto e popolata da pazienti sempre più ansiosi.

Per fortuna, però, tutti noi abbiamo incontrato nella vita medici di cui ci si può fidare, e abbiamo provato la sensazione di sollievo che si sente quando è possibile abbandonare ad altri la cura di se stessi, quando si può credere con fiducia che la persona che abbiamo di fronte farà di tutto per guarirci. La scienza, con le sue utili scoperte, viene dopo. Lorenzetto ce lo ricorda, e lo ricorda anche ai medici che leggeranno questo libro, ma soprattutto ai lettori in generale. Tanto da far sperare che questo libro possa suscitare nuove vocazioni vere alla medicina, come ha fatto *La Cittadella*, in giovani che vogliono considerare il loro lavoro come una missione umana.

Grazie a questo libro, forse, saranno migliori i medici che ci cureranno.

LUCETTA SCARAFFIA

INTRODUZIONE

Sono uno degli ultimi italiani nati in casa. Contento di esistere, quell'11 luglio del 1956 non mi rendevo conto che l'appuntamento con i medici era solo rinviato di cinque giorni e che sarei rimasto in balìa loro, all'ospedale, per i due mesi successivi. Né potevano immaginarlo i miei genitori e i miei quattro fratelli, che a una simile evenienza non erano per nulla preparati.

Mio padre, in particolare, fuggiva i camici bianchi come il peccato. Da artigiano che lavorava in proprio era considerato, benché calzolaio, alla stregua di un imprenditore e quindi non poteva contare sull'assistenza di una cassa mutua. Visite, medicine, ricoveri doveva pagarseli fino all'ultima lira; ammalarsi era vietato: sarebbe stata la catastrofe economica per l'intera famiglia, che tirava avanti col "libretto di povertà" rilasciato dal Comune di Verona. Dev'essere per questo che il giorno in cui col trincetto si squarciò il pollice sinistro fino all'osso, mentre tagliava un pezzo di cuoio, preferì ricucirsi il dito da solo col filo che usava per i guardoli.

A maggior ragione era a pagamento l'ostetrica.

«Quella di Marzana, la Emma, arrivava col biroccino», un segno di distinzione degno di Giovanni Pascoli, che nel lessico di mia madre va inteso in un solo modo: costava tanto. Marzana è una frazione a 8 chilometri dal capoluogo. Le gravidanze in casa Lorenzetto si concludevano lì, dove abitavano i nonni materni. Mio padre restava a lavorare in bottega, a Verona. Assisteva al parto solo mia nonna. Ma col secondogenito il servizio della levatrice non si rivelò all'altezza. La mamma fu còlta da un'imponente emorragia «prima de secondàr», cioè prima che la placenta fosse espulsa. Ancor oggi, a 87 anni, ricorda d'aver sentito nelle orecchie il ronzio ovattato della vita che se ne va. Dalla camera da letto, posta al primo piano, il sangue colava così copioso da filtrare attraverso le fessure del pavimento di assi e gocciolare sul tavolo della cucina al pianterreno.

La nonna, vedendo che la figlia stava per morire dissanguata, implorava la Emma di praticarle un'iniezione. «Non posso. E se poi la placenta resta dentro, che facciamo?», si rifiutava l'ostetrica. «Alòra preghèmo», concluse rassegnata mia nonna. Scese in cucina e s'inginocchiò davanti all'altarino della Madonna di Pompei, alla quale era molto devota. L'emorragia cessò.

Dal terzogenito in poi, i parti a Marzana furono perciò sospesi e l'incarico venne affidato alla levatrice di Borgo Venezia, la signora Ferro, che arrivava a piedi, anziché col biroccino, anche perché abitava nella piazza della chiesa, 500 metri da casa nostra. La nuova ostetrica tranquillizzò mia madre: «Non stia a pensare, io ho capito com'è fatta lei: invece di spingere, si addormenta. Ma appena spunta la testa, le faccio una bella iniezione e così il bambino non torna indietro». Alle 12 suonò la sirena dello stabilimento Rossi. Alle 12.05 il terzogenito era fuori. Il papà, che aveva la bottega sotto casa, poté salire subito a vederlo.

Con l'ultimogenito «la storia fu contestata», pudica perifrasi materna per dire che andò storto qualcosa. Che cosa, l'ho voluto capire bene per la prima volta solo a 52 anni. Così, una domenica di settembre del 2008, sono andato a raccogliere l'intervista più coinvolgente fra le quasi 600 realizzate nell'ultimo decennio: quella a mia madre che parla di me.

Credo che tutto sia dipeso dalla mancata preparazione al parto. Mezzo secolo fa le donne concepivano spesso senza nemmeno sapere come. Venuto il tempo, partorivano nello stesso letto in cui avevano concepito. E questo era tutto. Per evitare il peggio sarebbe stato sufficiente un lettino ginecologico col poggiagambe a incavo, ma non credo che si potesse noleggiare. Fatto sta che mentre l'ostetrica mi stringeva la testa nel tentativo di estrarmi, operazione difficoltosa quando devi afferrare 4 chili e 2 etti di cristiano, la mamma ci mise del suo, serrando all'improvviso le gambe per una fitta più dolorosa delle altre. Potevo cavarmela con un cefaloematoma, molto comune nei neonati durante il travaglio. Andò peggio.

Erano le 8.40 di sera ed era mercoledì. La prima notte fu tutta un lamento, flebile quanto opprimente. Venuta l'alba, mia nonna, che aveva assistito al parto stavolta al fianco di mio padre, proruppe in un ordine di accorata drammaticità: «Bepi, ciapa un bicér de acqua, che batesèmo el butìn! Parché, son sincera, a me mama gh'è morto un fiól in 'sta maniera qua». Avendo la madre della suocera partorito otto figli, papà si convinse che la statistica era da tenere nel debito conto.

Da quel momento il bicchiere d'acqua restò sempre pronto sul comodino.

Mia madre ha impresso nella memoria che "perdevo" il collo, cioè assomigliavo alle galline riverse sul bancone del pollivendolo. Apparivo sempre imbambolato e non cercavo il suo seno: «Se non ci fossi stata io a svegliarti, non avresti nemmeno reclamato il latte». Assente per ferie il dottor Gaetano Fioravanti, il pediatra di famiglia che spesso ci visitava gratis, furono chiamati d'urgenza prima il medico condotto e poi «un dotór che stava al ponte Navi», i quali valutarono il mio intorpidimento in un modo davvero singolare: «Questo bimbo è solo un gran mangione, fa delle scorpacciate».

Inutilmente la puerpera cercò di convincerli che si stavano sbagliando, e di grosso. Decise a quel punto di seguire il suo istinto materno e di accelerare le pratiche per un battesimo come Dio comanda. Il sabato mattina raccolse le forze, scese nella salumeria del signor Rino, porta a porta con la bottega di mio padre, e domandò al negoziante se per favore le lasciava usare il telefono. Chiamò la sorella a Marzana e la pregò di scendere a Verona l'indomani: «Dovresti far da madrina al mio Stefano».

Il sacramento mi fu amministrato nella chiesa di San Giuseppe Fuori le Mura. Cerimonia scabra. Niente pranzo. Alla fine del rito, mia zia fu molto esplicita con la sorella e se ne uscì con un'espressione che tradotta dal dialetto veneto suona pressappoco così: «Sono addolorata, ma non ci vedo dentro niente di bello nemmeno io». La conferma che mia mamma non avrebbe mai voluto sentire. «Sai che faccio? Ti lascio qui e corro dal dottor Orlandi, che vede tanti di questi casi», soggiunse la madrina.

Il dottor Orlandi abitava a Quinto di Valpantena, tutt'uno con Marzana. Non l'ho mai conosciuto. Ma lui ha conosciuto me. È stato il primo vero medico della mia vita. Sento di volergli un gran bene e sono sicuro che un giorno, da qualche parte, troverò il modo di dirglielo. Mi sarebbe piaciuto almeno sapere il suo nome di battesimo, un nome di santo, il mio santo protettore. Purtroppo nessuno se lo rammenta. Fa niente. Quando avremo l'occasione, lo riconoscerò dallo sguardo. È per questo che ci saranno dati occhi nuovi, non è vero?

Fu lui, il dottor Orlandi, a salvarmi. Mia madre è sicura d'aver notato parecchio tempo fa la sua fotografia tra i necrologi del quotidiano locale, tanto che gli recitò una prece riconoscente. Doveva essere nato fra il 1920 e il 1930, perché in quel 1956 avrà avuto circa 30 anni. Era pediatra all'ospedale infantile Alessandri, un padiglione inaugurato nel 1914 all'interno dell'ospedale civile di Borgo Trento.

Il lunedì mattina, col primo tram, quello delle 6, il dottor Orlandi fu a Verona. Bussò alla porta di casa nostra, al numero 28 di via Girolamo Dai Libri. I miei non sapevano del suo arrivo e si stupirono molto. «Mi manda sua sorella, mi faccia vedere il bambino», disse a mia madre. Fui deposto in mezzo a un grande cuscino apparecchiato sul tavolo della cucina, sotto la luce del lampadario. Gli bastarono pochi gesti. Si girò verso mio padre: «È brutto dirglielo a bruciapelo, ma deve chiamare un taxi e portare subito suo figlio in ospedale. Va ricoverato immediatamente. Non c'è tempo da perdere». Vedendo mia madre sbiancare in viso, per pietà non riferì la diagnosi.

Il signor Rino era uno dei pochi abbonati della Telve nel quartiere e aveva messo a disposizione il proprio telefono anche di notte. Si approfittò della sua cortesia: fu svegliato prima del solito. L'autista di piazza non tardò molto. Mezz'ora dopo ero all'ospedale infantile Alessandri, il cui direttore, l'insigne professor Vittorio Mengoli, non si sarebbe però fatto vedere prima di metà mattina. Col cuore straziato, mio padre fu costretto a tornare a bottega: aveva pur sempre quattro figli, quasi cinque, da sfamare.

Le madri in attesa di notizie dei loro piccoli furono divise in due gruppi. Verso le 10 il secondo gruppo, formato dalla signora M.C. e da mia madre, venne preso in disparte dal primario. Alla prima il luminare disse semplicemente: «Temiamo che sia leucemia». A mia madre: «Signora, guardi che il suo bambino ha una malattia per la quale ci vuole un raggio di fortuna». L'ho sentita pronunciare infinite volte, questa frase, dalla mamma. «Non disse: "Ci vuole un miracolo"», mi ha ripetuto anche a settembre del 2008. «Disse: "Ci vuole un raggio di fortuna"». Credo che per lei fosse suonata persino più incomprensibile e maligna della diagnosi: «Meningite».

Ora perlomeno nella sua mente sconvolta le era tutto chiaro: aveva stretto troppo le gambe nel darmi alla luce. Che importanza poteva avere, per lei, che si fosse trattato della forma virale o di quella batterica, o di pachimeningite, un'infiammazione della duramadre, la membrana che avvolge l'encefalo e il midollo spinale, talvolta conseguente a traumi da parto? Era comunque tutta e solo colpa sua.

«Ti facevano le lombari e anche le punture nella testa», piange ancora adesso, a distanza di 52 anni. Delle prime non so. Ma delle seconde reco un segno indelebile, una chierica nella regione temporale destra che da ragazzo cercavo di occultare sotto i capelli. Un giorno o l'altro dovrò decidermi a farla brevettare. Mi fu procurata da un'infermiera con un'energica strofinata di cotone imbevuto d'alcol prima di un'iniezione. Suppongo che gli inventori del Silk Epil non sappiano della possibilità di raggiungere risultati permanenti, in fatto di depilazione, con un metodo tanto semplice.

La mamma rimase con me in ospedale 35 giorni, visto che doveva allattarmi. Per tre volte mi credette morto. Continuava a piangere. Finché la caposala, un'energica suora della Misericordia, la prese per un braccio e le diede uno strattone: «Se vuol bene a suo figlio, la smetta di disperarsi! Guardi che se le va via il latte, il primario la rimanda a casa».

Il verdetto del professor Mengoli, all'atto della dimissione, fu brutale: «Per noi è clinicamente guarito. Ma non posso assicurarle che da grande sia normale». Figurarsi mia madre. Tornata in via Girolamo Dai Libri, visse le 24 ore successive china sulla culla del figlio, ascoltandone il respiro, sfiorandogli di continuo il petto per accertarsi che il cuore battesse ancora, osservando ogni più impercettibile movimento degli occhi e del capo.

Fu la mia fortuna. Infatti s'accorse in piena notte che ero diventato cianotico e rigido «più del bertagnin», il baccalà. Il dottor Fioravanti era tornato dalle vacanze al mare. Mio padre corse a chiamarlo. Si precipitò. Fu approntato il solito cuscinone. I miei ragguagliarono il pediatra su quanto era accaduto nei 35 giorni precedenti. Mi controllò i riflessi: non un sussulto. «Sapete che cosa devo dirvi?», guardò sconfortato mamma e papà. «Pregate il Signore che se lo riprenda. Perché questa, secondo me, è encefalite».

Il signor Rino fu svegliato per la seconda volta. Durante la corsa verso l'ospedale, vedendo nello specchietto retrovisore i due genitori affranti curvi sul bimbo avvolto in fasce, il tassista si mise a piangere. Davanti all'Alessandri riuscì a dire soltanto: «Ve auguro tuto el ben de 'sto mondo». Non volle essere pagato.

Dall'atto del ricovero, passarono ore. Finalmente il medico di guardia s'affacciò in sala d'attesa: «Siete voi i genitori di Lorenzetto Stefano? Ho una bella notizia da darvi: state tranquilli, stavolta il dottor Fioravanti s'è sbagliato. Non è encefalite, ma solo uno sbalzo di temperatura. In ospedale gli stanzoni sono grandi e fa sicuramente meno caldo che a casa vostra. Il bambino qui s'era acclimatato. Debilitato com'è, ha reagito male al cambio di ambiente. Lo teniamo dentro per precauzione fino a che non si sarà completamente ripreso». Altri 25 giorni di ricovero. La mamma sempre accanto. Fui dimesso che era quasi autunno.

A fine settembre arrivò a casa una lettera spedita dalla Basilica del Santo di Padova. Mia madre la aprì. Dentro c'era una custodia blu, 5 centimetri per 4, con incollate all'interno un'immaginetta metallica di Sant'Antonio nell'atto di spezzare il pane per consegnarlo a una famiglia di affamati e due scritte: «Sant'Antonio prega per noi» e «Sant'Antonio benedici i nostri benefattori». Le ci volle del tempo per scoprire che sua mamma e sua suocera, mentre lei era all'ospedale con me, avevano fatto un voto al Taumaturgo per la mia guarigione e inviato un'offerta all'Opera Pane dei poveri. Quella placchetta votiva è sempre rimasta nel portafoglio di mio padre. Alla sua morte è passata a me. Insieme con una bicicletta, rappresenta l'unico bene che un ciabattino poteva lasciarmi in eredità. Adesso si trova sulla mia scrivania. Pur chiusa nell'astuccio, sono sicuro che mi osserva mentre scrivo. O, per meglio dire, mentre traduco dal dialetto, la mia lingua, le poche e sparpagliate idee che vado affastellando sulla carta da 35 anni.

* * *

Da quel momento la mia consuetudine con i medici era segnata. Diciamo che se il ministro della Salute dell'epoca avesse affidato a mia madre la prevenzione sanitaria in questo Paese, oggi l'aspettativa di vita della popolazione sarebbe quella vagheggiata da Silvio Berlusconi su istigazione di don Luigi Maria Verzè, il fondatore dell'ospedale San Raffaele: 120 anni. Il fatto è che nel primo governo presieduto da Antonio Segni, in carica a quel tempo, un ministro della Salute, o della Sanità, non esisteva proprio. Il che la dice lunga sulla successiva medicalizzazione dell'Italia.

Il dottor Remo Zerman fu prescelto come specialista pediatra perché lavorava all'ospedale infantile Alessandri, quindi sarebbe potuto tornare utile nel caso sventurato di ulteriori ricoveri. Di pomeriggio svolgeva la libera professione in un ambulatorio di via Stella. Le visite, inutili nella loro monotonia, si susseguivano con cadenza settimanale. Ovviamente mi accompagnava mia madre, la più bisognosa di rassicurazioni. «Quando non avevi voglia di mangiare, io diventavo matta». Del resto l'inappetenza era stato il primo sintomo che aveva osservato alla nascita e nella sua mente rimaneva associato a uno stato di malattia non probabile bensì certa, anzi ingravescente. Credo che i miei attuali 110 chili di peso siano in qualche modo ascrivibili a questo stato d'ansia perenne della mamma, e ai corrispondenti sforzi nutrizionali, anche se non gliel'ho mai detto per non colpevolizzarla.

Mi sono annoiato a osservare per ore e ore l'angusto cortile su cui si affacciava la sala d'aspetto dell'ambulatorio, in attesa dell'invariabile responso del dottor Zerman: «Va tutto bene, signora, stia tranquilla. Il bambino è normale e cresce bene». Per una nemesi gastrica, o per l'eterogenesi dei fini, trent'anni dopo avrei lasciato ogni mese un quinto del mio stipendio di caporedattore del quotidiano *L'Arena* nel sottostante negozio di gastronomia Stella, con qualche contraccolpo dislipidemico.

Nel mezzo dell'infanzia subentrò una strana quanto infrequente patologia che mise parecchio in allarme mia madre: l'iperemesi cinematografica. Succedeva questo. La domenica pomeriggio i bambini andavano al catechismo e gli adulti alle sacre funzioni in chiesa, complemento obbligatorio della messa di precetto mattutina. Alle 16 si ritrovavano davanti all'altare tutti insieme, grandi e piccoli, per il canto del *Tantum ergo* e la benedizione eucaristica con l'ostensorio irraggiato d'oro portato in processione dalla Confraternita del Santissimo Sacramento.

Usciti dalla chiesa, mio padre mi dava la mancia: 30 lire. Più spesso consegnava 120 lire a un mio fratello, che servivano per pagarmi il biglietto d'ingresso al cinema parrocchiale Aurora. La passione per la settima arte – ma io allora non sapevo che si chiamasse così – negli anni seguenti avrebbe trovato uno sbocco nel lavoro di proiezionista, grazie al quale misi da parte qualche risparmio durante gli studi. Ora, com'era come non era, quando tornavo a casa dall'Aurora, dopo aver visto non meno di due volte il film in programmazione, regolarmente vomitavo il pranzo di mezzodì. L'unico rimedio che dimostrava una qualche efficacia era un grog fatto col Fernet Branca, anzi, dato l'alto costo del digestivo milanese, con un sottoprodotto veneto, il Fernet Balestra, che veniva venduto per strada con questo slogan dal conducente di una Fiat 1100 bianca munita di altoparlante: «Pacco propaganda Balestra. Oggi, perché tutti lo proviate, la casa produttrice del Fernet Balestra vi offre...»

A me toccava provarlo tutte le domeniche. Faceva schifo. Però funzionava: o riattivava la peristalsi o favoriva il rigetto. Già, ma perché il vomito imperioso dopo il cinema? Mia madre ci vedeva un'interconnessione cerebrale, dunque con la pregressa malattia, e ne faceva ogni volta un dramma: «Mariavergine, cossa g'avaràlo, 'sto buteléto?» Col senno di poi, non si può darle torto: la meningite non c'entrava, ma l'encefalo sì.

Affinché i miei genitori non mi vietassero il cinema, cominciai a formulare delle teorie fantasiose alle quali finivo per credere io stesso nell'illusione che scongiurassero la nausea vespertina, la peggiore delle compagnie. Dapprima li convinsi che «i film degli indiani» non mi facevano star male, come se le battaglie e gli inseguimenti sullo schermo avessero il potere di movimentare anche la digestione. La solita acqua calda macchiata di Fernet Balestra lavò via l'invenzione. Poi che i film in bianco e nero erano meno predisponenti di quelli a colori, ipotesi smentita da una vomitata alla Linda Blair nell'*Esorcista* dopo che avevo assistito alla proiezione di *In ginocchio da te* con Gianni Morandi e Laura Efrikian; un evento di portata storica, perché rammento tuttora i nomi dei comprimari nei titoli di coda: Nino Taranto, Enrico Viarisio, Dolores Palumbo, Margaret Lee, Enzo Tortora, Ave Ninchi, Gino Bramieri e Raffaele Pisu. Non mancava davvero nessuno.

La soluzione fu trovata da mio padre, che era un infermiere, oserei dire un medico, mancato. Assistito da una resistenza fisica taurina, cominciava a lavorare alle 7 di mattina, risaliva dalla bottega per il pranzo alle 12.30, si concedeva anche su esortazione di mia madre («Va' a butàrte, Bepi») una pennichella di mezz'ora, ritornava al deschetto fino alle 20, risaliva in casa per la cena e poi, almeno d'estate, riscendeva a tirare lo spago fino a che non vedeva passare la gente di ritorno dall'opera in Arena. Per la sua umanità nell'assistere i malati, lo precettavano quando bisognava "fare la notte" a qualche congiunto in fin di vita. Non c'è un solo morto di tumore, nel nostro parentado, che non abbia chiuso gli occhi senza vedere per l'ultima volta quelli di mio padre, rischiarati dal blu cobalto della luce notturna in una stanza d'ospedale.

Nel comodino della camera matrimoniale, nascosto sotto le calze e le mutande, papà custodiva un manuale di semeiotica medica e patologia generale per infermieri professionali, regalatogli da chissà chi, nel quale erano illustrate dettagliatamente, anche con foto e disegni, le procedure di pronto soccorso, le medicazioni delle ferite, l'evolvere delle malattie, persino la preparazione delle salme. Aveva la copertina gialla con scritte in rosso ed era spesso 5 centimetri. Io lo compulsavo di nascosto, col cuore in gola: sarebbe stata una colpa imperdonabile farsi cogliere nell'atto di frugare nei cassetti della camera da letto dei genitori. I primi rudimenti di medicina li ho appresi su quel volume. Ho imparato, per esempio, come mai si formano nei cadaveri le macchie ipostatiche e ho visto qual è il trucco per chiudere la bocca di un defunto senza deformarne le sembianze: una legatura con ago e filo dalla base della lingua a sotto il mento e di qui alle narici bucando il setto nasale, con un nodo stretto che salda la mandibola alla mascella.

Quella domenica sera, mentre vomitavo nel water con la sua mano callosa che mi sorreggeva la testa, papà ebbe un'intuizione degna di un grande clinico: «Ma non dipenderà dalla vista?» Pochi giorni dopo ero nello studio del dottor Michele Sonzio, oculista. Risultai astigmatico e anche un po' miope, come mio padre e i miei quattro fratelli. La continua difficoltà di accomodamento visivo, provocata dallo scorrere dei fotogrammi sul telone del cinema Aurora, evidentemente pregiudicava la digestione.

Gli occhiali furono preparati dall'ottico Aschieri. All'uscita dal negozio, vedevo i marciapiedi in salita. Mi sentivo ancora più goffo del solito. A ogni passo temevo di cadere. Tornai indietro per riferire alla commessa che qualcosa non andava. «Devi solo abituarti», mi liquidò sbrigativa. Il signor Aschieri, persona molto pia e cerimoniosa che serviva buona parte del clero cittadino, scostava in quell'istante la tenda nera del retrobottega. Fu preso da uno scrupolo e volle controllare di persona la piena corrispondenza fra prescrizione del dottor Sonzio e occhiali: l'asse di una lente risultò difforme dalla ricetta, sia pure di un'inezia. Corresse il grado ruotandola un po' con un arnese dotato di ventosa. «Avevi ragione, certo che sei un ragazzo molto sensibile», si congratulò.

Oggidì si stenta a crederci, ma allora i bambini

occhialuti erano giudicati a tutti gli effetti dei diversi dai loro coetanei, proprio in quanto diversi dalla maggioranza, che ci vedeva – o credeva di vederci – benissimo. L'indomani, per darmi importanza e per giustificare con i compagni di classe il mio nuovo stato di "quatro óci e dó stanghète", insomma per sottrarmi alle inevitabili canzonature, dissi che gli occhiali mi erano stati imposti dal famoso «dottor professor Sonzio» e m'inventai che nel suo studio esponeva incorniciate ben cinque lauree "honoris causa". Ignoravo che cosa significasse quel termine latino, però mi pareva altisonante. Uno degli alunni, più avvertito degli altri e per nulla in soggezione, commentò sprezzante: «Allora vuol dire che non s'è mai laureato». Da grande questo mio compagno divenne un cantautore e io da quel giorno imparai a non parlare mai di cose che non conosco.

Con gli occhiali da vista le cefalee filmiche cessarono come per incanto e, poiché in casa non avevamo il televisore, ora potevo finalmente battere tutti i cinematografi parrocchiali: Corallino, Rocca, Nuovo, Stimate, fino al Pindemonte, il più lontano, 7 chilometri a piedi fra andata e ritorno. Ricordo che feci l'intero percorso dal Nuovo a casa piangendo a dirotto dopo aver visto *Incompreso* di Luigi Comencini.

Ma il mal di testa non sparì in assoluto dalla mia vita. Bastava un nonnulla per scatenarlo: un prolungato digiuno, uno sforzo fisico, un gelato, un cioccolatino, un colpo di sole, un'emozione intensa, una gita in pullman, una luce troppo forte, un'interrogazione, un compito in classe, un'ora di sonno in più, il freddo in fronte, la lettura dopo il pasto di mezzogiorno, la posizione della testa sul guanciale, il rumore negli ambienti affollati, l'aria viziata. Distinguevo la cefalea muscolotensiva da quella a grappolo e l'emicrania semplice da quella con aura. Il senatore a vita Giulio Andreotti sa di che parlo.

Il mal di testa aveva qualcosa a che vedere con la meningite? Improbabile. Ma poiché risposta non c'è o forse chi lo sa, come in *Blowin' in the wind*, decisi di avvalermi dell'invalidante antefatto al momento della chiamata alle armi. Il colonnello medico dell'ospedale militare dispose, per coprirsi le spalle, una "visita superiore". Fui caricato su un'ambulanza e portato, quando si dice il caso, a Marzana.

Qui, proprio di fronte alla casa dei miei nonni, era stato costruito un moderno ospedale psichiatrico. Lo conoscevo come le mie tasche. Per anni c'ero entrato con la morosa. Andavamo a trovare la signora Maria Tezza, un'anziana priva di parenti, che prima del ricovero coatto avevamo assistito portandole pasta, zucchero, caffè e scatolame nel tugurio dove abitava. La domenica mattina un ricoverato saliva su una panchina nel giardino del manicomio e, impugnando un immaginario microfono, urlava agli altri matti: «Ed ecco a voi Mirandaaa Martinooo!», poi attaccava a cantare *Arrivederci*. Una volta mia nonna, donna assai compassionevole, si sfracellò il viso nel tentativo di scavalcare un'aiuola per portare soccorso a quel paziente che ululava da ore aggrappato alla recinzione. Ancora a terra nel suo sangue, raccolse l'implorazione d'aiuto del poveretto: «Sinquanta franchi». Cinquanta lire. Nessuno capì mai come facessero gli alcolizzati a scavalcare le alte inferriate per andarsi a bere all'osteria le offerte estorte ai passanti.

Fu lì, nel manicomio di Marzana, che conobbi il professor Vittorino Andreoli, consulente medico del ministero della Difesa incaricato della "visita superiore". Volle che gli raccontassi per filo e per segno delle mie cefalee. Poi mi chiese d'accomodarmi fuori, in corridoio. Lo sentivo battere furiosamente sui tasti della macchina per scrivere. Non ero un Pietro Maso o un Ferdinando Carretta, figure peraltro di là da venire, ma arguii che il caso clinico-letterario lo stava intrigando più di una perizia psichiatrica. Dopo un'ora mi fece rientrare nello studio. Estrasse il referto dal rullo della Olivetti. Notato il mio stato d'ansia, prima di sigillarlo nella busta, che avrei dovuto consegnare all'ospedale militare, me ne anticipò benignamente il contenuto: alla luce del profilo anamnestico e della mia impressionante conoscenza di tutti i principi attivi che utilizzavo per combattere l'emicrania – acido acetilsalicilico, paracetamolo, propifenazone, caffeina, ibuprofene, ketoprofene, diclofenac, naprossene – sconsigliava vivamente l'arruolamento nell'esercito. In effetti ce n'era abbastanza per suicidarmi o ammazzare un intero battaglione. Fui riformato. Molto tempo dopo i nostri destini si sarebbero incrociati nuovamente grazie al giornalismo. E divisi bruscamente per lo stesso motivo. Colpa mia: ho citato certe pagine un po' forti dello psichiatra-scrittore in una polemica col direttore di *Avvenire*. Dino Boffo mi ha perdonato, Vittorino Andreoli no.

* * *

Intorno ai 13 anni la gestione del mio corpo fu affidata al dottor Giovanni Battista Fraccaroli, un medico che nel quartiere dove abitavamo era circondato da grande rispetto per due motivi: era rimasto vedovo prematuramente e non mancava mai come barelliere sui "treni violetti" dell'Unitalsi che portavano i malati in pellegrinaggio a Lourdes.

Il suo compito era di controllare "lo sviluppo". L'equazione che s'era insinuata nelle pieghe dell'anima dei miei genitori credo fosse la seguente: meningite uguale ritardo. Quello mentale era stato scongiurato: a scuola andavo benissimo. Ma ora, sulla soglia della pubertà, bisognava investigare su quello sessuale. Non aveva alcuna importanza che l'equazione fosse priva di fondamento scientifico. I medici dovevano tranquillizzare mamma e papà e metterli al riparo, un domani, dal più nefando dei rimorsi: quello di non essersi preoccupati a sufficienza della salute del proprio figlio.

Il dottor Fraccaroli mi sembrava la controfigura di Tino Buazzelli, che a quei tempi furoreggiava sulla Rai in bianco e nero – anche in casa nostra era infine arrivata la Tv – nei panni dell'investigatore privato Nero Wolfe. Lo invidiavo perché, novello Gutenberg, aveva agghindato l'ambulatorio con decine di targhe in ottone e in plexiglas che recavano incisi orari, avvertenze, disposizioni per i pazienti. Presente mia madre, procedeva all'ispezione dei genitali con la compunzione del grande cattedratico. Un impercettibile soffio asmatico rendeva più grave il momento, nel silenzio irreale dell'ambulatorio. La rapidità con cui portava a termine la liturgia non attenuava il mio imbarazzo.

Faccio risalire a quelle visite il maniacale interesse per i foglietti illustrativi dei medicinali. Ebbi un trasalimento nell'apprendere che tra i principi attivi della "cura" ordinatami dal dottor Fraccaroli figurava l'olio del fegato di ippoglosso. Che cos'era l'ippoglosso? Intuivo che si trattava di un animale, considerato che aveva un fegato. Ma perché mai avevo bisogno dell'aiuto di una bestia per crescere? Chi poteva spiegare a un bambino che l'ippoglosso groenlandese del Circolo polare è l'halibut ricco di vitamine D, A e F in vendita dal pescivendolo, e non una mostruosa creatura mitologica sopravvissuta nelle foreste del Borneo? Solo nel 1996, parlando col dottor Luciano Cucchi, primario di urologia infantile dell'ospedale San Carlo di Milano e fratello del mio amico Luigi, un collega del *Giornale*, scoprii come i medici americani, pragmatici, hanno sempre regolato la faccenda in quest'ambito: «Leave penis alone», lascia il pene da solo.

Appena sposato, rinunciai senza rimpianti al pur eccellente dottor Fraccaroli e scelsi come medico di base il dottor Sinibaldo Nocini, il medesimo della famiglia di mia moglie. Si occupò di noi fino alla pensione, che solo per pochi anni non coincise con la sua morte; nell'ambulatorio faceva pratica la dottoressa Paola Donato, che oggi ne ha preso il posto, una medica competente e premurosa incapace di rassegnarsi all'idea che io non possa, o non voglia, dimagrire.

Nocini era un uomo elegante, sportivo, con una chioma leonina brizzolata tirata all'indietro, mossa da un'onda che lo rendeva simile a un direttore d'orchestra wagneriano. Nel quartiere era noto per la sua generosità. Durante le visite a domicilio, portava di nascosto la carne da brodo ai malati indigenti. Ai suoi figli – me lo ha raccontato Pier Francesco, il suo primogenito, che ne ha seguito le orme e che gli assomiglia in modo impressionante – ripeteva in continuazione una frase bellissima, magari potesse diventare mia subito, qui, adesso, per sempre: «Fai del bene, dimentica. Fai del male, ricorda».

Il dottor Nocini mi diagnosticò l'ipertensione e il

reflusso gastroesofageo. Mi tranquillizzò al primo collasso: «È stato un riflesso vagale, una monata». Assistette con l'empito del tifoso all'avventura della nascita del mio primo figlio, una bambina. Perché lui era davvero così, un tifoso della vita, bastava vedere quanti bravi ragazzi aveva messo al mondo – cinque maschi, proprio come mio padre – e lo stoicismo con cui aveva affrontato il più terribile dei dolori che possa toccare a un genitore: sopravvivere ai figli, non ottenere la grazia di prenderne il posto quando l'alito del Creatore sta per abbandonarli, non riuscire a salvarli – lui, il medico che salvava gli altri! – come accadde col piccolo Antonio, ucciso ad appena un anno da una banale crisi respiratoria, e poi con l'adorato Giorgio, morto in ospedale a 30 anni per un'embolia dopo un incidente stradale.

Conoscevo il dottor Nocini, originario di Faenza, da molto prima che diventasse nostro medico di famiglia. Quand'ero adolescente, m'aveva condotto per mano sui sentieri della vita, quella biologica. Fu il primo a parlarmi di quel grande mistero che è la riproduzione umana, «una faccenda drammatica, un atto sacrale» la definiva il mio amico Sergio Saviane, laicista puntuto, dissacrante fustigatore di costumi e malcostumi, donnaiolo impenitente, che aggiungeva: «Far battute sul sesso è ignobile». Ma a quell'età l'amore ti pare invece una cosa da ridere e quando in un centinaio ci trovammo radunati nell'aula San Pio X, sopra la sacrestia, per ascoltare la prima lezione di educazione sessuale tenuta dal dottor Nocini su incarico del parroco, il simpatico relatore, ben sapendo di che pasta erano fatti gli adolescenti, con l'estro tipico dei romagnoli conquistò subito la vociante platea disegnando alla lavagna l'apparato genitale maschile e indicando poi con l'unica parola conosciuta dai ragazzi di borgata quegli organi che Giacomo Leopardi, letterariamente avverso a Niccolò Tommaseo, chiamava i tommasei: «E questi i è i coióni».

Ora che ci penso, mi ha persino spalancato le porte della professione giornalistica, il dottor Nocini. Il mio primo servizio con firma per esteso – estate 1973 – fu proprio un'intervista con lui, il presidente dell'Unione sportiva Virtus di Borgo Venezia, e mi par di ricordare che fosse corredato da una foto che immortalava il medico nell'atto di sorreggere l'atleta Marcello Fiasconaro, in quell'anno primatista mondiale degli 800 metri, affaticato al termine di una gara.

* * *

Nel 1975, assunto con un contratto a termine all'*Arena*, mi ritrovai a frequentare quotidianamente i medici. Mi venne infatti affidato il "giro degli ospedali", secondo la prassi invalsa per i cronisti agli esordi. Il veterano di questa specialità era un collega che aveva 20 anni più di me e che s'è sempre distinto per due qualità: una cordiale avversione per il lavoro e una spiccata propensione a cavare dal "giro degli ospedali" soltanto una manciata di "balòte", cioè pallini neri, notiziole di dieci righe con le quali il capocronista Giuseppe Faccincani di notte, al momento di chiudere le pagine in tipografia, tappava i buchi in fondo alle colonne di piombo. Avevo messo piede in redazione da neanche un'ora che già il redattore anziano stava catechizzandomi: «Ricòrdati che dal giro degli ospedali qui nessuno è mai tornato prima delle 19! E il Policlinico di

Borgo Roma lo si fa solo per telefono!» L'ammonizione, spicciativa nel tono, appariva lungimirante nelle intenzioni: bada a non strafare con l'entusiasmo del neofita, altrimenti poi mi tocca fare altrettanto. Provenendo dal sindacalista storico della testata, il più votato componente del Comitato di redazione, puntualmente rieletto anno dopo anno nel soviet dei giornalisti, era da intendersi anche come inderogabile. Peccato che cozzasse contro la mia passione segreta per la medicina. Difficile ordinare al topo di stare lontano dal formaggio. Presi a frequentare fin dal mattino le astanterie dei pronto soccorsi e i posti di Pubblica sicurezza, a cominciare dal Policlinico di Borgo Roma, il più lontano dal centro storico e dunque il più inviso ai cronisti, quello che, stando all'ukase del Cdr, avrei dovuto interpellare solo telefonicamente.

Fu all'ospedale di Borgo Trento, dove io stesso avevo combattuto alla nascita per la sopravvivenza, che compresi come la morte, per i medici, non sia altro che routine, normale quotidianità. Non l'Evento, ma uno dei tanti eventi, al pari dei titoli per i giornalisti e delle sentenze per i giudici. Non ero preparato a questo. Accadde di pomeriggio. Arrivai al pronto soccorso, chiesi al poliziotto di turno se vi fossero novità. «Incidente stradale, 19 anni. C'è rimasto secco». La mia stessa età. Dietro una porta semiaperta intravidi, immobile sul lettino, un corpo interamente coperto da un telo verde.

Mezz'ora dopo nel corridoio, foderato di piastrelline bianche da macelleria, irruppe una donna. «Dov'è? Dov'è? Come sta? Che gli è successo?», gridava. Era la mamma del ragazzo. Richiamato dal trambusto, un medico piuttosto anziano, alto quasi 2 metri, uscì dallo studio in fondo al corridoio. La canottiera affiorava dal camice aperto sul petto. Credo fosse il primario, non l'avevo mai visto prima. Un dottorino e un infermiere gli andarono incontro e gli bisbigliarono qualcosa all'orecchio. A passi decisi, seguito dai due, l'omone raggiunse la donna. Le disse solo, con un'inflessione toscana: «Signora, il su' figliolo l'è morto». Il dottorino, deglutendo, cercò di mitigare: «Ci dispiace molto, deve farsi coraggio». Ho ancora nelle orecchie il «nooo» strascicato all'infinito di quella disgraziata, mentre correva come un'ape impazzita su e giù per il corridoio, avanti e indietro, senza fine. Talvolta si trova consolazione anche nel poter scrivere in un necrologio la formula di rito: «Si ringrazia per le amorevoli cure prestate».

* * *

I giornalisti a quell'epoca erano pagati molto bene. Il primo stipendio all'*Arena*, luglio 1975, fu di 548.000 lire, rivalutato ai valori attuali oltre 2.700 euro. Ovviamente lo consegnai per intero in casa: allora usava così. I miei genitori non credevano ai loro occhi. Nessuno degli altri figli, tre impiegati in banca e uno perito elettrotecnico all'Enel, aveva mai percepito una cifra simile. Il più grande, vicecapufficio al Credito italiano con nove anni di anzianità aziendale, prendeva intorno alle 470.000 lire mensili. Lo racconto per confermare prima di tutto a me stesso come l'agiatezza economica possa imprimere alla vita un indirizzo sbagliato. Nel novembre 1986, da poco caposervizio, in proporzione guadagnavo ancora di più – 3.417.000 lire, che oggi sarebbero 7.300.000 lire – e, d'accordo con mia moglie, mi ero dato un programma esistenziale coerente con le entrate: girare il mondo.

L'antivigilia di Natale di quell'anno, già con le valigie al piede per l'ennesimo viaggio intercontinentale, incrociai sulle scale della redazione il direttore del giornale. Gli porsi gli auguri. «Buon Natale anche a lei, a sua moglie e ai suoi figli», contraccambiò. «A proposito, quanti figli ha?» Neanche uno, balbettai. «Come mai?», inarcò il sopracciglio. Mah, sa com'è, direttore, siamo sposati da pochi anni e volevamo prima guardarci attorno... «Vedrà che quando li cercherà, non arriveranno», replicò, e nel dirlo mi parve che il profilo delle labbra, anatomicamente già affilato, si fosse fatto per un istante più livido del solito.

Venne il momento di cercare il figlio. Non arrivò. Con mia moglie sdrammatizzammo dicendoci che la profezia del direttore non c'entrava nulla. Ma certo. Si trattava solo di pazientare. Un anno, due anni, tre anni. L'attesa si prolungava. Intanto le lancette dell'orologio biologico correvano. Che tragico errore non corrispondere fin da subito alla fame di eternità che un bambino porta con sé! Che senso aveva vivere se non potevo lasciare qualcosa di me stesso in questo mondo? Forse era il caso di affidarsi ai medici.

Il professor Elmo Padovani aveva fama di ginecologo molto scrupoloso ma anche di ostetrico estroverso: all'ospedale di Zevio faceva partorire le mamme nel lettone, in una stanza arredata con i mobili di casa. Andammo. Ci ordinò una sfilza di esami di laboratorio, volti ad accertare un'eventuale infertilità di coppia. Siccome era un buon cattolico e per di più faceva parte dei cavalieri dell'Ordine equestre del Santo Sepolcro di Gerusalemme, quelli col mantello bianco sormontato dalla croce di Goffredo di Buglione, volle specificarmi che la raccolta del liquido seminale per lo spermiogramma non andava fatta tramite ipsazione – non avevo mai sentito usare quel termine – bensì indossando un profilattico nel corso di un normale rapporto coniugale, ché il Padreterno avrebbe chiuso un occhio, e provvedendo subito dopo alla foratura del condom con uno spillo e al travaso in un vasetto sterile.

Le analisi, sia di mia moglie che mie, risultarono nella norma. Ma al professor Padovani non poteva sfuggire che il testosterone, il più attivo degli ormoni androgeni, fondamentale per la riproduzione, in tre milioni di anni aveva raggiunto un livello medio nel sangue di 12 millimoli per litro e nell'ultimo quarantennio era sceso a 4,1 e ancora si stava abbassando: una riduzione del 65 per cento. Cominciava allora ad andare di gran moda la fecondazione assistita. Il ginecologo, roccioso pro life, pensò bene di ordinarmi un farmaco iniettabile che aumentasse volume e motilità degli spermatozoi: il Profasi. Lo produceva la Serono, il cui fondatore sul finire dell'Ottocento aveva scoperto come la gonadotropina corionica, presente nell'urina delle donne in menopausa, facesse miracoli contro l'infecondità. Nel 1950 il medico e chimico Cesare Serono, col beneplacito del Vaticano, s'era organizzato per raccogliere quantità industriali di pipì nei monasteri e aveva brevettato il Profasi.

L'idea che per diventare padre potesse essermi di giovamento l'urina delle suore era più repellente che stimolante. Ma, pur di avere un figlio, si fa questo e molto altro. Mia moglie sudava freddo ogni volta che doveva fiocinarmi il gluteo. Le tremava la mano. Fu costretta a imparare in fretta a destreggiarsi con la siringa. Rivedo il suo affanno alla vigilia di un viaggio che ci avrebbe portato in Cina, Thailandia, Singapore, 14 voli in 21 giorni: le fiale avrebbero passato indenni i check-in? avrebbero mantenuto la temperatura adeguata? L'ultima puntura nella camera dell'hotel Mandarin, con vista sulla baia di Hong Kong, fu vissuta come una liberazione.

Ritornati in Italia, i mesi trascorrevano senza che questo benedetto figlio arrivasse. Cominciavo a covare un sordo risentimento financo verso le reverende madri che nei conventi pregavano bene e mingevano male. La sera, coricandomi, guardavo con astio la foto del beduino cieco scattata in Giordania e ora incorniciata su una delle mensole della libreria accanto al letto. Era l'ultimo giorno del 1989. Il vecchio musulmano presidiava lo sbocco del Sîq, la stretta gola di accesso a Petra. Stava seduto sui gradini di El Khazneh, il più famoso monumento rupestre dell'antica capitale dei Nabatei. Aveva afferrato a tradimento la mano di mia moglie per "leggerla". Alla fine aveva predetto: «You'll have two babies», avrete due bambini. Chi mai poteva immaginare che la sua profezia si sarebbe avverata? Il professor Padovani suggerì di passare a una seconda batteria di esami, piuttosto invasivi, a cominciare da un'isterosalpingografia. Mi opposi. L'unica cosa che feci – l'ho già scritto in *Vita morte miracoli* – fu di andare sulla tomba di mio padre e tirare quattro pugni sulla lapide, implorandolo: «Aiutami».

Da quando avevo terminato quelle inutili iniezioni, era passato un altro anno. Mia moglie sopportava il peso della sua inspiegabile sterilità come se si trattasse di una punizione biblica. «Non diventerò mai mamma, me lo sento», si scoraggiava. «Perché non adottiamo un bambino?» Io ero restio. Mi sembrava una gratificazione consumistica, "comprare" un figlio solo perché non ti arriva per via naturale. Di questo si trattava, inutile fingere: il Ciai (Centro italiano adozioni internazionali), uno degli organismi più seri, chiedeva 150.000 lire solo per «instaurare un rapporto» con noi e 200.000 lire per un incontro con la sua équipe psicosociale e una cifra impossibile a quantificarsi, comunque non inferiore ai 12 milioni di lire, per andare a prenderci il bimbo in qualche Paese del Terzo mondo, sempreché il tribunale per i minorenni ci avesse autorizzato a farlo. Ciò nonostante accettai di buon grado.

Adesso era necessario comunicare questa intenzione ai nostri genitori, i quali, a termini di legge, avrebbero dovuto dare il loro assenso all'adozione. Un passaggio avvilente. Si trattava di certificare ufficialmente la condizione che, dopo dieci anni di matrimonio, forse già davano per scontata pur senza avere il coraggio di dircelo e di dirselo: la nostra incapacità di procreare.

Cominciò una trafila burocratica costellata di carte bollate, colloqui, certificati di sana costituzione fisica, schermografie, persino l'ispezione di due poliziotti mandati dalla questura. Lo psicologo e l'assistente sociale dell'Ulss 25 accertarono che eravamo «una coppia ben stabilizzata con un legame complementare e una buona elasticità affettiva» e non mancarono di annotare che «la personalità del marito ha elementi di originalità che caratterizzano il contatto con l'ambiente esterno, provocando anche problemi di relazione», più spesso di redazione. Conclusero tuttavia che eravamo «in grado di allevare un bambino adottivo».

Ai primi di giugno del 1991 mia moglie e io salimmo le scale del tribunale per i minorenni di Venezia, in ruga Do Pozzi, nel sestiere di Cannaregio. Fummo ricevuti da un giudice che aveva un fratello giornalista al *Gazzettino*. Non credo che la circostanza abbia influito sulle sue determinazioni. Esaminò la domanda, c'interrogò a lungo. «Quasi certamente vi sarà concessa la possibilità di adottare un bambino», ci congedò cordiale. Quella stessa sera mia moglie restò incinta. Mesi dopo mi avrebbe confessato: «Mentre scendevo le scale del tribunale, mi sono sentita già madre». Il professor Padovani confermò: «La gravidanza comincia nel cervello». Era caduto il blocco psicologico che impediva il concepimento.

Solo che noi, mentre accadeva questo prodigio, non lo sapevamo. Ci preoccupavamo solo di organizzare l'ultimo romantico viaggetto prima dell'adozione. Il 4 luglio l'ambasciata della Tanzania ci concesse un visto di tre mesi. Il programma era stato preparato fin nei minimi dettagli: cratere di Ngorongoro, parco nazionale del Serengeti e riserva del Selous, successivo trasferimento a Zanzibar, l'isola delle spezie, dove ci aspettava una lodge sulla spiaggia bagnata dall'Oceano Indiano.

Per entrambe le destinazioni vigeva l'obbligo di vaccinazione contro la febbre gialla. Nel corridoio del Palazzo della sanità un cartello stampato a caratteri cubitali invitava le donne in stato interessante a darne immediata comunicazione al medico e ad astenersi tassativamente dalla profilassi. Ignara di ciò che stava maturando nel suo ventre, mia moglie vi si sottopose. Quella sera, mentre andavamo a cena in una trattoria sulle colline della Valpolicella, ascoltava in auto la colonna sonora del film *La mia Africa* per meglio entrare nel clima del viaggio. Qualche giorno avanti s'impensierì per un ritardo nel ciclo, ma non me ne parlò. Mentre mi trovavo a Parigi per lavoro, eseguì un test di gravidanza in un laboratorio privato. Risultò positivo.

Al ritorno, la più straordinaria notizia nella mia vita di uomo e di giornalista mi fu comunicata insieme col più ferale dei presentimenti: il bambino che avevamo tanto sognato sarebbe probabilmente morto prim'ancora di nascere. O, quand'anche fosse nato, avrebbe sofferto per l'intero corso della sua esistenza le menomazioni provocate dal vaccino contro la febbre gialla. A tutto pensammo tranne che alla più innaturale delle soluzioni: l'aborto. Non si aspetta un figlio dieci anni per ammazzarlo nella pancia di sua madre.

Interpellai i dirigenti del Palazzo della sanità: non erano a conoscenza di casi simili e ignoravano quali potessero essere le interazioni. Telefonai all'Institut Pasteur di Parigi: identico responso. Persino l'azienda farmaceutica produttrice del vaccino non disponeva di letteratura scientifica o prove di laboratorio su eventuali effetti teratogeni o embriotossici del farmaco.

L'inquietudine di mia moglie aumentava di giorno in giorno, la mia anche, ma cercavo di dissimularla. Non sapevamo più a chi rivolgerci. Poi, come una folgore, la soluzione tanto cercata. A portata di mano. Non c'era forse a 15 chilometri da casa nostra il Centro malattie tropicali dell'ospedale Sacro Cuore di Negrar? C'eravamo passati davanti andando a cena. Cercai immediatamente il dottor Mario Marsiaj, che ne era il primario. Però mi terrorizzava l'idea che fosse lui a rispondermi: una decina d'anni prima l'avevo citato sull'*Europeo* in un'inchiesta sugli sprovveduti vacanzieri che tornavano dal Kenya affetti da malaria e lui s'era molto risentito. La divina provvidenza, che compare nella ragione sociale dell'ospedale fondato da San Giovanni Calabria, fece in modo che a rispondermi al telefono fosse un giovane medico africano. Gli esposi l'angosciante quesito. Fu molto rassicurante: «Se m'avesse detto che voleva recarsi in Tanzania con sua moglie incinta, le avrei consigliato di vaccinarla comunque. Vengo da quei luoghi e purtroppo so come si muore per causa degli *Arbovirus* trasmessi dalle zanzare. Vede, noi diciamo che nei primi tre mesi di gravidanza vale la legge del tutto o del niente. Se qualcosa disgraziatamente è andato storto per colpa della vaccinazione, sua moglie perderà il bambino. Ma se la gravidanza supererà i tre mesi, state sicuri che nascerà una creatura sana». Otto mesi dopo nacque una bambina. Quattro anni dopo, inaspettato, un bambino. Sanissimi entrambi. Oggi avrebbero un fratello, se fra l'una e l'altro non si fosse disgraziatamente intromessa nei primi tre mesi la legge del tutto o del niente.

Lo ripeto sempre, quando mi capita di parlare con i giovani: è una buona legislatrice, la natura. La migliore in circolazione. Perciò affidatevi a lei. Non ostacolatela e non avrete a pentirvene. Lasciate che i figli vengano quando vogliono loro, non quando volete voi. Altrimenti poi, quando li cercherete, non arriveranno.

* * *

Il mio stato di benessere coincide con la fine della stesura di un articolo. Teoricamente. In pratica, siccome sono sempre tormentato dal fondato sospetto d'aver licenziato alle stampe una schiccheratura, al massimo in capo a mezz'ora ripiombo nello stato quasi permanente di sottile malessere. Negli anni ho eretto un sistema difensivo per non soccombere. Che è il seguente: poiché ho visto mio padre sgobbare tutta la vita come un mulo ma nel contempo riscuotere l'unanime plauso di clienti e colleghi, che lo consideravano il miglior artigiano su piazza, mi illudo che la fatica spesa in ogni lavoro sia visibile, palpabile. L'ho spiegato anche a Giovanni Allevi, il pianista divenuto l'idolo delle platee, ossessionato dall'idea di perdere il successo: finché scrivere la tua musica ti richiederà sforzi sovrumani e diuturni, il pubblico ti premierà; il giorno che comincerai a comporla con la mano sinistra perché ti sentirai arrivato, ti abbandonerà. Aveva gli occhi lucidi: «Mi hai insegnato un grande segreto».

Non ho inventato io la cenestesi, cioè quell'insieme di percezioni che nascono dal funzionamento del corpo umano. Stiamo bene quando non ci rendiamo conto d'avere i «diecimila organi per diecimila volte combinati in esso», immaginati dal medico e filosofo ebreo Mosè Maimonide. Stiamo male quando ci rendiamo conto d'averne anche uno solo, cioè quando il loro funzionamento non è più silente.

Il primo a dare segni della sua presenza fu il ginocchio destro. Lesione meniscale? Patella scassata? Danno cartilagineo? Radicolite? Mesi di peregrinazioni da un ortopedico all'altro. Alla fine il dottor Antonio Pizzoli provò a iniettarmi acido ialuronico. Un male atroce e nessun risultato. I miei redattori cominciavano a coglionarmi: «Capo, e oggi la rotula si fa sentire?» Non saprei nemmeno dire come e quando il ginocchio ritornò nell'oblio da cui era venuto. Senza che gli facessi più nulla.

Poi fu la volta dell'orecchio destro. Il professor Oreste Mosciaro me l'aveva rovesciato come un guanto e proprio non voleva credere che io sentissi un "cloc" ogniqualvolta aprivo la bocca. Su mia insistenza, il dottor Antonio Gentile decise di andarci in fondo con l'aiuto del microscopio elettronico. Trovò un minuscolo pelo cresciuto nel posto sbagliato: quando muovevo la mascella, quel filino batteva sul timpano come un martello sull'incudine. Lo estrasse con una pinzetta. Disturbo cessato.

Di recente lo stesso orecchio è tornato a denunciare la sua presenza: un "pfff" a ogni deglutizione involontaria di aria. Dovendo escludere la causa tricologica, mi sono consolato pensando al fastidioso fischio che all'approssimarsi dell'andropausa aveva perseguitato il mio collega Valentino Fioravanti, oggi avviato verso gli 80 anni. Lui lo faceva risalire all'acquisto di una Porsche cabrio e a un viaggio en plein air verso la Costa Azzurra. Un otorino mi ha spiegato invece che l'orecchio a volte collabisce. Un verbo che ha subito eccitato la mia curiosità, prontamente soddisfatta dallo Zingarelli: «Aderire reciprocamente, come avviene tra le pareti di un organo cavo in seguito a svuotamento o a collasso». Ho pensato a una zampogna sgonfia. Dopo qualche mese, non ho più avvertito nulla.

Quindi il sangue ispessito. «Hai l'ematocrito a 54. Ti droghi?» mi chiese il dottor Carlo Adami, evidenziando il numero con infiniti cerchietti di penna biro sul tabulato delle analisi. Ma ti pare. «Allora sei come Thoeni, questo è un valore tipico dei montanari che vivono dai 2.000 metri in su». Il dottor Fabio Benedetti, l'ematologo, fu meno scherzoso: «Sospetto una policitemia vera. Bisogna approfondire». Malattia di Vaquez-Osler, faccenda seria. Fu l'unica volta in cui, davanti a un medico, mi sentii perduto. «Lei beve molto? Acqua, intendo». Quasi mai. «Molto male. Nei prossimi 15 giorni beva più che può. C'è la possibilità che, idratando l'organismo, l'ematocrito cali. Nel qual caso si tratterebbe di una poliglobulia secondaria». Lo era, per grazia di Dio. Tanto tè verde mattina e pomeriggio e l'ematocrito si mantiene sui 49-50. Prendete nota.

Per venire ai disturbi senza ritorno, la memoria è stata la prima non dico ad andarsene ma a declinare, ecco.

Le cure contro la pressione alta, forse. O la sindrome delle apnee ostruttive nel sonno, secondo il gentilissimo dottor Antonio Dezio, che vorrebbe mettermi una mascherina per farmi respirare meglio di notte. Una museruola con i tubicini che m'insufflano aria su per il naso, fin giù nei polmoni? A me? E perché mai? «Dopo, vedrà, si sentirà come non s'è mai sentito prima, al mattino sarà pieno di energie, sparirà la sonnolenza diurna, sarà lucidissimo. Non potrà più farne senza». Dormo benissimo, io. Un po' meno mia moglie. E pensare che stentavo a credere a Cesare Marchi quando mi confidava: «Stefano, russo talmente forte da svegliare me stesso».

Le apnee notturne sarebbero all'origine del calo di memoria. Una sensazione frustrante. Non ricordarsi quello che si è letto o che ti hanno appena raccontato. Dimenticare gli appuntamenti. Scordare dove si sono messi gli oggetti. E tutti a prendermi in giro: «Tu smemorato? Ma se ricordi ogni cosa fin nei minimi dettagli!» Ci fu un tempo in cui riuscivo, anche a distanza di vent'anni, a stabilire non solo quale titolo avessi fatto al meno memorabile degli articoli dei miei colleghi, ma anche su quante colonne, in che posizione e in quale pagina: di destra o di sinistra. Quel tempo è passato. E so che non tornerà.

La facilità a commuoversi è una malattia? Se lo è, ce l'ho. Ne soffriva anche mio padre, ma la vita gli offrì rare occasioni per darla a vedere. Carlo Alberto Cappelli, il miglior sovrintendente che l'Ente lirico Arena di Verona abbia avuto, considerava le lacrime un prezioso termometro: «La sera della prima», mi confessò pochi mesi prima di morire, «scelgo un punto qualsiasi della platea, dove nessuno possa riconoscermi, e ascolto. Se alle prime note comincio a piangere, è certo che quell'opera avrà successo». Non sbagliò mai un'opera in cartellone.

Piangeva Gianni Cantù, il principe dei cronisti di nera che aveva smascherato il duo Ludwig, che girava con la pistola nella cartelletta di pelle e che frugava nelle tasche dei morti ammazzati, il giorno in cui al comando dei carabinieri gli consegnammo una targa perché andava in pensione. «Dicono che piangere sia un segno di debolezza», farfugliò, «ma ora posso rivelarvelo: io invece l'ho sempre considerato un segno di grandezza». Senza alcun dubbio era stato il più grande di tutti noi.

In famiglia la commozione è perdonabile. Disagevole quando si manifesta in pubblico. Quindi disagevole sempre: è appunto mentre stai parlando in pubblico che la voce s'incrina, un velo ti offusca la vista e nessuno può trarti d'impaccio. La prima volta mi capitò in volo verso il Sudafrica. L'Atene-Roma-Johannesburg della South african airways faceva scalo tecnico a Lisbona, prima di affrontare il periplo dell'Africa, giacché sulla compagnia di bandiera gravava il divieto di sorvolo posto dagli altri Stati del continente nero contro il regime razzista di Pretoria. Era estate, saranno state le 20. Dal finestrino vidi la capitale portoghese sospesa fra l'azzurro dell'Atlantico e il rosso del cielo. Cominciai a piangere. «Il sole del tramonto è magnifico ma la notte si avvicina». Dinastia Tang. Piaceva a Enzo Biagi. Quant'è vera.

Ho riprovato lo stesso struggimento, un'inconsulta voglia di singhiozzare, la prima volta che andai a trovare Fulvio Roiter, vedendo Venezia dalla parte giusta, l'unica possibile, cioè dal mare, dalla bocca di porto di San Nicoletto, come accadeva a Marco Polo di ritorno dalla Cina, col campanile di San Marco e il Palazzo Ducale in lontananza che brillavano nel crepuscolo infuocato. Versar lacrime fra i turisti su un vaporetto, Gesù, che vergogna.

Ho pianto all'improvviso durante un congresso

medico sul testamento biologico organizzato da un oncologo, il professor Gianluigi Cetto, dov'ero il moderatore. Tra i relatori c'era la senatrice Paola Binetti. Stavo citando le "preghiere della buona morte" che il padre di mio padre recitava affinché l'Altissimo non lo rapisse all'improvviso, gli concedesse la grazia di un ultimo saluto ai propri cari. Voce che si strozza in gola. L'ex ministro della Sanità, Maria Pia Garavaglia, seduta in prima fila, che chiosa materna e a sua volta commossa: «Anche i miei nonni le recitavano».

Pochi giorni fa credo d'aver raggiunto l'apice. Ero sotto processo al tribunale penale di Monza, sezione distaccata di Desio. Querela sporta dal dottor Mario Riccio, il medico cremonese che staccò il respiratore a Piergiorgio Welby. Nell'interrogarmi, il giudice voleva sapere come e perché scrissi un commento ritenuto diffamatorio da Riccio. Ho risposto che ero partito da una frase pronunciata dallo stesso medico in un'intervista. Ho cominciato a leggerla. Ma, arrivato alle parole «alle 23.40 Piergiorgio è morto», non sono riuscito a proseguire. Gelo in aula. Mi sentivo un alieno, con puntati addosso gli occhi di tutti: giudice, pubblico ministero, difensore, avvocato di parte civile, ausiliari tecnici d'udienza, cittadini spettatori. Non osavo incrociare i loro sguardi, annichilito dall'idea che potessero pensare a una recita preordinata.

* * *

Sono un ipocondriaco, come Roberto Gervaso, che s'inventò un'interminabile serie d'interviste a illustri cattedratici, una per ciascuna patologia? O solo una "piaga", come mi hanno sempre rimproverato in famiglia? Oppure un malato cronico dalla salute di ferro?

Quello che mi è assolutamente chiaro, è che avverto le malattie prima che arrivino. Una particolare sensibilità che precede di gran lunga la sintomatologia. Sarà una disgrazia o una benedizione, questa sensibilità, quando si profilerà all'orizzonte l'irreparabile? Cinque miei compagni di classe delle superiori – Gabriele Comencini, Eugenio Simeoni, Marino Bonomini, Alberto Bertaso, Corrado Brunello – mancano all'appello già da parecchi lustri. Uno per incidente stradale, quattro per malattia. Non sono pochi, mi dico spesso.

Per ora me la sono sempre cavata a buon mercato. Solo una volta ho creduto di morire. Ero in vacanza a San Vincenzo con la famiglia. Nel villino accanto al nostro c'erano i miei suoceri. Quel giorno c'era stato un nubifragio e dopo cena, dal momento che raramente frequento le spiagge col sole, non avevo resistito alla tentazione di andare a vedere il mare in burrasca. Al ritorno vomito, diarrea, calo pressorio. Steso sul letto, vidi gli arti informicolati che si muovevano da soli, un tremore incontrollabile e funesto mi scuoteva il corpo dal capo ai piedi. Sentivo la lingua, completamente disarticolata, andarsene per conto suo. L'estremo appello, una specie di penoso grammelot gutturale, lo rivolsi a mio suocero: «Giuliano, massaggiami il cuore». Mia moglie scoppiò a piangere e corse fuori. «Giuliano, tienimi la mano». La nostra primogenita, due anni, continuava a giocare ignara col suo Trudino. È dunque così che si chiude la scena terrena? Non può essere vero, mi ripetevo, e intanto facevo appello alla misericordia di Dio. Quando i soccorritori mi caricarono sull'ambulanza per trasportarmi a sirene spiegate all'ospedale di Piombino, la vita era già tornata a fluirmi nelle vene. «Riflesso vagale», sentenziò il medico di guardia. Ancora una volta.

Poc'altro degno di nota. Una colica in Sudafrica e il ricovero d'urgenza al City Park hospital di Città del Capo; un'infermiera di colore che, non trovando la vena nel braccio, al quinto tentativo mi affonda con tutta la sua forza l'ago nel dorso della mano. Dolori disumani, eppure il radiologo non vedeva alcun calcolo. Era renella. Avevo dimenticato di bere durante la visita al Parco Kruger. Non ti si alza solo l'ematocrito: per disidratazione possono anche precipitare i sali di calcio nell'urina. Ti rigano l'uretere fino a farti urinare sangue.

Piccoli segni di decadimento, slittamenti progressivi e inarrestabili del labile confine fra salute e malattia, fra giovinezza e vecchiaia. La scialorrea quasi cronica dopo un intervento chirurgico per l'avulsione contemporanea dei quattro denti del giudizio (ma è più probabile che si tratti di un sintomo atipico della malattia da reflusso gastroesofageo); non ci sono calcoli nel dotto di Stenone che la giustifichino, devi solo sorvegliarti, altrimenti un giorno potrebbe capitare che la saliva tracimi senza che tu te ne avveda. Un granuloma piogenico che si forma nel giro di tre giorni nel vestibolo nasale di sinistra e per fortuna si può asportare ambulatorialmente. I ponfi in viso, inedita allergia, se mangio due mandorle o due noci. I talloni dei piedi che si screpolano, fino a mostrare una profonda fessurazione: sarà mica diabete incipiente? Il dolore lombosacrale dopo appena mezz'ora passata in piedi. Il fiatone nel salire due rampe di scale. E poi, d'inverno, certe violente crisi d'ipotermia all'uscita dal cinema, brividi di freddo nonostante il cappotto e la sciarpa, le arcate dentarie che battono l'una sull'altra, un tremito incoercibile che è presagio di morte. Poi passa. Ma ogni volta ti scordi che poi passa. E ti spaventi.

Le operazioni, tre in tutto. La seconda in anestesia epidurale. Il professor Gennaro Rosa, un chirurgo senza rivali nella colonproctologia, chiede un certo ferro alla ferrista, quella gli risponde di non averlo, lui se ne fa consegnare uno simile e lo adatta alla bisogna, lo forgia con le proprie mani come avrebbe fatto Ambroise Paré nel 1500. E di lì a poco interrompe un allievo che sta ravanando nelle mie retrovie dicendogli: «Che stai facendo? Deciditi. Così lo rovini». Meglio l'anestesia generale.

Niente a confronto con le peripezie di Sergio Ligi, che andai a trovare a Selci, provincia di Perugia. Non pianse, come tutti i neonati, per la prima inspirazione che gli bruciava i polmoni, bensì per una tremenda capocciata sul pavimento del pianerottolo: «Mamma gn'a fece a salire in camera e a partorirmi sul letto...» Quarantanove giorni dopo, mamma fece anche di peggio: le vecchie case di Selci furono sbatacchiate da un terremoto e, nel fuggi fuggi generale, si dimenticò di tirar fuori dalla culla il pupo. Che fu l'unico del paese a restare sotto le macerie. Provvisoriamente vivo. Arrivato a 52 anni, Ligi contava 212 punti di sutura orizzontali sulla pancia, 159 verticali sul petto, 39 sul ginocchio, 7 sul mento e attendeva d'essere sottoposto al 35° intervento chirurgico. Non c'era anfratto del suo corpo che fosse sfuggito al bisturi: otto operazioni alle corde vocali, cinque all'intestino, cinque al ginocchio, quattro agli occhi, tre all'orecchio, due allo stomaco, due alle mani, una alla mammella (tumore), una al volto (polipo benigno), una al fegato, una ai denti (23, tra sani e cariati, estratti in un solo colpo), oltre a un'appendicectomia.

Stava cercando disperatamente un prestito di 9 milioni e mezzo di lire, ma purtroppo non trovava un solo direttore di banca disposto a investire sulle sue precarie condizioni di salute. «L'ho già vista, è d'acciaio, bellissima», sospirava. Credevo che parlasse di una motocicletta. Invece si entusiasmava per una protesi, quella che gli ortopedici attendevano d'impiantargli nel ginocchio sinistro. Non appena avesse trovato i soldi per pagarsela, si capisce.

Beato me che ho tanti santi protettori. Da tempo non frequento più i giornalisti. Parlo solo con i medici. Consulto telefonico? Carlo Adami, un amico che ha accompagnato mio fratello e mio suocero nel loro inesorabile destino, conosciuto nel reparto dozzinanti durante un'intervista col generale Francesco Delfino, al quale aveva appena salvato la vita. Pronto soccorso? Alberto Schönsberg c'è sempre. Otorinolaringoiatria? Stelio Mocella, altro amico, il quale riuscirebbe a rifarmi il naso nella remota ipotesi che decidessi di bruciarmelo sniffando cocaina, e prima di lui Antonio Fusari, un ultraottantenne dalla schiena dritta convinto che il mondo d'oggi sia una "criminocrazia": non ha mai sbagliato una diagnosi, mai. Cardiologia? Paolo Benussi, capace come pochi di trovare un ragionevole compromesso fra Ace inibitori, betabloccanti, sartani e diuretici. Gastroenterologia? Italo Vantini e Paolo Pederzoli, il mago italiano del pancreas, guai ad averne bisogno, ma – quando purtroppo dovesse capitare – meglio lui; arrivano nel suo reparto di endocrinochirurgia da tutta Italia, i politici per primi. Dermatologia? Daniele Cami, valente non meno che paziente, ed Enrico Nunzi, che non avrebbe tempo da perdere, dovendo occuparsi del lebbrosario di Genova, ma è l'unico autorizzato a telefonarmi il giorno di Natale, a mezzogiorno, per sapere che cosa c'è nei nostri piatti. Pediatria? Nicoletta Pozzi, la scienza sposata col buonsenso della mamma. Tac e risonanze magnetiche? Roberto Pozzi Mucelli e il suo braccio destro Riccardo Manfredi, nipote del grande Nino, l'attore, pari allo zio sia in bravura sia in simpatia. Ecografie e radiografie? Antonio Squassabia, un occhio clinico che ti trapassa più dei macchinari. Chirurgia? Antonello Zago, che, come tutti i siciliani, quando ti sceglie è per sempre. Paolo Brazzarola, un virtuoso della tiroide. E poi Licinio Angelini, che ha accompagnato fino alla pensione Pietro Valdoni, il cattedratico che nel '48 salvò Palmiro Togliatti ferito in un attentato. Chirurgia estetica? Beppe Fiazza, allievo del professor Ivo Pitanguy, una figlia cresciuta in Nuova Zelanda, Priscilla, che canta meglio di Céline Dion e ha preso il temperamento artistico da un parente che si chiama Franco Zeffirelli; normalmente rifà seni da esposizione, ma all'occorrenza non disdegna gli angiomi e le piccole escrescenze fibromatose dei maschi. Chirurgia pediatrica? Alberto Ottolenghi, solo un chirurgo che abita in una casa disegnata da Carlo Scarpa può essere capace di incisioni tanto perfette su corpi tanto piccoli. Rieducazione funzionale? Ermes Vedovi, osteopata, un rabdomante della colonna vertebrale. Ematologia? Giuseppe Todeschini e Achille Ambrosetti. Oncologia? Francesco Cognetti. Oculistica? Mario Peduzzi e Luca Baiona. Nefrologia? Paolo Dean e Gianfranco Prati. Urologia? Francesco Pesce. Ginecologia? Leopoldo Mancaniello e Franco Borruto. Geriatria? Gaetano Zavateri. Odontoiatria? Marco Cantieri. Fisiatria? Giuseppe Andrea Rossi. Neurologia? Roberto Morgante. Ortopedia? Nicola Godi. Sono andato a memoria. Molti li avrò dimenticati. Altri li trovate nelle pagine che seguono.

Nosce te ipsum. Ho imparato da loro a osservare i

segni. Il corpo ci parla. Per esempio, certe sere guardo Giulio Tremonti al telegiornale e provo un'infinita compassione. Ha sempre la faccia devastata da pustole, chiazze rossastre, crosticine di sangue. Gliel'avrà mai spiegato nessuno che, fino a quando sarà ministro dell'Economia, la sua dermatite non lo abbandonerà mai? Immagino che certi giorni, davanti allo specchio, gli sembrerà di notare con sollievo un qualche miglioramento. Niente di più effimero. Sono arrivato alla personale conclusione che i foruncoli seguano negli adulti un ritmo quasi circadiano, spariscano per poi ripresentarsi, e che a produrli sia soprattutto lo stress. Ne ho dedotto che di Tremonti ci si può fidare: gli leggi in faccia che il peso delle responsabilità di governo lo sta schiacciando.

Forse vaneggio. Ma sono incapace di correggermi. È un delirio che mi sale dalla pancia. "Sento" così. Passeggiando per strada con Giuliano Ferrara, mi sono preso la libertà di metterlo in guardia dal rischio di una possibile acromegalia. S'è fermato, mi ha guardato con lo stupore di un fanciullo e ha sorriso: «Embè? Anche fosse, io non voglio fare assolutamente nulla, tantomeno operarmi». Azzardo diagnosi. Dispenso consigli. Indirizzo malati. Non riesco più a dir di no a nessuno, parenti, amici o sconosciuti. Sono diventato una macchina da raccomandazioni. Quanti pazienti ho segnalato. Quante volte ho disturbato i medici in ospedale, in ambulatorio, a casa, in viaggio, in vacanza, persino in sala operatoria. Perdonatemi, ma ho sempre davanti agli occhi l'immagine del mio nonno materno, un gigante buono che nel 1958 fu travolto da un camion: in un solo colpo perse cavallo, lavoro, salute e dignità. A chi poteva importare di un carrettiere? Andò in depressione e l'unico rimedio che la medicina ufficiale seppe offrirgli fu l'elettroshock nella casa di cura Villa Santa Chiara del professor Cherubino Trabucchi, fratello di Emilio, il farmacologo, e di Giuseppe, il ministro delle Finanze implicato nello "scandalo delle banane". Mi vergogno se penso che non sono riuscito a far nulla per il ginocchio del signor Ligi e invece ho impetrato dal direttore generale di un'Azienda ospedaliera una costosa protesi in titanio per la madre di un giornalista diventato famoso e milionario facendo le pulci ai conti dello Stato.

Sì, rompo spesso l'anima ai medici e a volte mi sostituisco a loro. L'anno scorso, ora posso dirlo con certezza, stavano per uccidere mia madre. Le avevano applicato un busto in seguito a una brutta caduta. Dopo averla tenuta una settimana in ospedale con l'aria condizionata a 18 gradi, l'avevano rimandata nel pensionato per anziane con una mezza broncopolmonite e un referto che certificava la frattura di una vertebra. Io ero a Berlino. Il tempo di tornare. L'ho trovata cachettica e rantolante. Non respirava più. Ho ordinato alla suora-infermiera di toglierle quel busto che la opprimeva, impedendo ai polmoni di espandersi. «Se lei vuol prendersi questa responsabilità...», mi ha squadrato sbigottita la religiosa. Certo che me la prendo, o preferisce un cadavere con la spina dorsale in ordine? L'indomani mia madre era rifiorita. Da qualche mese ha ripreso a camminare. La schiena le fa un po' male, come prima dello scivolone, d'altronde: vorrei ben vedere, in una malata cronica di artrite reumatoide. Mi sono persuaso che la presunta frattura vertebrale, quella che a dire dei medici esigeva assolutamente l'adozione del busto, risalisse addirittura a un rovinoso scippo di cui la mamma era rimasta vittima una dozzina d'anni prima. Me l'ha confermato un'obiezione che la vegliarda s'è sentita porre dal radiologo: «È caduta ieri, signora? È sicura? Dalla lastra si direbbe che sia caduta almeno 20 giorni fa».

Il mio mestiere mi ha portato a occuparmi di molti eretici della medicina, e alcuni dialoghi di questo libro lo testimoniano. Anche se io mi considero ortodosso, apprezzo gli eretici perché ti instillano un po' di scetticismo e, come scrive il mio amato Manzoni nel *Conte di Carmagnola*, fa meno male l'agitarsi nel dubbio che il riposare nell'errore.

Eppure, posto di fronte a uno di quei dilemmi irrisolvibili che la vita prima o poi ti presenta, so già come andrà: mi rivolgerò ancora una volta a loro, ai medici tradizionali. La verità è che ripongo una speranza illimitata nelle terapie convenzionali e nella chirurgia. Un giorno, invitato a prendere la parola all'inaugurazione di un dipartimento universitario di medicina, dissi che in fin dei conti l'umanità non è altro che un immenso ospedale in cui ognuno sogna di stare nel letto dell'altro. «Ma io mi trovo bene in quello che mi avete offerto qualche volta, non voglio cambiarlo», conclusi. «E io le metto volentieri a disposizione anche il mio», ribatté il vescovo francescano prima di aspergere le camerate con l'acqua santa. Arguto, ma poco fiducioso nella divina provvidenza e meno ancora negli ospedali. Si curerà con le erbe officinali.

Dunque, signori medici, non fate davvero nulla di più o di meno rispetto a ciò che la vostra coscienza di uomini vi suggerisce. Mi fido ciecamente di voi. Lo so che agite sempre per il meglio. Solo, quando arriverà il momento, chiamate un prete. Soprattutto tenetemi la mano, perché avrò paura.

RICCARDO ARONE DI BERTOLINO
Gli occhi che curano

Era nel ventre di sua madre quando la sedicesima divisione Panzergrenadier Reichsführer, reduce dal massacro di Sant'Anna di Stazzema perpetrato il 12 agosto 1944, requisì il castello di Marzabotto in cui viveva la sua famiglia. Villa Aria diventò il quartier generale delle Ss. I genitori e i nonni scapparono a Bologna, spingendo un carrettino con sopra poche masserizie. Fu la loro salvezza: un mese dopo, su questi contrafforti appenninici non vi era località che non fosse ingombra di cadaveri. Nel giro di 48 ore, il maggiore Walter Reder e i suoi soldati erano riusciti a uccidere 1.836 civili, per lo più mamme con i figlioletti al collo e anziani inermi, catturati in casolari, scuole, chiese e cimiteri. Nella frazione di Casaglia, da dove cominciò la strage, un terzo esatto delle vittime, 50 su 150, erano bambini. Il parroco don Ubaldo Marchioni fu mitragliato sull'altare mentre recitava il rosario con la popolazione atterrita e poi decapitato.

Oggi il professor Riccardo Arone di Bertolino, medico chirurgo specializzato in psicoterapia e ipnosi, ha 63 anni. Nel corso della sua carriera ha avuto a che fare con satanisti, plagiatori, psicotici, rapinatori. Quando nel 1971 tornò a vivere a Villa Aria, cercò di capire quale demone avesse guidato le menti del battaglione comandato da Reder. Ma c'era ben poco da scoprire: «Un quartino di grappa a testa all'alba, a stomaco vuoto, prima di partire per le rappresaglie. Al ritorno cercavano di distrarsi facendo il tiro al bersaglio con i pugnali sulle tele seicentesche dei miei avi». Magari ci fosse stato materiale per una perizia medico-ipnologica. Perfettamente coscienti. Solo un po' storditi dall'alcol. Del resto, il maggiore Reder si ritenne fino all'ultimo niente più che un onesto falegname al servizio del Terzo Reich: «Quando si pialla, i trucioli cadono», si giustificava.

Sarà per questo che il medico ipnotista preferisce usare come cane da guardia, al posto del pastore tedesco, la capra Clementina («pazza ma simpatica, intelligentissima, in suo onore non ho più mangiato abbacchio») e parlare con i gatti, i cinghiali, le volpi, i tassi, gli istrici. S'intuisce che ha più fiducia negli animali selvatici che negli uomini: «I nazisti si portarono via la collezione di orologi d'oro e quella di armi antiche, la seconda in Italia per importanza. Il resto se lo fregarono i marocchini al seguito delle truppe alleate. Quel poco che vede s'è salvato solo perché era rimasto sotto le macerie dopo i bombardamenti».

Forse Arone di Bertolino ha trovato l'anello di re Salomone sepolto nei dieci ettari del suo parco all'inglese, che ingloba le rovine di Misa, antica città etrusca. Sarebbe un miracolo, perché da questo luogo di sangue finora erano affiorati solo scheletri. «Il conte Giovanni Gozzadini, archeologo, nel 1862 affondò per la prima volta la vanga nella tenuta. Credette d'aver trovato una necropoli. Invece erano i resti della popolazione trucidata dai Galli nell'invasione barbarica del III secolo avanti Cristo».

Il professore ha lo sguardo magnetico e una barba rossa che ormai vira sul bianco. «Ma, come vede, ho gli occhi azzurri, non scuri e profondi come quelli dei plagiatori». Gli Arone di Bertolino sono una delle 300 famiglie nobili di Sicilia. Bertolino era un feudo tra Melfi e Sciacca. «Andava dalla montagna al mare, ci voleva una settimana a cavallo per attraversarlo tutto». Fu acquisito per matrimonio da Domenico Arone, che sposò una discendente di Manfredi, ultimogenito dell'imperatore Federico II, lo *Stupor mundi* nipote del Barbarossa. Il che spiega l'aspetto normanno del medico bolognese e anche il fatto che ancor oggi molti si rivolgano a lui dandogli chi del barone, chi del marchese, chi del principe di Castelvetrano.

Villa Aria, dove abita con la giornalista Flavia Ciacci, sua seconda moglie («la prima scappò con un altro uomo dopo due anni di matrimonio: fu il giorno più bello della mia vita»), prende il nome dall'italianizzazione del cognome svizzero Herren. L'ultima degli Aria, Flora, era la nonna del professore. «Mia madre, andata in sposa a Roberto Arone di Bertolino, si chiama Alma. Suo padre, cioè mio nonno, era un medico di Varese, Riccardo Castelli, internista e anatomopatologo. Siccome i Castelli avevano inquartato nel blasone di famiglia una torre e gli Aria un leone rampante, lui commentava in lombardo: "Torr e leun l'è lo stema dei cuiun". Lo trovo molto pregnante. La vera nobiltà è quella d'animo».

Nel 1985 il professor Arone di Bertolino ha fondato la Smipi, Società medica italiana di psicoterapia e ipnosi, che ha sede a Casalecchio di Reno, conta 250 soci e tiene corsi di specializzazione, riconosciuti dal ministero dell'Istruzione, per medici, psicologi e odontoiatri. È considerato un luminare nella terapia che consentì al compositore russo Sergej Rachmaninov e al calciatore Ruud Gullit, caduti in depressione, di tornare l'uno a scrivere la partitura del secondo concerto per pianoforte e orchestra e l'altro a fare gol, e a Maria De Filippi di superare lo choc per l'attentato mafioso subìto nel 1993 col marito Maurizio Costanzo.

Perché ha fatto il medico?

«Per seguire le orme di mio nonno. E lo psicoterapeuta perché m'interessava la produzione del cervello umano, che è molto, molto, ma molto più complicata del cervello stesso».

E perché proprio l'ipnotizzatore?

«Ipnotista, prego. Una studentessa che frequentava con me la facoltà di medicina aveva sempre mal di testa. Un giorno la ipnotizzai: ti passa, ti passa... Guarì per sempre dall'emicrania. Ancor oggi mi chiedo come sia potuto accadere. La madre mi ha fatto per anni gli auguri il giorno del mio onomastico in segno di riconoscenza».

Che cos'è l'ipnosi?

«Uno stato mentale naturale che va guidato per ottenere risultati terapeutici. La meditazione yoga o trascendentale è ipnosi. La visualizzazione, cioè il vedere a occhi chiusi, è ipnosi. L'abbiocco sul divano dopo il pranzo in famiglia, in cui il soggetto sente le voci ma non riesce a capire se dorme o se è sveglio, è ipnosi».

È seguace di qualche scuola?

«Quella bertoliniana. Non vorrei apparire immodesto, però mi sono fatto da solo. Sigmund Freud era un cocainomane e una brutta persona. Rovinava i pazienti. La psicoterapia deve guarire, non fare filosofia».

Non ha maestri.

«Mi considero fratello in spirito di Milton Erickson, psichiatra dell'Arizona morto nel 1980, e di Franco Granone, padre dell'ipnosi in Italia. Se davano dell'imbecille e del truffatore a me 30 anni fa, pensi che cosa patì Granone che se n'è andato nel 2000 a 89 anni. E dire che fu proprio lui a smascherare i cosiddetti guaritori filippini che fingevano di operare i pazienti con le sole mani».

Quanto dura l'ipnosi?

«Tre quarti d'ora per seduta».

Il paziente ha gli occhi chiusi o aperti?

«È libero di fare come vuole».

E per risvegliarlo?

«Il professor Granone lo pigliava a schiaffi. Io conto da 1 fino a 3».

L'espressione «a me gli occhi» ha senso?

«Le risponderò in termini scientifici: è una cagata. Se lei guarda fisso qualcosa, non riesce a pensare, va semplicemente in oca, come diciamo a Bologna, cioè entra in uno stato di ipnosi passiva. Mentre l'ipnosi vera è libertà assoluta, qualcosa di molto più sottile e molto più profondo. Non è Topolino, non è Mandrake, non è Woody Allen che ruba nella *Maledizione dello scorpione di giada*».

Ma lei come fa a ipnotizzare i pazienti?

«È facile. Comincio a parlare: sente com'è comoda la poltrona, ora immagini di vedere... Mia moglie dice: "Lo credo che s'addormentano: sei così noioso!" Erickson ci metteva otto ore per l'induzione. Io, con i più zucconi, me la sbrigo in 20 minuti. Lo stato di ipnosi profondo è il sonnambulismo, ma terapeuticamente non serve a nulla».

Perché?

«Proprio perché l'individuo rimane sempre cosciente e libero, come ha dimostrato agli inizi del Novecento il medico francese Jean-Martin Charcot. Il quale sperimentò l'ipnosi sulle suore. Se metteva nelle loro mani un sasso rovente, non facevano una piega. Ma se provava a sollevare la loro tonaca, si ridestavano subito. La trance non può nulla contro le convinzioni morali dell'individuo. Nell'ipnosi non si verifica alcuna crasi fra stato di coscienza e di veglia, c'è una perfetta continuità di consapevolezza».

Allora in che modo diventa terapia?

«In questo stato mentale è possibile riprogrammare. Io guido e il paziente si riprogramma da sé. Dalla nascita fino alla morte, l'individuo viene bombardato di istruzioni. Gli insegnano a farla nel vasino, a mangiare a ore fisse, a comportarsi in un certo modo. Molte istruzioni sono utili, molte altre inutili se non dannose. Vanno riprogrammate le istruzioni sbagliate».

Per esempio?

«L'idea che si pecchi in pensieri, parole, opere e omissioni. Se un individuo ci crede profondamente, emotivamente, si sente sempre in peccato. Qualsiasi cosa faccia o non faccia, si convince che Dio esista solo per punirlo. Così finisce per punirsi da solo».

Ma lei con l'ipnosi dice di guarire le malattie. Quali?

«Sono una guida di montagna. Conosco un po' le montagne, ma non conosco "quella" montagna. Ogni paziente rappresenta un unicum, è un caso a sé».

I nomi delle malattie, professore.

«Fobie, crisi di panico, depressione, anoressia, onicofagia, alcune psicosi, eczemi, verruche, acne, herpes simplex, condilomi, iperidrosi, ragadi anali».

Com'è possibile cicatrizzare una ragade? Ci vuole il chirurgo.

«Siamo nel campo – spero di pronunciarla esattamente – della psiconeuroendocrinoimmunologia. Con l'ipnosi si ripristinano le risorse dell'organismo. In particolare si rimette in moto una parte del cervello, la neuroipofisi, la quale controlla attraverso i neurormoni l'ipofisi, che attraverso gli ormoni controlla tutto il corpo. Ed ecco che, in un arto fratturato, con l'ipnosi il callo osseo si riforma in un terzo del tempo solitamente necessario».

Guarisce anche i disturbi sessuali?

«La sfera sessuale è la più noiosa: anorgasmia, vaginismo, eiaculatio precox. Ho avuto anche due casi di eiaculatio ritardata. Di quattro ore, in un paziente. Sarà contenta sua moglie, ho cercato d'incoraggiarlo. Invece era disperata, poverina».

E lei quanto c'impiega? A guarire i pazienti, intendo.

«L'ipnosi deve guarire in tempi umani. Il tempo medio va da 6 a 8 mesi, per un totale di 20 sedute. Anni fa una miliardaria di Bologna aveva un eczema alle mani che non le passava con nessun farmaco. "Se riesce a guarirmi, le do 10 milioni", mi disse. No, guardi, mi paga il mio onorario volta per volta, le risposi. Oh, 'sta disgraziata non è guarita in otto sedute? Ha trasformato la forza che le incasinava la pelle in energia creativa ed è diventata scultrice. Ai vernissage mi presentava come il suo mago Zurlì».

Perché l'ipnosi guarisce soprattutto i disturbi della pelle?

«Quasi sempre usiamo le nostre risorse mentali per

complicarci la vita anziché per controllare il corpo. Ho avuto la fortuna di lavorare per qualche anno nella clinica dermatologica dell'ospedale di Bologna e ne ho viste di tutti i colori, letteralmente. La pelle è un sistema di comunicazione. Ti vergogni? Arrossisci. Sei stressato? Ti viene l'alopecia a chiazze. Dieci casi di acne raccontano dieci storie diverse».

L'ipnosi può essere impiegata anche in anestesia?

«In una piccola percentuale di casi. Ma non può sostituirla. L'inconscio è tutto ciò che non è conscio e la ragione ne è la parte più stupida. In qualsiasi stato, anche nel coma più profondo, le orecchie sono aperte e il corpo percepisce. Il medico scozzese James Esdaile nella prima metà dell'Ottocento operò a Calcutta 300 indiani addormentandoli con l'ipnosi. Ma gli orientali hanno una mente diversa dalla nostra e una confidenza antica con le tecniche per guidarla».

Che differenza c'è fra lei e Giucas Casella?

«Abissale. Intanto io non ho mai bazzicato *Domenica in*. E poi quel signore non pratica ipnosi. Al massimo fa giochi di spiazzamento, che funzionano su un 3-5 per cento di persone suggestionabili. È solo spettacolo. Unicamente in Italia possono andare in onda certi squallidi show. Nei Paesi civili, e parlo del Brasile, ci sono gli agenti di polizia davanti alle aule universitarie dove s'insegna l'ipnosi vera».

Secondo i periti, Annamaria Franzoni uccise il piccolo Samuele durante un «restringimento di coscienza».

«Non esiste la ridotta coscienza di sé. I termini psichiatrici spesso descrivono situazioni viste dal di fuori. Ipotesi senza senso e non dimostrabili».

Sihran Sihran, l'assassino di Robert Kennedy, sorrideva e sembrava sotto ipnosi mentre premeva il grillet-

to. Sostenne che aveva agito in uno stato d'incoscienza.

«Semmai in uno stato d'esaltazione. I giornali parlano spesso di raptus omicida. Ho curato per un anno e mezzo un paziente che temeva di finire suicida a forza di leggere sulla stampa notizie di raptus. Sa qual è la legge fondamentale del cervello umano? Ciò che credo vero per me, è più vero che se fosse vero. Per cui se dipende da me, lo realizzo. Se non dipende da me, interpreto la realtà per farla corrispondere alle mie convinzioni».

Lei s'è occupato anche di ipnorapinatori.

«Me lo chiese una banca di Bologna. Aveva avuto cinque cassieri rapinati da ipnotizzatori che usavano la confusione, la disseminazione e la fissazione, tecniche già codificate da Erickson. I bersagli erano scelti con accuratezza: uno sportello deserto e un solo cassiere».

Come avrebbero potuto difendersi?

«Anche questo mi chiese la banca. Sarebbe bastato un corso di due giorni, 20 cassieri per volta. Gli avrei insegnato ad andare in ipnosi consapevole e quindi a non farsi più fregare. "Ci costano meno le rapine", fu la conclusione dell'istituto di credito».

È possibile che il suo concittadino Romano Prodi abbia localizzato il luogo della prigionia di Aldo Moro durante una seduta spiritica?

«Vede, da studente universitario ero appassionato di esoterismi. Prima dell'esame di biochimica, mi ritirai a Villa Aria con un compagno di corso a fare il gioco del piattino. Evocammo lo spirito di Lorenzo il Magnifico, che ci dettò i tre argomenti su cui saremmo stati interrogati. Studiammo solo quelli. Risultato: io fui cacciato dal professore in 30 secondi, il mio amico in 29. Per concludere, non credo che una persona falsa possa raccontare qualcosa di vero».

Che differenza c'è fra la coscienza e l'anima?

«Ciò che chiamiamo coscienza, il nostro Io, è qualcosa che s'è formato in questa vita attraverso l'assetto genetico, l'educazione, l'esperienza. Al di là e al di sopra, c'è quella che chiamiamo anima, o spirito, e che è inconscio, totalmente inconscio. Talmente inconscio che, quando si riesce in qualche modo a sfiorarlo, accadono i miracoli. Miracoli veri, grandi. Assolutamente incomprensibili, impossibili, come i miracoli di Lourdes. Alcuni li ho visti con i miei occhi. Persone che sono rinate».

Il diavolo esiste?

«C'è qualcos'altro d'inspiegabile in cui mi capita d'imbattermi: la cattiveria. La maggior parte delle persone non sono cattive, reagiscono con cattiveria per un'educazione sbagliata. Ma ho conosciuto esseri profondamente negativi, perversi. Ho svolto una perizia medico-legale su E., una giovane signora, equilibrata e positiva, che era stata soggiogata con la narcoipnosi da un gruppo di satanisti e trasformata in vittima sacrificale per una messa nera. Sono riuscito a rimuovere i blocchi anamnestici e a farle ricordare le pratiche allucinanti e irriferibili cui l'avevano costretta. Alla fine i responsabili sono stati arrestati e condannati».

Bravo.

«All'inizio della carriera me lo dicevo anch'io: quanto sono bravo. Ora invece mi dico: quanto sono bravi i miei malati. È una scuola di vita. Più capisco e più mi rendo conto di non sapere. Mi sento come la Mafalda di Quino sui banchi di scuola: quando hai imparato tutte le risposte, ti cambiano tutte le domande».

WALTER ARTIBANI
Non lasciamo perdere

Ho infilato i pollici e gli indici in due anelli di gomma e ho cominciato a muovere entrambe le mani nella pancia di un uomo di 69 anni che stava adagiato a circa due metri di distanza da me, sul lettino di una sala operatoria, in anestesia generale. Solo che non erano le mie mani a perlustrare le sue viscere, bensì quelle di un robot. Ero comodamente seduto e con la destra impugnavo un paio di forbici, con la sinistra una pinza. Dentro un visore bioculare osservavo le profondità del corpo come mai prima d'ora era stato concesso agli esseri umani. La telecamera rimandava un'immagine tridimensionale dai colori vividi, ingrandita dieci volte, "magnificata" in gergo tecnico. Sì, davvero magnifica. Straordinaria e al tempo stesso terribile: davanti la prostata aggredita dal tumore, sopra la parete addominale, sotto la vescica, laggiù in fondo la sinfisi pubica, tutt'intorno qualche traccia di sangue.

«Chiuda le dita, le apra, si sposti in basso, adesso in alto», ordinava un angelo buono alle mie spalle. Trattenevo il fiato, terrorizzato all'idea di far danno nello stringere il joystick, ma danno non potevo farne perché il pedale della frizione era bloccato all'ingiù. Un'esperienza di due minuti. Sembrava un videogioco, invece era la vita, e io ci stavo dinanzi, anzi dentro, come mio figlio adolescente sta ipnotizzato alla Playstation.

Alle 12.01 in punto – i registratori digitali non sbagliano, ma la coincidenza l'avrei notata solo a casa – il professor Walter Artibani, l'angelo buono, stava seduto nel suo studio per l'intervista. Un'ora spaccata ed era tutto finito. In 60 minuti esatti di chirurgia robot-assistita, il direttore della clinica urologica dell'Università di Padova – la più avanzata d'Italia in questo campo, con le sue sei sale operatorie e i 150 interventi robotici eseguiti fino a oggi – aveva tagliato e rimosso la prostata e poi collegato l'uretra alla vescica con una ventina di punti di sutura. Da sei piccoli fori praticati nel ventre (porte laparoscopiche, le chiamano, ma sembrano le ferite provocate dai proiettili nel corpo dei morti di mafia, solo che non versano una goccia di sangue), avevo visto entrare e uscire di tutto: ferri, aghi, filo, garze, spugnette emostatiche. Lavorando al monitor della consolle con gli strumenti telecomandati, il chirurgo aveva racchiuso la prostata dentro un sacchettino di nylon. Ma da uno dei sei buchi, il più grande dei quali misurava appena 12 millimetri di diametro, quella non sarebbe mai potuta passare. Era poco più grande di una castagna; con le vescicole seminali ancora adese e le parti terminali dei dotti deferenti, sarà stato mezz'etto di roba. Così, quando il mostro elettromeccanico dalle braccia tentacolari ha abbandonato la sua benefica presa sul corpo del malato, gli assistenti del professore hanno praticato col bisturi un'incisione di tre centimetri a livello dell'ombelico e hanno recuperato la bustina di plastica contenente il reperto anatomico di questa prostatectomia.

Cinque ore dopo il paziente era già in grado di camminare e di bere, l'indomani di alimentarsi e di muoversi liberamente. Soprattutto, nei giorni a venire, potrà sperare in un rapido recupero della continenza urinaria. La vera incognita in questo genere di operazioni. «Il 50 per cento dei pazienti sono del tutto continenti già la prima settimana dopo l'intervento, la percentuale sale al 65 a tre mesi e al 90 a sei mesi», spiega il direttore della clinica padovana. «Idem per il mantenimento delle funzioni sessuali. Il 50 per cento dei pazienti normalmente potenti prima della prostatectomia hanno erezioni, con o senza supporto farmacologico, tre mesi dopo l'intervento. A sei mesi la percentuale sale all'80. Analoghi risultati sono molto difficili da ottenere con la chirurgia convenzionale».

Nato nel 1949 a San Giovanni Valdarno (Arezzo), laureatosi in medicina a Firenze e specializzatosi in urologia più di trent'anni fa proprio qui a Padova, presidente della Fondazione italiana continenza, segretario dell'International continence society e dell'European association of urology, il professor Artibani ha speso la vita a rendere asciutto chi si bagna. Vent'anni fa ha ideato e sviluppato la vescica ileale padovana, tuttora utilizzata nella pratica clinica in vari Paesi, che egli ricava da 40 centimetri di intestino tenue, ripristinando così la minzione per via naturale in chi ha subìto l'asportazione della vescica ed evitando l'urostomia e il sacchetto esterno.

L'incontinenza urinaria riguarda dai 5 ai 7 milioni di italiani. Un bambino su 7 soffre di enuresi notturna. Dopo i 65 anni il 30-40 per cento degli individui accusa perdite involontarie. Nelle case di riposo e nelle corsie geriatriche il 50 per cento dei ricoverati è incontinente. «Un mio amico geriatra usa dire che se l'urina fosse profumata il problema sarebbe minore, nella realtà l'incontinenza ha un drammatico impatto sulla qualità della vita».

Artibani arriva in ospedale alle 7 di mattina e se ne va alle 8 di sera. Ha scelto l'urologia attratto dalla fama del professor Gèza Dell'Adami De Tarczal, un cattedratico d'origine trentino-ungherese che all'ospedale di Verona aveva operato di prostata anche Indro Montanelli (l'operazione era andata talmente bene che il fondatore del *Giornale*, durante la convalescenza, confidò entusiasta all'amico Rolly Marchi: «In bagno prima ero spettatore, ora sono attore!»). Di Dell'Adami e del suo successore Gaetano Mobilio è stato l'erede proprio a Verona, dopo aver insegnato all'Università di Modena.

Perché ha fatto il medico?

«Per la verità a me piacevano greco e latino. Tutti mi pronosticavano una carriera come letterato».

E invece?

«Quando avevo tre anni, mio padre, ingegnere all'Enel, s'ammalò di sclerosi multipla. Morì che avevo 24 anni. Ne ho seguito tutto il declino, dalle stampelle alla carrozzella, fino a vederlo inchiodato nel letto. La molla interiore, inconscia, è stata quella. Infatti avrei voluto fare il neurologo. Cominciai a studiare la sclerosi a Firenze col professor Luigi Amaducci, direttore della clinica neurologica. Ma non potevo permettermi il lusso di stare un altro anno in laboratorio. Così m'indirizzai verso la chirurgia vascolare e l'urologia».

Da che cosa è provocata l'incontinenza?

«O non funziona il serbatoio, la vescica, o non funziona il rubinetto, lo sfintere uretrale, o non funzionano entrambi. Può cominciare all'improvviso per una patologia neurologica. Vi è l'incontinenza da urgenza, detta anche sindrome della vescica iperattiva, causata da contrazioni involontarie. Nelle donne si manifesta quella da sforzo, conseguenza di gravidanze e menopausa. Bastano un colpo di tosse, il sollevamento della borsa della spesa o una risata per provocare una perdita. Si chiama Ius e rappresenta il 70 per cento dell'incontinenza femminile. Ne soffrono circa 3 milioni di italiane».

Un tabù sociale.

«Un tempo era considerato un fatto quasi naturale. L'anziana contadina, che aveva avuto parecchi figli, andava al lavoro nei campi addirittura senza mutande, si bagnava di brutto e non diceva nulla. Era stato così per sua madre e per sua nonna, pensare di rivolgersi al medico le appariva inconcepibile. Oggi la donna in carriera, che vive la stessa mortificante esperienza giocando a tennis o facendo equitazione, va in crisi per qualche goccia. Di qui la gran quantità di spot televisivi subliminali che parlano genericamente di protezione in caso di "perdite", alludendo a quelle del ciclo mentre si sa benissimo che sono quelle di urina».

L'età media avanza. È stata coniata un'espressione sgradevole, «Repubblica dei pannoloni», che però fotografa bene la situazione.

«La spesa annua per pannoloni è drammaticamente elevata: 300 milioni di euro, di cui l'85 per cento a carico dello Stato».

Che cosa può fare la chirurgia?

«Dagli Anni 80 ho vissuto l'introduzione dello sfintere artificiale. È un intervento complesso in grado di rendere asciutti quegli uomini che hanno un'incontinenza urinaria grave, cioè devono tenere il pannolone giorno e notte, come conseguenza dell'asportazione radicale della prostata per tumore. Io e un collega ginecologo statunitense abbiamo ideato e sperimentato di recente una nuova tecnica mininvasiva per il trattamento chirurgico dell'incontinenza urinaria da sforzo femminile. È un intervento eseguibile in anestesia locale, in regime ambulatoriale o in day hospital, mediante una piccola incisione vaginale. Qualcosa che cambia la vita della paziente in 15 minuti».

E prima di ricorrere al bisturi?

«Si fa la fisiochinesiterapia del pavimento pelvico. Si prescrivono i farmaci antimuscarinici. Sta dando buoni risultati anche l'iniezione della tossina botulinica in vescica, solo che l'effetto cessa dopo sette-otto mesi e bisogna ripetere il trattamento. Oppure insegniamo al malato a svuotare da solo la vescica più volte al giorno col catetere. Si possono anche stimolare le radici dei nervi sacrali impiantando una specie di pacemaker in una tasca sottocutanea».

Quale tipo di patologia vede più di frequente?

«Il cancro alla prostata, che è al primo posto per diagnosi fra i tumori maschili e al terzo per mortalità dopo polmone e colon. Il 50 per cento degli uomini deve fare i conti, invecchiando, con una patologia prostatica benigna. La ghiandola s'ingrossa e provoca disturbi alle vie urinarie».

Che vantaggi offre il robot?

«La prostata è situata in una zona molto profonda del piccolo bacino, riccamente vascolarizzata e circondata da grosse vene. Negli interventi a cielo aperto il sanguinamento può essere considerevole. Invece la chirurgia laparoscopica ci consente di gonfiare l'addome con anidride carbonica: la pressione del gas impedisce al sangue venoso di uscire. Le perdite ematiche sono inferiori del 76 per cento rispetto alla chirurgia tradizionale e la necessità di trasfusioni è minima. Inoltre la visione attraverso la telecamera tridimensionale permette di analizzare con estrema chiarezza dettagli anatomici altrimenti impossibili da vedere. Si raggiungono agevolmente spazi a cui prima era molto arduo accedere con le mani».

Sta dicendomi che questa specie di Edward mani di forbice è più esperto di lei?

«Gli strumenti del robot hanno sette gradi di libertà, cioè si muovono nello spazio su sette piani diversi. Più di quello che può fare una mano. I servomeccanismi assicurano movimenti millimetrici. E poi la mano del robot non trema. E questo è importantissimo, perché la preservazione della continenza urinaria e dell'erezione è legata al rispetto di un reticolo di nervi specifici, sottilissimi, non visibili a occhio nudo, che decorrono lungo le vene ad appena 2-3 millimetri dalla capsula prostatica».

Quanto costa il robot?

«Da 1,2 a 1,7 milioni di euro».

Ho visto che sulla consolle c'è il marchio «Da Vinci». Lo fanno in Italia?

«No, è solo un omaggio al genio leonardesco. Il robot è costruito in regime di monopolio dalla Intuitive surgical, un'azienda californiana. È nato dall'evoluzione di una tecnologia militare. In origine era stato studiato per consentire a un'unità di chirurgia mobile d'intervenire sui soldati feriti al fronte, teleguidata a distanza dall'ospedale militare. Negli Usa il 60 per cento delle prostatectomie radicali si esegue con la laparoscopia robot-assistita. In prospettiva il robot potrebbe compiere delle manovre guidato dalle immagini 3D preoperatorie».

Così lei potrà limitarsi a guardare sul video.

«Il chirurgo ci vorrà sempre. Un tempo si diceva: "Grande taglio, grande chirurgo". Ma se guardiamo ai livelli di verismo raggiunti dai videogiochi dei nostri figli, dobbiamo chiederci perché mai queste tecnologie sofisticate non vengano applicate appieno in medicina. Di fatto il futuro è già cominciato. Siamo alla *no hole surgery*, chirurgia senza buchi, attraverso le cavità naturali. Sono state fatte le prime esperienze di appendicectomia transgastrica. Si entra con un tubo dal naso, si scende fino allo stomaco, si raggiunge l'appendice e dal tubo escono quattro braccia che la tolgono. Difficile dire dove ci porteranno i sistemi robot-assistiti».

Per cui quale dote dovrà avere il chirurgo del terzo millennio? La mano? L'occhio?

«La testa. "Il pensiero deve sempre precedere il gesto", suole ripetere il mio maestro, il professor Francesco Pagano, che ha diretto per un quarto di secolo questa clinica. Meglio chirurghi con grandi teste e mani imperfette di chirurghi con mani perfette ma teste piccole».

Abbondano più i primi o i secondi?

«Abbonda una categoria: quella dei medici che vorrebbero raggiungere l'eccellenza senza muoversi dal primo posto di lavoro. Nascono, vivono e muoiono, professionalmente parlando, nella stessa città. Una contraddizione etimologica, giacché università viene da *universitas*, implica l'apertura al mondo. Io ho girato, ma forse dovrei dire peregrinato, fra sedi diverse. Sono la dimostrazione vivente che si può far carriera senza santi in paradiso. Ma questo è piuttosto raro in Italia».

Può dirlo.

«Cambiare implica ogni volta una sfida, un rinnovamento. Rimanere nella stessa sede produce parrocchie e privilegi. Viviamo in un Paese in cui si invoca volentieri la meritocrazia, salvo poi osteggiare la selezione che ne consegue. Non appena prevale il criterio meritocratico, ecco che riemergono il localismo e il protezionismo. Sono da sempre convinto che le regole determinino i comportamenti. Più le regole sono complesse più diventano interpretabili per gli amici e applicabili per i nemici».

Essere figli o parenti di medici spiana la carriera?

«Aiuta. Io un mezzo santo in paradiso l'avrei pure avuto. Sono nipote del professor Gianni De Bastiani, un luminare dell'ortopedia che riusciva ad allungare le gambe ai nani. Era ancora operativo e in auge quando giurai a me stesso: qualsiasi specialità, ma non ortopedia! Il solo pensiero che mio zio potesse spianarmi la strada era intollerabile».

SILVIO BUZZI
La mosca sul muro

Il lotto gratuito di Crm 197, un derivato della tossina difterica in grado in molti casi di bloccare l'avanzata del tumore e a volte di farlo scomparire, è finito nel 2003 e il dottor Silvio Buzzi proprio non saprebbe come e dove procurarsene dell'altro. Solo il ministro della Salute può far qualcosa: credere a questa scoperta scientifica, supplicare la Chiron vaccines di tornare a produrre oggi stesso il Crm 197 nel proprio stabilimento di Siena e poi, dal momento che il preparato è assolutamente privo di tossicità, ordinare ai medici d'iniettarlo d'ufficio a tutti i malati di cancro ricoverati presso le strutture pubbliche. Non occorre privarli delle cure convenzionali (chirurgia, chemioterapia, radioterapia). Basta solo una puntura. In aggiunta. Zero rischi.

Qui non stiamo parlando del siero Bonifacio estratto dalle capre o della terapia Di Bella. La validità terapeutica del Crm 197 è già stata comprovata da studi rigorosi a firma del dottor Buzzi pubblicati fin dal 1973 su *Cancer Immunology and Immunotherapy*, sul britannico *The Lancet*, che è dal 1823 la Cassazione dei clinici, e su *Cancer Research*, la rivista ufficiale di quell'American association for cancer research che raduna i massimi oncologi del mondo e che ha cooptato lo studioso italiano fra i suoi membri attivi.

Da un episodio accaduto 40 anni orsono in sala operatoria – una nuvola di talco che precipitava dentro un addome aperto – il dottor Buzzi ha tratto una folgorante intuizione sulla quale stanno ora lavorando le università di Osaka, Sapporo e Fukuoka con un progetto finanziato dal governo giapponese. Purtroppo ha commesso un errore: «Come l'uovo viene deposto nel nido, è naturale che una scoperta di medicina avvenga in luoghi adeguati, per mezzi culturali, strumentali e umani, ad affrontare il problema». Invece il neurologo e psichiatra, oggi settantottenne, il suo uovo fuori dal cesto l'ha scodellato in perfetta solitudine nell'ambulatorio della sua villetta alla periferia di Ravenna e l'ha covato con ardente passione, aiutato solo dalla moglie Luciana Baroncini, biologa, dai figli Giorgio e Anna Maria, entrambi neurologi come lui, e dall'ultimogenita Silva, matematica.

Il diario privato di quest'uomo «cui non sono state risparmiate molte ingiustizie, che ha lavorato nel più assoluto silenzio senza cercare appoggi politici, senza entrare nel perverso "circolo mediatico" dei salotti televisivi per trovare facile pubblicità», come testimonia Luigi Bazzoli, per 15 anni direttore dell'inserto *Salute* del *Corriere della Sera*, è stato affidato alle 270 pagine di un libro intitolato *Il talco sotto la lampada* (Ares), che «dovrebbe figurare di diritto fra i testi di insegnamento universitario», dice Bazzoli.

Per la verità il dottor Buzzi provò a chiedere a qualche politico di aprirgli le porte di almeno un ospedale della Regione per esperimenti, esami di laboratorio e

Tac; lo implorò affinché convincesse la Sclavo di Siena, poi assorbita dalla Chiron californiana, a fornirgli qualche fiala di Crm 197. Immaginate quale udienza poteva ottenere, un cattolico praticante, presso le autorità dell'Emilia Romagna.

A quel punto avrebbe dovuto chiedere aiuto a Raul Gardini, che all'epoca era uno dei potenti d'Italia e teneva un piede nell'industria chimico-farmaceutica. Buzzi confessa di non averci nemmeno mai pensato. Eppure erano amici d'infanzia, gli curava la moglie Idina e la suocera e alla fine era diventato anche il suo psichiatra di fiducia, tanto che Gardini arrivò a confidargli, nei momenti più bui dello scandalo Enimont: «A me i num ciapa miga», a me non mi prendono mica, e infatti morì suicida.

A differenza di Edward Jenner, che il virus del vaiolo lo inoculò al proprio figlio, il medico romagnolo nel 1968 non esitò a provare su di sé, iniettandosela in vena, la tossina difterica: «Mi misi al microscopio con un mio campione di sangue per fare la conta dei globuli bianchi, ma non riuscivo neppure a vederli, tanto era il batticuore». Voleva essere certo che i suoi pazienti fossero al riparo da qualsiasi rischio. Milleduecento ne ha trattati. A distanza di molto tempo, 12 ancora campano, perfettamente guariti dal cancro. Ad almeno 360, dati per spacciati, ha regalato parecchi mesi, spesso qualche anno, di vita.

Che cos'è con precisione il Crm 197?

«Una fotocopia della tossina che provoca la difterite, nella quale è stato sostituito uno solo dei 535 amminoacidi che la compongono. Precisamente quello che la rende nociva».

Su quanti pazienti l'ha provata?

«Il Crm 197 su 200. Ma bisogna aggiungere che sui primi 600 malati, cioè i casi descritti nello studio pubblicato da *Cancer Research* nell'82, ho iniettato direttamente la tossina difterica intatta. E su altri 400 la tossina bollita, atossica al pari del Crm 197. Sempre con risultati sorprendenti».

Quante volte è riuscito a far funzionare il Crm 197 contro il cancro?

«Nel 30 per cento dei casi ho ottenuto una significativa riduzione del tumore».

Significativa in che misura?

«Dal 50 per cento fino alla completa guarigione».

Cioè il tumore scompariva?

«Esatto».

Mi mostri qualche prova.

«Ecco, questa è la cartella clinica di un bambino di 6 mesi, figlio di un collega ospedaliero. Gli diagnosticarono un neuroblastoma resistente alla chemio. Il padre, disperato, mi disse: "Proviamo". Io non volevo. Gli praticai otto iniezioni. Dopo un anno il piccolo fu sottoposto alla risonanza magnetica all'ospedale di Ferrara, perché qui a Ravenna non abbiamo la Rm. Da Ferrara la risposta tardava ad arrivare. Alla fine capimmo il motivo: il neuroblastoma era sparito e quattro clinici si stavano arrovellando da una settimana su queste immagini senza riuscire a darsi una spiegazione. Oggi il bambino va a scuola, è guarito, non ha più fatto iniezioni».

Da non credere.

«Non è la vittoria sul cancro: solo un contributo alla lotta. Per funzionare il Crm 197 richiede un organismo che mostri una buona capacità di risposta immunologica alla difterite. Andrebbe provato sui pazienti appena operati di tumore, con metastasi limitate ai soli linfonodi. L'ideale sarebbe testarlo su quelli che rifiutano la chemio o non la tollerano. Io ho avuto 26 malati di questo tipo. Il primo fu un contadino di 66 anni. Venne da me nel 1986 con un tumore allo stomaco. Anche le vie linfatiche erano già invase dalle cellule neoplastiche. Lo cacciai di qui tre volte. Alla quarta mi disse: "Se non mi fa quella puntura, la mia morte sarà colpa sua e solo sua!" Non ci dormii per un paio di notti. Alla fine cedetti. È arrivato a 86 anni. Quando lo incontro me lo rinfaccia bonariamente: "Mi sono salvato per merito mio. Fosse dipeso da lei, sarei già sotto terra da un pezzo". Nessuno di questi 26 soggetti ha più avuto ricadute».

Perché ha scelto di fare il medico?

«Volevo diventare come il dottor Manson della *Cittadella* di Cronin. Vengo da una famiglia poverissima. Mio padre era facchino al porto di Ravenna. Per mantenermi all'università lavoravo nello zuccherificio Eridania. La domenica andavo col cane in cerca di tartufi e li vendevo al ristorante Donatello di Bologna. Dalla maturità in avanti ho sempre avuto borse di studio. Quattro giorni dopo la laurea fui arruolato come aiuto di sala operatoria alla casa di cura San Francesco. Ero il manovale del chirurgo Giuseppe Vangelista, da tutti chiamato Vangelo giacché la sua era l'ultima parola, di vita o di morte. Infilava la mano nella pancia, palpava il carcinoma, scuoteva la testa: "Troppo avanti. Chiudi, ragazzo". E io suturavo. Qualche volta capitava però che il paziente, dopo l'intervento esplorativo, avesse un miglioramento inspiegabile. Per tre o quattro mesi il cancro, anziché avanzare, regrediva. Il dottor Vangelista lo spiegava così: "È la boccata d'aria che diamo al peritoneo". A me l'affermazione suonava implausibile. E i tumori polmonari, allora, che sono anaerobici, cioè proliferano in assenza di ossigeno? Cominciai a indagare».

Partendo da dove?

«Da un muratore rimandato a casa con un tumore del colon metastatizzato. Andai a trovarlo per dieci anni. Morì d'infarto. Un secondo paziente fu dimesso con un tumore polmonare enorme. Gli restavano poche settimane di vita. Anche questo morì dopo dieci anni. Di ictus».

Entrambi dopo essere usciti dalla sala operatoria?

«Esatto. Tenga conto che a quei tempi non c'erano gli ambienti sterili di oggi. Capitava perciò che il dottor Vangelista si cambiasse i guanti in sala. In una di queste occasioni vidi spandersi nell'aria uno sbuffo del talco che consente al chirurgo d'indossarli più facilmente. Osservavo queste micelle alla luce della lampada scialitica mentre scendevano lente e si depositavano nell'addome squarciato del paziente. Pensai: sarà solo un male? Qualsiasi germe stimola il sistema immunitario. Non a caso i bambini più esposti alla poliomielite erano quelli che abitavano ai piani alti delle case, i più igienici. I loro coetanei che razzolavano nei cortili s'ammalavano di rado».

L'idea di sperimentare la tossina difterica da dove nasce?

«Un giorno portarono in clinica un trentenne in gravissime condizioni. "Difterite maligna", sentenziò l'internista. L'infezione è provocata da un bacillo che s'insedia nella gola e da quella sede produce una tossina micidiale che attacca tutti gli organi. Purtroppo il giovane morì. Lì ebbi un lampo: e se fosse il bacillo della difterite che entra nel corpo dei pazienti mentre operiamo sui tumori?»

In che modo ci entra, scusi?

«È un bacillo ubiquitario. Si trova dappertutto, anche qui, in questo ambulatorio. Solo che le nuove generazioni ne sono immuni, essendo la vaccinazione antidifterica obbligatoria per legge. Ebbi questa strana illuminazione: che il *Corynebacterium diptheriae* fosse in grado di danneggiare, insieme con gli organi vitali, anche i tumori».

E che fece?

«Decisi di provocare il cancro nei conigli iniettandogli nelle orecchie il 20-metilcolantrene, un idrocarburo dal forte potere oncogeno, ricavato dal bitume. Più complicato fu farmi consegnare dalla Sclavo la tossina difterica, anche perché può uccidere senza lasciare tracce».

In che modo si ottiene?

«Nei laboratori dispongono dei ceppi congelati. La coltivano su un normalissimo brodo di carne. Poi filtrano il liquido contenente la tossina e ricavano un liofilizzato in fiale».

Che cosa notò inoculandola nei conigli?

«Una regressione. La massa tumorale diminuiva di circa la metà. E ricominciava a crescere smettendo le iniezioni. Era il 1970. Telefonai subito a un amico farmacologo, Italo Maistrello, povero come me, figlio di pescatori di Porto Garibaldi, che lavorava alla Farmila di Milano. Lo pregai di venire a vedere. "Solo perché sei tu", disse. Venne e rimase di sasso. "Bisogna provare la tossina su migliaia di topi singenici, cioè tutti uguali fra loro per sesso, età e peso; elaborare un programma; farci dare dall'Istituto Mario Negri i tumori sperimentali", concluse. Optammo per il tumore di Ehrlich e il sarcoma 180. Ma a un certo punto i capi della Farmila, che produce colliri, convocarono Maistrello: “Che ci viene in tasca da questa ricerca?” Lui rispose: “Prestigio”. Replicarono: “Il prestigio non è quotato in Borsa”. Oggi il mio amico lavora all’Ici, Imperial chemical industries di Londra».

Come andarono le prove sui topi?

«Quelli non trattati morivano in 16 giorni, gli altri in 32. Ma la vera sorpresa venne dall’ultimo esperimento su 100 topi nei quali avevo provocato il tumore di Ehrlich e poi iniettato la tossina difterica. A quattro mesi di distanza, 18 erano ancora vivi e sanissimi. Provai allora a reinoculargli il tumore nella stessa quantità: non attecchiva, lo rigettavano. Erano immunizzati».

Che meccanismo d’azione ha ipotizzato?

«Le cellule maligne dispongono di un gancio. Il Crm 197, come la tossina difterica, s’attacca a questo gancio provocando un’infezione. A quel punto scatta il sistema immunitario, che va a distruggere il Crm 197. Col risultato di uccidere, insieme con la fotocopia della tossina difterica, anche le cellule tumorali. Metta di vedere una mosca sul muro: lei decide di ucciderla con una martellata. Così distrugge la mosca, ma butta giù anche un pezzo di muro. La mosca è il Crm 197, il martello è il sistema immunitario, il muro è il tumore».

Quante iniezioni occorrono?

«Sei sottocutanee, a giorni alterni, nell’addome. Con un richiamo ogni due mesi, per un totale di cinque richiami. Io ho preso i malati che mi capitavano. Sul melanoma risponde benissimo».

È legale quello che ha fatto?

«Non avrei potuto testare il Crm 197 neppure sugli animali. Ai pazienti facevo firmare una liberatoria. Non li ho mai sottratti alle terapie convenzionali e non ho mai preso un centesimo. Per precauzione ho consultato alcuni avvocati: a mio favore giocava solo la legge sullo stato di necessità. Se un analfabeta trova per strada un ferito che sta morendo dissanguato, è autorizzato a stringergli una cintura attorno alla vena tranciata, giusto? Quello ho fatto io. Ma è difficile comprendere quanto sia stato logorante, sempre con gli stessi malati, sempre in fase terminale...»

Chi altro potrebbe fornire il Crm 197, oltre alla Chiron-Sclavo?

«Solo l'Istituto Pasteur di Parigi, l'Istituto Berna svizzero e la Wyeth-Lederle americana. Il professor Eisuke Mekada, al quale ho trasferito le mie conoscenze, è più fortunato di me: in Giappone potrà produrselo da solo. Era stupefatto, non voleva credere che l'avessi già testato sull'uomo».

Perché non ha sensibilizzato i politici?

«Ho tentato. Credevano che cercassi un posto da assistente in ospedale, pensi un po'. I senatori comunisti Arrigo Boldrini ed Ennio Cervellati mi invitarono a pranzo a Grattacoppa, ma solo per chiedermi di visitare gratis alcuni loro amici».

Poteva rivolgersi ai democristiani.

«Mi portarono dall'onorevole Benigno Zaccagnini. Nonostante fosse medico, mentre parlavo scuoteva la testa in segno di negazione. Dopo un mese mi telefonò: "Ne ho discusso", disse, senza precisare con chi, "ma non ha suscitato alcun interesse. Dipenderà dalla crisi economica. Sono molto spiacente"».

Chi l'ha aiutata?

«La povera gente. Come l'ex partigiano Paolo, un anticlericale granitico. Ho scoperto che alle feste dell'Unità ordinava ai compagni di venire nel mio ambulatorio anche se erano sanissimi in modo da farmi prendere l'onorario delle visite».

Che differenza c'è fra lei e il professor Luigi Di Bella?

«Ho ereditato una decina di suoi pazienti. In un caso ho visto una sicura riduzione del tumore, documentata da una Tac. Però il suo metodo non è stato sperimentato sugli animali e consiste in una miscela di sostanze, per cui non si sa quale sia quella che realmente agisce. Senza contare che Di Bella non pubblicò mai i suoi studi sulle riviste che applicano la *peer review*, cioè la revisione da parte di almeno tre ricercatori indipendenti e anonimi nelle vesti di avvocati del diavolo».

Possibile che in giro per il mondo nessuno abbia mai constatato questo meccanismo d'azione della tossina difterica?

«Di recente ho ricevuto questa e-mail da Annette, una signora di New York. Descrive il caso del marito Dave, cinquantenne, portatore di melanoma all'ultimo stadio. Aveva polmoni, fegato e tibia zeppi di focolai. Da oltre un anno si sottoponeva alla chemio, senza alcun beneficio. Un'infezione l'ha costretto al ricovero in ospedale. Dai laboratori di Albany è arrivata la risposta: difterite del tipo mite. Il primo caso nella contea di Suffolk in 40 anni. In due settimane Dave è stato dimesso. Un mese dopo, la Pet di controllo ha scioccato i medici: "Liver cancer gone", il cancro al fegato se n'è andato. Altre due Pet successive hanno dato identico risultato per polmoni e tibia. Dave è guarito. La moglie mi ha rintracciato digitando su Internet le parole chiave *cancer* e *diphtheria*».

Perché non ha brevettato la sua scoperta?

«Perché mi pareva poco etico speculare sul cancro. Che ci creda o no, è così».

MASSIMO CODACCI PISANELLI
Alla larga dal dottor House

È il medico più pagato del mondo: 400.000 dollari per 45 minuti di visita. È specializzato in nefrologia e malattie infettive, ma lo conoscono soprattutto per l'abilità diagnostica: riesce sempre a scoprire che accidente hai. È scontroso, misantropo, tagliente, cinico: «Ho fatto il medico per curare le malattie, non i malati». È sciancato, cammina col bastone, si rade quando capita, non ride mai. Il suo nome è Gregory House e in televisione – è lì che compare da cinque anni – ha la faccia dell'attore Hugh Laurie.

Sono in pochi però a sapere che anche l'onnisciente clinico americano ha bisogno di un collega, e per di più italiano, che talvolta gli insegni il mestiere. Bisogna avere la pazienza di scorrere i titoli di coda del serial *Dr. House - Medical Division* per accorgersene. «Consulenza medica: professor Massimo Codacci Pisanelli», si legge alla fine di ogni puntata. Ed eccolo qui, l'esatto opposto del dottor House. Sbarbato, affabile, educato, segaligno, tanto da sembrare, con i suoi 84 chili su un metro e 90 di statura, la controfigura giovanile di Pio XII.

Il Policlinico Umberto I di Roma non ha niente del

modernissimo Princeton Plainsboro teaching hospital inventato dalla Tv, benché fino a qualche anno fa fosse considerato il più grande ospedale del mondo per numero di posti letto, primato che oggi ha ceduto al Chris Hani Baragwanath hospital di Soweto, Sudafrica. Nella sala d'aspetto del Dipartimento di chirurgia ci sono le panche di legno come sui treni di terza classe. Codacci Pisanelli, docente alla Sapienza, ha la stessa età del reparto in cui lavora, fondato nel 1958 dal professor Pietro Valdoni, il primario che fu chiamato a occuparsi del tumore allo stomaco di Giovanni XXIII, della prostata di Paolo VI e della nuca e del petto di Palmiro Togliatti trafitti dai colpi di pistola dell'attentatore Antonio Pallante, «però l'aneddoto della salatissima parcella presentata al segretario del Pci, con questi che dice al grande chirurgo: "Eccole il saldo, ma è denaro rubato", e l'altro che gli risponde: "Grazie per l'assegno, la provenienza non m'interessa", è una leggenda metropolitana, me lo assicurò il professor Sandro Tagliacozzo, braccio destro di Valdoni», ci tiene a precisare l'allievo.

Il mite professore ha preso dal padre, l'onorevole Giuseppe Codacci Pisanelli, un deputato morto nel 1988, che fece parte dell'Assemblea costituente e fu più volte ministro, al quale i governi di ieri e di oggi devono sempiterna riconoscenza per aver inventato l'istituto del decreto legge. «Papà aveva studiato a Oxford. Quando divenne ministro della Difesa nell'ultimo governo De Gasperi, Togliatti tuonò: "Avete scelto uno che conosce l'inglese perché così può prendere ordini dagli americani". Al che lo statista trentino replicò: "L'onorevole Codacci Pisanelli ha combattuto contro gli americani. Invece lei, onorevole Togliatti, conosce il russo ma non ha mai combattuto contro i russi"». Il padre del chirurgo conosceva bene anche il tedesco. In Africa, durante la seconda guerra mondiale, era l'interlocutore del generale Erwin Rommel: per l'eroismo dimostrato, i tedeschi lo insignirono della croce di ferro. Il che non gli impedì, concluso il conflitto, di presenziare al processo di Norimberga come osservatore del governo italiano.

Anche suo figlio, specializzato in anestesia, rianimazione e chirurgia generale, conosce bene il tedesco, ma più ancora l'inglese e questo spiega perché l'abbiano arruolato come consulente scientifico del serial. Ha lavorato al St. Mark's hospital di Londra e al Fatebenefratelli di Vienna; negli Stati Uniti ha frequentato il Roper St. Francis hospital di Charleston, Sud Carolina. La moglie Benedetta ha sangue americano nelle vene: il suo trisavolo era di Kansas City. «Si chiamava Bertrand Rockwell e da allora tutti i discendenti maschi portano questo nome», spiega il professor Codacci Pisanelli, mentre fa scorrere sul computer le foto dei figlioletti Bertrando, 5 anni, e Martina, 2. «Non pensavo che mi avrebbero fatto rimbambire», mormora trasognato il tenerone.

Lei non è come House, privo di affetti.

«Vocazione di famiglia: siamo otto fratelli. Per la prima volta nessuno di noi fa il parlamentare. Mia bisnonna, Bianca Naldini di Firenze, rimasta prematuramente vedova di Luigi Codacci, sposò in seconde nozze Giuseppe Pisanelli, ministro di Grazia e Giustizia nei governi Farini e Minghetti. Io sono il quinto, ex aequo con Vito, avvocato, che è il mio doppione genetico: gemello monocoriale, stesso Dna. Solo le impronte digitali sono diverse. Una volta che m'era scaduta la patente confesso d'aver usato la sua».

Ma lei lo vede Dr. House*?*

«Non guardo mai la Tv. Mi limito a visionare i Dvd col sonoro in inglese, che mi vengono mandati dalla casa di doppiaggio. Controllo che House e gli altri medici non dicano bestialità. Complicatissimo, perché le parole devono corrispondere al movimento delle labbra».

Il dottor House toppa spesso?

«Non direi. Una volta ha sbagliato il ciclo vitale della cisti da echinococco, che si trasmette dalla pecora al cane e dal cane all'uomo mediante l'ingestione di verdure contaminate da feci. Una patologia a volte mortale, piuttosto diffusa in Sardegna. Allo stadio larvale il parassita si annida nel fegato, dando origine a delle specie di uova che possono arrivare a 15 centimetri».

I suoi colleghi guardano il serial?

«Buona parte. Una volta la settimana vado a operare nell'ospedale di Spoleto e lì mi tocca discutere le scelte del dottor House col mio collega Enzo Ercolani, primario di anestesia e rianimazione, un critico attento e severissimo».

Ma che cosa capiranno i telespettatori di quei casi clinici ai limiti dell'assurdo?

«Mi chieda piuttosto che cosa ne capiamo noi medici».

Il lessico di Dr. House *è inavvicinabile.*

«Supertecnologico anche per me, lo confesso. Mi serve come ripasso. Non approfondivo le varie onde degli elettroencefalogrammi dai tempi dell'esame di neurologia. Tenga presente che nel mondo anglosassone il chirurgo non ha diritto al titolo di dottore o di professore. Anche oggi che siamo laureati, restiamo solo mister. Come i cerusici-barbieri dei secoli bui».

Ha mai suggerito di modificare i dialoghi?

«Qualche battuta violenta l'ho fatta togliere. M'impressionò la lettera di protesta di una malata di sclerosi multipla, inviata a *Sorrisi e Canzoni Tv*, perché il dottor House aveva esclamato, di una paziente in quelle stesse condizioni: "Certo che sta messa proprio male!" È terribile togliere la speranza».

Quanto la pagano per la sua consulenza?

(Apre una busta). «Ecco qua: per i 16 episodi della stagione 2008 ho percepito questi».

Appena 1.867 euro? Ma sono 116 euro a puntata! Niente. Per un solo episodio Hugh Laurie guadagna 313.000 euro, 2.698 volte tanto.

«Non lo invidio. Magari li ha investiti male e con la crisi delle Borse chissà che giorni sta passando. Il mio stipendio in ospedale è di 3.300 euro mensili. Lo ritengo adeguato. I colleghi pensano che sia matto. Ma io non posso dimenticare che tra un operaio della Fiat e un dirigente il rapporto che prima era di 1 a 30 oggi è di 1 a 300. Non studi da medico per te stesso, per diventare ricco o potente. Studi per dare».

Consiglierebbe a un malato di farsi curare dal dottor House?

«No. Nemmeno io mi farei curare da lui. Di per sé la scienza medica è la cosa più noiosa di questo mondo. Ci vuole anche l'umanità. Un computer legge l'elettrocardiogramma meglio di un cardiologo eppure non ti sa guarire. Il difficile è stare accanto al paziente, non al corpo del paziente».

Qual è il caso clinico più arduo che le è capitato nel corso della sua carriera?

«Donna, classe 1922, polipo nel colon. L'esame istologico evidenziava la presenza di cellule tumorali, ma il peduncolo del polipo ne era indenne. Asportarle o no un tratto d'intestino? A Londra mi avevano insegnato che in questi casi non si opera. Sconsigliai l'intervento. Era il 1989. La paziente è ancora viva. Il medico deve prendersi le sue responsabilità, altrimenti diventa un passacarte».

Quando perde un malato per errore, presumo che non vada a dirlo ai parenti.

«Fa parte dei limiti umani. Non è per autodifesa. Perché dare un dolore aggiuntivo? "Chi pecca contro il proprio creatore cada nelle mani del medico". Siracide, 38-15. Abbiamo una missione divina. Non ve la potete prendere con noi: siamo gli artefici di una giustizia».

Colleghi che assomigliano a House ne ha?

«Eeeh... C'è quello che ha operato in una clinica privata una signora con perforazione intestinale, alla quale avevo sconsigliato la chirurgia laparoscopica, salvo doverla rioperare per complicazioni due giorni dopo col metodo tradizionale. C'è quello che ha operato per sospetto cancro al pancreas e all'esame estemporaneo non voleva ammettere che si trattasse di pancreatite, per cui ha proceduto a un intervento demolitivo: il paziente è morto, il tumore non c'era».

Avranno cercato di fare del loro meglio.

«Ma questa è la strada che porta dritto al dottor Mengele! Anche l'angelo sterminatore di Auschwitz in fin dei conti avrebbe potuto difendersi affermando d'aver solo tentato di fare esperimenti crudeli allo scopo di salvare molte vite umane. E infatti mio padre mi raccontava che al processo di Norimberga gli americani fecero impiccare i medici dei lager, i Brandt, i Gebhardt, gli Hoven, soltanto un anno dopo la sentenza, proprio per dar loro modo di trascrivere i risultati dei test aberranti che avevano condotto sui prigionieri, dall'immersione nell'acqua ghiacciata per studiare gli effetti dell'assideramento alle ferite infettate di proposito per procurare il tetano o la cancrena».

House è odioso, eppure il pubblico televisivo lo adora. Come si spiega?

«Perché a volte ha veramente ragione. Ci sono malati che non vanno dal medico per sentire la sua opinione bensì cercano un medico che abbia la loro stessa opinione. Fanno indagini statistiche».

Fedele Confalonieri, presidente di Mediaset, ha detto che in momenti come questi, di crisi profonda, non si dovrebbe produrre una serie ansiogena come Dr. House.

«Ma è solo un gioco, per il telespettatore, che dopotutto dispone del telecomando e può cambiare canale. L'audience elevato dimostra che è una valvola di scarico».

Terza serie, terza puntata. Il ricercatore Ezra Powell, affetto da amiloidosi in fase terminale, chiede di morire e viene accontentato con un'iniezione letale di morfina.

«Questa è eutanasia attiva, una forma di omicidio: sono contrario. Se invece per eutanasia passiva si intende la sospensione di cure straordinarie, in alcuni casi sono d'accordo. Non praticare l'emodialisi a un malato terminale con metastasi cerebrale, appena operato per aneurisma aortico, è eutanasia? In questo caso il rene artificiale è una cura straordinaria. Però anche una semplice flebo può diventarlo».

Nel caso di Eluana Englaro i giudici hanno reputato cure straordinarie l'alimentazione e l'idratazione col sondino nasogastrico.

«Queste sono cure ordinarie, non sono atti terapeutici, esattamente come imboccare un malato che abbia le braccia fratturate. Quand'ero ufficiale medico dell'Aeronautica, mi hanno insegnato che in tempo di guerra bisogna distinguere tre gruppi di pazienti: quelli che moriranno anche se curati, quelli che guariranno anche se non curati, quelli che vivranno solo se curati. Ci si deve concentrare sul terzo gruppo. Ma per il medico è una tragedia».

Va riconosciuto il diritto di ciascuno a porre termine ai propri giorni?

«La vita è un bene che non rientra nella disponibilità dell'individuo».

Ha mai avuto pazienti che le hanno chiesto di farli morire?

«Mai».

Terza serie, dodicesima puntata. Eve è stata violentata e il dottor House la convince ad abortire.

«Non credo che un medico debba assegnarsi questo compito. Dopo uno stupro l'interruzione di gravidanza può diventare il prezzo che la virtù paga al vizio. Sono contrario all'aborto, ma ogni caso fa storia a sé. E comunque non mi sentirei di condannare Eve».

Il termine "malasanità" che reazione provoca in lei?

«Qualche volta c'è del vero. Ma chi lo pronuncia dovrebbe prima andare a vedere che cosa accade in civilissime nazioni come l'Austria. Al Fatebenefratelli di Vienna arrivò un polacco col polso distrutto: era stato rifiutato dal pronto soccorso dell'ospedale centrale solo perché non aveva i documenti in regola. Lo ingessammo noi. Qui all'Umberto I abbiamo messo il pacemaker a una filippina con un disturbo cardiaco anche se era clandestina. In Italia la macchina cuore-polmone si può staccare solo quando l'elettroencefalogramma è piatto. Negli Usa, come si vede in *Dr. House*, per contenere i costi la spengono anche ai cardiopatici che stentano a riprendersi. Michael Moore nel film *Sicko* ha mostrato che farsi riattaccare il dito medio negli ospedali americani costa 60.000 dollari, 12.000 l'indice. Se ti amputi entrambi i diti e non hai l'assicurazione, ti tocca scegliere quello che costa meno. Qui in Italia il solo dirlo provoca ribrezzo».

Fanno bene i malati italiani che vanno a curarsi al Memorial Sloan-Kettering di New York o alla Mayo clinic di Rochester?

«No, offendono la scienza e l'impegno di tantissimi colleghi che non hanno nulla da imparare dal dottor House. Dovrebbero andare nel piccolo ospedale di Spoleto, un gioiello della sanità».

«Preferisci un medico che ti tiene la mano mentre muori o uno che ti ignora mentre migliori?», è la frase tipica di House. Lei quale dei due preferisce?

«Il secondo. Ma il primo non è meno bravo».

Che cosa dice ai malati che non hanno più speranze?

(Si prende la testa fra le mani, abbassa lo sguardo, si schiarisce la voce, pensa a lungo. Quando rialza lo sguardo, gli occhi sono pieni di lacrime). «Niente. Posso solo accompagnarli, passo dopo passo. Nessuno di noi conosce il giorno e l'ora».

ALESSANDRO FRIGIOLA
Quando il medico mette le ali

Lo chiamano il medico con le ali: arriva con l'aereo nelle lande più abbandonate del pianeta e dove atterra rifiorisce la vita. E anche il chirurgo dei casi impossibili: non potrà competere con Santa Rita da Cascia però se ci mette la mano lui il "miracolo" avviene. A me, più lo ascolto e più lo guardo, sembra semplicemente un ingegnere dell'anima. È di questo che si occupa il professor Alessandro Frigiola: dell'*ánemos*, il vento inafferrabile, il soffio misterioso che fa pulsare il cuore degli uomini. Ed è questo che avrebbe voluto diventare il professor Alessandro Frigiola: un onesto progettista, ma di quelli che costruiscono ponti, scuole e ospedali, cioè opere di pubblica utilità, non ville, aziende e alberghi.

Nell'estate del 1961 era iscritto al primo anno di ingegneria all'Università di Padova e aveva già dato due esami. Nella biblioteca di casa gli capitò fra le mani *La Cittadella*, il romanzo di Archibald Cronin. Oggi non saprebbe spiegare per quale motivo s'identificò fin dalle prime pagine col dottor Andrew Manson, giovane medico condotto fra i minatori del Galles che tutti gli italiani avrebbero imparato ad amare nello sceneggiato televisivo di Anton Giulio Majano interpretato da Alberto Lupo tre anni dopo. «So soltanto che non vedevo l'ora che arrivasse settembre e riaprisse l'ateneo per poter cambiare facoltà».

Passato a medicina, un secondo libro gli indicò la strada. Frequentava le lezioni di chirurgia generale quando un amico gli regalò il trattato *Chirurgia neonatale* di Rickham e Johnston, due luminari di Liverpool, un testo fondamentale dal dorso rosso vivo che figura ancor oggi in mezzo ai volumi della sua libreria. «Fu un'altra folgorazione. Vede, il chirurgo generale è terrorizzato dai bambini. Gli mettono in braccio questi esserini di pochi chili, o addirittura di pochi etti, e lui non sa nemmeno da che parte prenderli, ha paura che gli si rompano fra le mani, figurarsi se si azzarda a inciderne le carni col bisturi. Osservai le foto di malformazioni complesse, come la palatoschisi, di cui non conoscevo nulla. E notai subito che il capitolo meno sviluppato riguardava la cardiochirurgia. "Del cuore non sappiamo niente", scrivevano pressappoco Rickham e Johnston».

Questo fa il professor Alessandro Frigiola: divarica il torace ai neonati, gli isola il cuore dal petto, lo ferma per parecchie ore, poi lo fa ripartire. Ma prima ricostruisce le parti mancanti, apre o chiude ciò che la natura a volte si dimentica di formare nel ventre materno, rammenda come una merlettaia amorevole usando il filo da otto zeri, «un capello, forse meno di un micron, adesso non saprei dirle di preciso...» I fili chirurgici hanno diametri numerati che vanno da zero in su: di solito si adoperano quelli da uno, da due, da tre, da quattro e così via. Ma quando devi suturare un'arteria polmonare di un millimetro e mezzo, fragilissima, in un esserino partorito da pochi giorni, i fili più sottili sono numerati da zero in giù: due zeri, tre zeri, quattro zeri, fino a dieci zeri. «Eh, una volta sì che ero bravo, cucivo a occhio nudo, neanche le lenti da vista mi servivano... Adesso invece mi tocca inforcare gli occhialini ingranditori».

Vecchio non è. È nato nel 1942 a Bressanone. Finita la guerra, il padre, dipendente dell'Inps originario di Taranto, fu trasferito a Vicenza. La città veneta è la sua vera patria, tanto che ci passa tutti i fine settimana quando non si trova in sala operatoria a migliaia di chilometri di distanza. Perché il professor Frigiola non è soltanto primario di una delle due divisioni di cardiochirurgia del Policlinico di San Donato Milanese, il più importante ospedale italiano per gli interventi al cuore (2.300 l'anno, di cui 400 per patologie congenite, il 90 per cento dei quali in età pediatrica). È anche il presidente dell'Associazione bambini cardiopatici nel mondo, nata a Milano nel 1994. Non aveva alcun obbligo di fondarla: in fin dei conti, dopo 35 anni di professione, un terzo dei 12.000 interventi chirurgici che ha all'attivo li ha eseguiti su piccoli pazienti. Ma ancora una volta deve aver letto in qualche tomo di statistiche che sulla Terra nascono ogni anno 800.000 bambini affetti da cardiopatie congenite, 600.000 dei quali muoiono prima di poter essere operati.

Glielo insegnò all'Università di Padova il suo maestro, il professor Pier Giuseppe Cevese, un grande che però andava in Africa tuttalpiù per «trar al leon», come diceva ai suoi aiuti, sì insomma, per la caccia grossa: «Il chirurgo non deve mai battere in ritirata». Così il medico con le ali, l'ingegnere dell'anima, va. Continua ad andare. L'avrebbe fatto anche il dottor Manson.

Il suo è un mestiere o una missione?

«È un lavoro completamente diverso dagli altri».

Non si fa per soldi.

«No, non può esaurirsi nel lavoro fine a se stesso. Presuppone uno spirito di dedizione totale al malato o almeno alla conoscenza della medicina. Oggidì questo spirito è meno sentito a causa della superspecializzazione: ci sono chirurghi che si occupano solo del dito della mano sinistra per tutta la vita e più in là di quello non si spingono. Quando cominciai io, invece, dovevamo occuparci di tutto. Passavo le notti accanto ai pazienti, cosciente di quel poco che sapevo, sempre con la paura di non riuscire a salvarli. Era una paura dettata dall'ignoranza. È un fattore positivo, l'ignoranza, per il medico. Tutto ciò che conosciamo è ancora poco. Chi pensa di sapere parte già col piede sbagliato».

Ma lei è generoso di natura?

«Se posso aiutare qualcuno, lo faccio volentieri. Questo è ciò che ho sempre sentito e che sento tuttora. Anche se poi la vita a volte prende una piega diversa, alla fine la compassione che hai dentro di te vien fuori. Il 90 per cento dei medici che ho incontrato nei miei viaggi ha questa sensibilità, che spesso non è capita o non è espressa. Di aridi ne ho conosciuti ben pochi. Magari sono annoiati o tristi perché si sentono sottovalutati. Basta cambiargli reparto, coinvolgerli, e rinascono. Sapesse in quanti mi telefonano animati dalla voglia di fare qualcosa di utile per il Terzo mondo. Io stesso nel 1970, appena laureato, provai il medesimo impulso a partire. Ma l'ospedale di Vicenza m'aveva appena assunto, non poteva concedermi un'aspettativa il giorno dopo».

Così è rimasto.

«Be', non proprio. Nel 1971 il compianto professor Giampiero Belloli aprì un'unità di chirurgia pediatrica: il 1° febbraio mi prese con sé, il 12 ero già a Marsiglia. Sono rimasto sei mesi dal professor José Aubert a imparare le basi dell'anatomia del cuore. Poi sono tornato da Aubert per altri sei mesi e infine per due anni. Finché non mi sono sentito pronto ad andare in giro per il mondo».

Quanti interventi esegue all'estero?

«Un centinaio l'anno. In media organizzo una missione al mese, che dura da tre giorni a una settimana. Si sta in sala operatoria dalle 8 di mattina alle 11 di sera. Nello Yemen in quattro giorni e mezzo ho operato 26 bambini, in Egitto 19 in 72 ore».

E a San Donato quanti ne opera?

«Circa 550 l'anno».

Non prova un senso di colpa per il tempo che sottrae ai piccoli pazienti italiani?

«No, perché posso contare su un'équipe di ben 15 medici che fa tutto quello che farei io se fossi presente. Altrimenti non partirei».

Lo sa che la chiamano il chirurgo dei casi disperati, vero?

(Ride). «Sì, lo so. Il nostro centro s'è dato una regola: di fronte a un caso che non ha altre soluzioni di tipo medico e che vede il paziente condannato a morte in breve tempo, se concettualmente vi è anche una sola possibilità su 100 di salvarlo col bisturi, io intervengo. A patto che me lo chieda l'interessato, o i genitori nel caso si tratti d'un bimbo. È giusto che il medico gli offra questa possibilità. Molti colleghi non la pensano così. Li capisco. La mortalità in sala operatoria rovina le statistiche e le reputazioni».

E quante volte le capita di fallire in questi casi disperati?

«Il 50 per cento dei pazienti, anche di più, si salva, e lo dico da pessimista. Stiamo parlando di persone che, se non finissero sotto i ferri, avrebbero al massimo il 5 per cento di probabilità di continuare a vivere».

Il cardiopatico più piccolo sul quale le è capitato di mettere le mani con successo?

«Un maschietto prematuro del peso di appena 480 grammi. Sono andato a operarlo nel reparto di neonatologia della clinica Mangiagalli di Milano, dov'era venuto alla luce col dotto di Botallo aperto. Sarebbe morto di scompenso cardiaco e polmonare. Il dotto, che consente la vita fetale, di norma si chiude spontaneamente entro una settimana dalla nascita».

Quando si guarda le mani che cosa pensa?

«Che sono fortunato perché funzionano ancora bene. E ringrazio il Signore d'averci dato quest'organo così importante che distingue l'uomo da tutti gli altri esseri viventi».

Che cosa fa battere il cuore?

«Un impulso elettrico. Puoi nascere senza cervello, ma il cuore batte lo stesso».

E da che cosa è generato questo impulso?

«Da una trasformazione biochimica delle cellule che avviene nel nodo senoatriale. Già questo è prodigioso. Se poi si considera che il cuore di un uomo di 80 anni nel corso della vita totalizza oltre due miliardi e mezzo di battiti... Purtroppo in Italia nascono ogni anno 4.000 bambini cardiopatici, 2.500 dei quali devono essere operati».

Le patologie cardiovascolari rappresentano in percen-

tuale la prima causa di ricovero ospedaliero e la prima causa di morte.

«Sì, 1.150.000 degenze e 240.000 decessi ogni anno soltanto in Italia. E sono anche la prima causa di morte fra le malformazioni congenite».

Sembra quasi che il Creatore abbia concentrato nel cuore tutta la fragilità umana.

«È una vulnerabilità che si nota di più, dal momento che quando il cuore smette di battere finisce tutto. Le malformazioni cardiache, poi, rappresentano da sole la metà di tutte le possibili anomalie».

Da che cosa sono provocate?

«Dalla rosolia nella gestante. Da un eccesso di raggi X o di altre radiazioni nei primi 45 giorni di gravidanza. Dai matrimoni fra consanguinei».

Quali sono i primi sintomi che devono far sospettare ai genitori una cardiopatia congenita?

«Il piccolo respira male, non mangia, non cresce, suda durante i pasti. Nel "morbo blu" provocato dalla tetralogia di Fallot e nella trasposizione dei grossi vasi la diagnosi è immediata: il bambino diventa cianotico, ha le labbra e le unghie bluastre a causa del sangue scarsamente ossigenato, a volte il viso è addirittura di colore viola».

Negli Anni 60 la mortalità chirurgica per cardiopatie congenite era del 90 per cento. Oggi è scesa al 5 per cento. Siete diventati più bravi?

«Nelle tecniche operatorie di sicuro. Abbiamo imparato. E ha fatto passi da gigante la diagnostica. Prima si doveva intuire una patologia dai segni clinici, oggi con l'ecocardiografia si va a colpo sicuro».

Mi hanno detto che pur di salvare i suoi piccoli malati non esita a operarli in ginocchio.

«Nulla di devozionale. È accaduto con Marco e Alessandro, 8 mesi il primo, un anno il secondo, figli di testimoni di Geova. Dovevo fermargli il cuore e far ricorso alla circolazione extracorporea, ma la religione dei loro genitori vieta tassativamente le trasfusioni. Ora, un bimbo di quattro chili ha nelle vene un contenuto di sangue pari a una lattina di Coca-Cola, 300 millilitri più o meno, e il macchinario che sostituisce cuore e polmoni durante l'intervento ha bisogno, per funzionare, di almeno 500 millilitri. Non restava che ridurre il più possibile la lunghezza del circolo e quindi la distanza tra l'apparecchiatura e i due piccini. Così mi sono messo in quella posizione».

Quanto dura un intervento?

«In media 4-5 ore, con punte di 15-18. In tre casi m'è capitato di rimanere in sala operatoria 26 ore filate».

Difficile in queste condizioni trovare del tempo per i propri figli.

«Alessandra e Maria Luisa da piccole mi hanno visto molto poco, e così pure Cecilia, mia moglie. È lei che ha tenuto unita la famiglia. Quando partorì la nostra seconda figlia, io mi trovavo all'estero: arrivai dopo 15 giorni che era nata. Senza questa tranquillità in casa, non avrei potuto far nulla».

Ma che cosa diceva alle sue figlie prima di partire?

«Che tanti bambini in luoghi lontani avevano bisogno delle mie mani. Erano contente che andassi ad aiutarli. Qualcosa devo aver seminato, perché oggi Alessandra fa la cardiologa a Londra e Maria Luisa lavora per l'Associazione bambini cardiopatici nel mondo».

Come le venne l'idea di fondare questo sodalizio?

«Yves Lecompte, un famoso cardiochirurgo pediatrico parigino, nel 1982 mi chiese di recarmi con lui in

Vietnam a operare. Restammo ad Hanoi un mese. La guerra era finita da poco. Vedevo ragazzini di 12 anni spegnersi per patologie che nei nostri ospedali erano curabilissime. Mi dissi che non potevo lasciarli morire. I medici locali erano impreparati ma desiderosi di apprendere. Al ritorno decisi di aprire una scuola internazionale di cardiochirurgia che li formasse».

E poi?

«Poi sono cominciate le missioni all'estero: 170, finora, in 18 Paesi, con 1.150 interventi eseguiti. Abbiamo regalato due centri cardiochirurgici a Siria e Camerun e due reparti di terapia intensiva a Egitto e Perù. Abbiamo patrocinato insieme al Policlinico di San Donato oltre 200 borse di studio per giovani medici che si fermano in Italia mediamente uno o due anni. Abbiamo offerto ecocardiografi, respiratori, macchine per la respirazione extracorporea, monitor, letti. A ogni viaggio lasciamo in loco 15.000 euro di materiale di consumo per la sala operatoria. Non pare, ma in 12 anni abbiamo fatto saltar fuori oltre 4 milioni di euro».

Ogni intervento eseguito in trasferta quanto viene a costare?

«Sui 10.000 dollari».

Il viaggio aereo chi lo paga?

«Paghiamo tutto noi».

Le compagnie vi fanno lo sconto, almeno?

«Ce l'ha fatto per un certo periodo solo l'Austrian airlines. E pensare che spesso sui voli troviamo molti posti vuoti... Coltivo un sogno».

Quale?

«Comprare un aereo. L'avrei già trovato: un Boeing 747 dismesso dall'Air France. Costa tre milioni di euro.

Vorrei ribattezzarlo Heart Wings, ali del cuore. Avrei anche trovato chi lo paga».

Chi?

«La Red crescent, la Croce rossa degli Emirati arabi uniti. E l'associazione dei comandanti di 747 in pensione è già pronta a metterci a disposizione gratis i suoi soci per pilotarlo. Ma attrezzarlo a sala operatoria costa 7-8 milioni di euro e mantenerlo un altro milione l'anno».

Atterrerebbe anche dove c'è la guerra?

«Sono appena stato a Bagdad. Non credo negli Stati. Per me il mondo è una casa. Se lavori per la gente, se non vai a portargli via qualcosa o a imporgli un'idea, ti rispettano ovunque. Ho trovato una sola morale inscritta nell'animo degli uomini: non far del male. Dalle Ande alla Mongolia, tutti credono in qualcosa, tutti soffrono per le stesse malattie, tutti si disperano nel vedere un figlio che muore».

Osama Bin Laden non tiene famiglia...

«Io spero che il fondamentalismo islamico si possa sconfiggere, ma non ne sono sicuro. Di una cosa sono sicuro: curare i loro bambini è la via migliore per arrivare alla pace».

I chirurghi che operano gratis nel Terzo mondo sono accusati di «farsi la mano» su pazienti che, in caso di errori, non potranno denunciarli.

«Si dice anche che andiamo in vacanza. Come glielo spieghi che dopo due anni di Perù i nostri medici non hanno mai visto Machu Picchu, conoscono solo il percorso albergo-ospedale?»

Torna mai a incontrare i bambini che ha operato?

«Li incontro spesso e li visito. Sono sposati, giocano a calcio, hanno avuto a loro volta dei figli. È bello constatare che quello che hai fatto è servito a qualcosa. E consola vedere al lavoro i giovani medici che hai contribuito a formare e che ora salvano centinaia di bambini. Che senso avrebbe darsi tanto da fare se alla fine della vita non si lasciasse niente? Io voglio lasciare degli allievi più bravi di me».

Di questi ex pazienti ce n'è uno che occupa un posto speciale nel suo ricordo?

«Sì, è Marcella, una bimba di Brescia, sulla quale intervenni per atresia polmonare, cioè mancanza dell'arteria polmonare. Aveva pochi mesi di vita. In seguito la operai altre due volte. Aveva 18 anni quando, richiudendole il petto, capii che non si sarebbe più potuto fare nulla sul suo cuore malato. Dopo tre anni stava di nuovo malissimo. Decisi di riprovarci, pur conscio del rischio elevato. Lei sapeva bene che sarebbe stato l'ultimo tentativo e così, prima di sottoporsi all'intervento, volle sposarsi e avere un figlio. "Perché almeno resti qualcosa di me", mi disse. Rifiutò il trapianto di cuore pur di realizzare questa gravidanza. Nacque una bambina, bellissima come la madre. Pochi mesi dopo il parto, mi chiamò: "Sono pronta". Le ricostruii tutte le arterie e le collegai al cuore. Adesso Marcella sta bene, sua figlia pure».

Quando muore un bambino sul tavolo operatorio, chi va a dirlo ai genitori?

«Io. È il momento più tragico di questa professione. Ma se sai d'aver fatto tutto quello che era possibile fare, lo affronti a testa alta. Non siamo dèi, non salviamo tutti. Le complicanze arrivano, inesorabili. All'inizio, quando su dieci pazienti me ne morivano sei o sette, fui sul punto di rinunciare, di mollare tutto. Ora esco da queste sconfitte col desiderio d'imparare di più, di specializzarmi di più».

Dopo, in che cosa trova conforto?

«Nel silenzio. Non voglio vedere nessuno, non voglio parlare con nessuno. Il professor Aubert, che è morto rovesciandosi col trattore in un campicello dove coltivava soprattutto la pace interiore, m'aveva avvertito: "Non ti abituerai mai a questo dolore, è troppo grande. Più andrai avanti e più lo sentirai". È così».

CESARE GUERRESCHI
La clinica degli spendaccioni

Su un muro di vicolo Gumer, a fianco del municipio di Bolzano, qualcuno ha scritto in pennarello: «Miserabili quelli che accecati dal materialismo perdono la propria anima!» A vergare la sentenza potrebbe essere stato un emulo di Armin Benedikter, studente di teologia soprannominato "il censore dell'Alto Adige", finito in carcere per la sua perdurante mania di coprire con lo spray l'ombelico alle modelle di Intimissimi che occhieggiano dai cartelloni stradali. Senonché in questa casa, al numero 12, si curano coloro che accecati dal materialismo hanno perso davvero l'anima, e insieme con l'anima anche la testa, la salute, gli affetti, il conto in banca, il posto di lavoro, la libertà personale, la dignità di uomini.

Siipac, dice la targa all'ingresso, Società italiana intervento patologie compulsive. Al secondo piano lavora l'uomo che l'ha fondata e la presiede, il dottor Cesare Guerreschi, 68 anni, psicologo e psicoterapeuta. Non è solo: con lui operano altri dieci psicologi, due psichiatri e anche tre avvocati e tre commercialisti, perché le persone che arrivano qui spesso sono inseguite da ordini di cattura, procedimenti giudiziari, istanze di fallimento.

Guerreschi è stato il primo in Italia a curare la dipendenza dagli acquisti. In genere fa più fino chiamarla shopping compulsivo. Insomma, questa è la clinica dove si curano gli spendaccioni, i "miserabili", per restare all'invettiva sul muro giù di sotto, che proprio non possono fare a meno di comprare, comprare, comprare. Anche se, a vederli riuniti alle 11 di mattina per la terapia di gruppo, hanno le facce più normali di questo mondo.

Se pensate che la faccenda non possa riguardarvi, fareste bene a rispondere prima alle seguenti domande: quanto frequentemente acquistate cose che non usate? e senza avere il denaro sufficiente? quanto spesso raccogliete oggetti che altri hanno gettato? quanto vi sentite in obbligo di acquistare qualcosa anche se non vi occorre? quanto spesso vi sentite in ansia o depressi quando non acquistate qualcosa che avreste veramente voluto? quanto spesso fate acquisti per sentirvi meglio? quanto spesso sentite il bisogno di possedere assolutamente qualcosa che vedete mentre state facendo shopping? vi sentite angosciati o sconvolti per aver comprato oggetti superflui? lo shopping eccessivo vi ha causato difficoltà finanziarie? ha interferito sulla vostra vita sociale o sul vostro lavoro? vi capita di guardare nei rifiuti per trovare cose da portare a casa? spendete più tempo del voluto facendo shopping? Segnate due punti per ogni volta che avete risposto «sempre», un punto se avete risposto «spesso» e zero punti se avete risposto «mai». Da 14 a 24 punti consideratevi candidati alle terapie del dottor Guerreschi: potreste essere affetti da shopping compulsivo.

Lo psicoterapeuta di Bolzano cura tutte le *new addictions*, le nuove dipendenze, a cominciare da quella che vede non meno di 700.000 italiani intossicati dal gioco d'azzardo patologico, e dev'essere un autentico luminare se il suo libro *Giocati dal gioco* è stato sponsorizzato nientemeno che dal casinò Kursaal di Locarno. Ma libera anche dalla schiavitù di Internet, del cybersex (il sesso virtuale per via telematica), del lavoro, del cibo, delle relazioni affettive.

Quarant'anni fa il dottor Guerreschi cominciò la sua solitaria battaglia dalla più accettata delle dipendenze, quella dall'alcol. In collaborazione col Comune di Bolzano, aprì in via Dante il primo centro di alcologia dell'Alto Adige: funziona tuttora. «Scoprii che la maggioranza dei contadini, prima di andare a lavorare nei campi all'alba, intingevano il succhiotto nella grappa e lo infilavano in bocca ai neonati, per essere sicuri che continuassero a dormire. Qui pensano ancora che il vino fortifichi, tolga la sete, faccia sangue, potenzi la sessualità. Tutte false credenze. Non solo: fino a dieci anni fa la proporzione tra bevitori maschi e femmine era di quattro a uno. Ora il rapporto è di uno a uno».

Che differenza passa tra dipendenza e compulsione?

«Nella dipendenza vi è un rapporto egosintonico col proprio Io: la persona è cosciente di avere un problema. La compulsione invece è egodistonica: la persona non si rende conto di ciò che sta facendo. Si tratta di un comportamento ripetitivo, come il lavarsi continuamente le mani. Lo scopo non è di darsi una gratificazione bensì di ridurre l'ansia. La compulsione maschera la volontà di proteggersi da una paura con un rito propiziatorio. Per capirci: dietro la mania di comprare vestiti, ci potrebbe essere la preoccupazione di apparire poco attraenti».

Quali erano le dipendenze più diffuse quando lei cominciò a fare lo psicoterapeuta?

«Quelle da alcol e da psicofarmaci».

E oggi?

«Oggi sono un'infinità. Tanto da dover essere divise in due grandi categorie: chimiche, come le droghe e i farmaci, e comportamentali, legate cioè a situazioni del momento, come l'utilizzo del computer. Vi sono poi dipendenze nate con l'uomo. Il gioco d'azzardo è una di queste. Vi sono reperti del 4.000 avanti Cristo a testimoniarlo. Azzardo viene dal francese *hasard*, che a sua volta deriva dall'arabo *zarah*, dado. Nerone e Caligola si giocarono a dadi le mogli».

E i soldati romani tirarono a sorte le vesti di Gesù appena crocifisso.

«Si stenta a credere che sia stato proprio un grande pensatore cristiano, Blaise Pascal, a escogitare le regole dell'azzardo per eccellenza: la roulette. "Una macchina che farà vincere solo chi la possiede", disse prima di morire, pentito, in un convento di Parigi. Un po' come Charles Fey, ingegnere tedesco emigrato in California, il quale chiamò la sua slot machine, inventata nel 1856, "diavolo con una mano sola", perché prende e non dà».

La dipendenza dagli acquisti è invece un male recente?

«Non direi. Fu descritta per la prima volta nel 1915 dal tedesco Emil Kraepelin, considerato il fondatore della moderna psichiatria. Lui la definiva "mania di comprare" o "oniomania"».

Che cos'è che l'ha resa epidemica, al punto da dover aprire questo centro di cura?

«L'emancipazione femminile e il benessere. Consideri che lo shopping compulsivo colpisce all'80 per cento il gentil sesso. Oggi le donne hanno più soldi e più libertà, ma anche più frustrazioni. Forse dipende dal fatto che sono arrivate a misurarsi con gli uomini troppo in fretta e in ambiti professionali per i quali non erano ancora preparate. Ho in trattamento pazienti che sono arrivate a spendere un milione e mezzo di euro per acquisti inutili nel giro di quattro anni. Prima di entrare in terapia, i miei assistiti sperperano mediamente 100.000 euro, che per la maggioranza degli italiani rappresentano i sudati risparmi di una vita di lavoro».

E che cosa comprano?

«Nel 90 per cento dei casi al primo posto c'è l'abbigliamento».

Il malato pensa di migliorare con un vestito la percezione di sé?

«Magari. È vero che una ricerca condotta da Faber e O'Guinn nel 1992 ha evidenziato come i *compulsive buyers* abbiano punteggi di autostima molto più bassi rispetto ai normali consumatori, ciò che spiegherebbe il legame fra depressione e shopping patologico. Ma i problemi di immagine che cosa c'entrano con due ragazzi in terapia i quali si sono comprati uno 90 paia di jeans e l'altro 70 paia di scarpe? Stentavo a crederci persino io. Ho voluto andare nelle loro abitazioni a controllare di persona».

Ma dove la tengono tutta questa roba?

«Gli ossessivi appendono gli abiti con cura maniacale negli armadi, i compulsivi li ammonticchiano dove capita. Nell'uno come nell'altro caso non li indossano mai, perché l'acquisto è finalizzato a raggiungere la scarica di adrenalina in negozio, seguita da una caduta verticale di interesse che si accompagna a forti sensi di colpa».

Perché gli acquirenti patologici s'indirizzano proprio sui vestiti?

«Sicuramente comprare cinque giacche al colpo insospettisce molto meno i commessi che farsi incartare cinque collier. Ed è più economico».

Da che cosa si riconosce un malato? Dal conto corrente in rosso?

«Dai disturbi della personalità e dell'umore. È sempre agitato, aggressivo. Un buon indicatore è il tempo di sosta davanti alle vetrine. Ho assistito un ragazzo di Milano che impiegava anche 12 ore per camminare dall'inizio alla fine di corso Buenos Aires, la famosa via degli acquisti, una vetrina via l'altra».

Come si cura lo shopping compulsivo?

«Con la psicoterapia e i farmaci».

Che genere di farmaci?

«Di ultima generazione. Normalizzano la ricaptazione della serotonina, una sostanza prodotta dal cervello che ha un ruolo fisiologico complesso e non ancora ben chiarito. Di sicuro la serotonina provoca la contrazione di vasi, bronchi, utero, vescica, intestino e muscolatura liscia, modifica la pressione arteriosa, stimola le terminazioni sensitive dolorifiche, regola la temperatura corporea e interviene nei processi centrali che determinano il sonno e la veglia, le emozioni, l'affettività. Ebbene, nei *compulsive buyers* e nei giocatori d'azzardo s'è notato che la serotonina, anziché restare a contatto col recettore postsinaptico, viene ricaptata dal neurone presinaptico. In pratica è come se i neuroni non comunicassero più fra loro».

In quanto tempo si guarisce?

«Dipende dalla gravità del caso. In genere servono dalle 8 settimane ai 18 mesi».

Come si evitano le ricadute?

«Bisogna metterle in conto. Se avvengono all'interno di un programma terapeutico, possono persino rivelarsi utili. Spesso me ne servo per interventi paradossali».

Tipo?

«Ordino allo *shopper* compulsivo di spendere una somma minima, pochissimi euro, però tutti i giorni. Sempre quella. Non importa che cosa compra, purché compri qualcosa. Dopo due settimane è distrutto, non ce la fa più».

Quanti pazienti sta aiutando?

«Per shopping compulsivo 54. Per gioco d'azzardo 189. Per dipendenza da Internet e sesso virtuale rispettivamente 22 e 12. Per dipendenza affettiva 40. Per dipendenza dal lavoro 12».

Guardandosi attorno, non si direbbe che l'ultima patologia citata sia così diffusa...

«Gli affetti da *work addiction* non si limitano a stare in ufficio 12-14 ore al giorno, ma si portano il lavoro anche a casa. E se glielo togli vanno in crisi d'astinenza, come i tossicomani. Spesso devo ricoverarli perché soffrono di nausea, vomito, diarrea, vertigini, difetti visivi, problemi di deambulazione, allucinazioni e deliri».

Lei quante ore al giorno lavora?

«Quattordici. Ma so darmi i tempi giusti. Ogni tanto mi distraggo per mezz'ora».

Quanti sono gli italiani che soffrono di shopping compulsivo?

«Credo che possano valere le proiezioni elaborate dall'American psychiatric association, che parlano di un 6-8 per cento della popolazione».

Stiamo parlando di almeno tre milioni e mezzo di cit-

tadini. Eppure i negozianti lamentano che gli affari vanno male.

«Escluderei la pellicceria che nel giro di due mesi ha venduto a una mia paziente di 38 anni, sposata, con figli, la bellezza di nove visoni. Alla fine la signora s'è indebitata, ha cominciato a rubare nei supermercati ed è stata arrestata».

Possibile che il marito non si fosse accorto di nulla?

«Nemmeno lui si rendeva conto che fosse una patologia. L'ha capito soltanto quando, dopo che le pellicce erano finite in cantina, la moglie ha tentato il suicidio».

Non c'era modo d'individuare prima lo squilibrio mentale?

«Sicuramente. Anche perché lo *shopper* compulsivo di solito si manifesta fin dall'adolescenza, se non addirittura prima. Ho aiutato uno chef di 24 anni che già a 12 aveva la fissa delle scarpe griffate. Lui diceva d'essere arrivato a 100 paia, ma i suoi genitori mi hanno assicurato che ne possedeva almeno 200. Rubava i soldi in casa per soddisfare questo bisogno, fino a quando non è andato a rapinare le prostitute di notte, in motorino».

Ma se uno compra un sacco di cose e poi le usa è da considerarsi malato lo stesso?

«Se compra 100 paia di scarpe, è sicuramente un acquirente compulsivo anche se le indossa tutte. Se ne compra 10 paia e le alterna, è a rischio. Se dopo l'acquisto precipita nella depressione, è malato. Se è felice, no».

Io non posso fare a meno di comprare strumenti di scrittura: stilografiche, pennarelli, biro, roller con nuovi tipi d'inchiostro: pigment ink, gel, mica gel. Sarò malato?

«Un pochino sì. Ma non di *shopping* compulsivo».

E com'è che non si sente mai parlare di acquisti smodati di libri?

«Ha davanti a sé un esemplare di quel tipo di *shopper*. Se entro in libreria, può star sicuro che tutti i volumi riguardanti la mia professione me li compro».

Un caso raro.

«Non proprio. Ho fatto seguire di nascosto una ragazza di 26 anni, studentessa universitaria di scienze della comunicazione, che s'era rivolta al mio centro, e ho scoperto che in libreria faceva incetta di qualsiasi testo le capitasse a tiro».

Ho parecchi amici che collezionano orologi di marca. È un sintomo di shopping compulsivo?

«Potrebbe esserlo».

Secondo loro invece è una forma d'investimento.

«Ho visto tantissimi casi in cui l'investimento non c'entrava un fico secco».

E perché collezionare quadri non è mai considerato sintomo di malattia, tuttalpiù di mecenatismo?

«Chi colleziona quadri o sculture è sempre mosso da un interesse economico, oltre che estetico, al quale lo *shopper* compulsivo è del tutto indifferente. I miei pazienti soffrono di un impulso irrefrenabile e incontrollabile a spendere, hanno un rapporto distorto con la realtà».

È una patologia assai selettiva. Non mi risulta che cambiare spesso casa o arredamento sia mai stato considerato shopping compulsivo.

«Noi medici dobbiamo controllare la componente di spinta. Se una persona rimane in stato di eccitazione anche per due anni, mentre progetta queste spese, e intanto lavora, studia, viaggia, significa che non c'è patologia. A far la differenza è l'ossessione, il comprare per il comprare».

Ho letto che gli psicoterapeuti statunitensi consigliano

alle coppie in crisi di progettare acquisti importanti. Come la mettiamo?

«Se comprare mette in relazione la coppia, va bene. Per comprare bisogna uscire, parlare, confrontarsi. Tutte azioni che una coppia in crisi non fa da anni. Ma comprare à gogo è ben diverso».

La sua collega Paola Leonardi, psicoterapeuta del Centro autostima donne di Milano, dice che fare shopping è un piacere «perché ci fa esprimere la nostra creatività».

«I miei malati sono concentrati soltanto sulle ricorrenze – Natale, San Valentino, saldi di stagione – che diventano altrettanti appuntamenti per imbrogliarsi».

Secondo la Leonardi comprare è un gesto «che può riempire i vuoti causati da antiche ferite, dalla mancanza d'amore».

«Dovrebbe leggersi *Valentina compra tutto*, un romanzo autobiografico di ordinaria nevrosi scritto dalla giornalista Carlotta Magnanini. Cambierebbe opinione. È la storia di una single giovane e carina, dalla vita perennemente sottosopra, che sfoga le sue ansie comprando di tutto e di più nei migliori negozi delle città dove capita».

Con i bambini che non sono mai stufi di chiedere come ci si deve regolare?

«Ci vuole un dialogo non stizzoso. Bisogna dedicare più tempo a spiegare. Soprattutto dico ai genitori: non fate mai con i vostri figli ciò che i vostri genitori hanno fatto con voi e che è stato motivo di sofferenza».

Lei che rapporto ha col denaro?

«Abbastanza buono. Non buonissimo».

Vale a dire?

«Per me non spendo molto. Ma con le persone che mi stanno vicino tendo alla prodigalità. E fra queste persone includo i miei ex malati, gli ex alcolisti e le loro famiglie, che spesso mi scuciono parecchi soldi, il che mi dà anche qualche soddisfazione. Tranne quando me li ritrovo ubriachi per strada».

L'ultima cosa che s'è comprato?

«A parte i libri, una giacca a Natale».

C'è qualcosa che le piacerebbe comprare ma che s'impone di non comprare?

«Il cibo. Soprattutto i dolci. Potrei rovinarmi, se mettessi piede in una pasticceria».

Mai entrato in una casa da gioco?

«Ho visitato per motivi di studio i quattro casinò italiani – Venezia, Sanremo, Saint Vincent e Campione – e decine di sale Bingo, a cominciare dalla prima che fu inaugurata, la più grande, a Treviso. Un monumento alla follia di 1.500 metri quadrati».

Perché dice così?

«Perché noi siamo un popolo da lotto. Il Bingo è estraneo al nostro modo di giocare, è una tombola gestita con i criteri del videopoker, una trappola. Tutto si regge sulla celerità della giocata, che è la via maestra per arrivare alla dipendenza. Ho calcolato i tempi: tra preparazione ed estrazione non passano più di sei minuti. Al giocatore non lasciano manco il tempo di capire dove si trova. Con cinque cartelle è materialmente impossibile persino controllare i numeri estratti. E ogni cartella costa un euro e mezzo».

Parla proprio lei che s'è fatto sovvenzionare un libro dai casinò svizzeri...

«Un momento! Io ho solo contribuito a formare il personale che, in base a una legge elvetica del 2001, aiuta i clienti problematici nelle sale da gioco. Se il direttore di sala nota che un ospite sta esagerando con le puntate alla roulette, lo invita a seguirlo in ufficio, dove uno psicologo gli presta la prima assistenza. Seguono sei mesi di riabilitazione nelle strutture sanitarie sul territorio».

Invece in Italia?

«Dilagano i videopoker nei bar, con la complicità dello Stato, il primo biscazziere, che ci guadagna il 50 per cento. Per non parlare della peste dei casinò virtuali su Internet. Sono migliaia. Benché offrano una possibilità su 40 milioni di vincere, c'è gente che arriva a sperperare l'intero stipendio. Puntare in solitudine crea una dipendenza fortissima, perché il giocatore d'azzardo non ama la compagnia e perde qualsiasi freno inibitore se non ha nessuno intorno a sé che lo controlla».

Che si fa?

«Dovremmo, almeno, cominciare a preoccuparci. Tutti insieme, come società, intendo. È aberrante che ragazzine di 15 anni arrivino a far sesso nelle chat in rete con sconosciuti di 70».

È questo che accade?

«Nel 90 per cento dei casi che esamino la conversazione telematica riguarda il sesso e dopo i convenevoli sfocia sempre nell'autoerotismo reciproco. Internet è la scatola dei sogni, un pozzo di San Patrizio senza fondo. Ho pazienti che trascorrevano dalle otto alle venti ore quotidiane a chattare. Altri che volevano sapere tutto, passavano da un sito all'altro, link su link, e stampavano, stampavano, stampavano. Si sono persi».

SAVERIO IMPERATO
L'oncologo condannato a morte dalle Br

A un certo punto della sua vita il professor Saverio Imperato, immunologo di chiara fama, fu persino condannato a morte dalle Brigate rosse. Dopo quelli di Moro, Andreotti, Berlinguer e Agnelli, il suo nome figurava in cima alla lista dei nemici del popolo da abbattere, trovata nel covo milanese di via Monte Nevoso 8. Era il 1990. «Discusso oncologo», avevano annotato a margine i terroristi. «Come vede, sono ancora vivo», strizza l'occhio. È il suo modo per dire che alla fine l'hanno assolto anche le Br. Ma i colleghi no. Quelli lo volevano e lo vogliono morto.

All'Università di Genova, dov'era titolare di immunologia in due facoltà, medicina e scienze, il cattedratico era stato preavvertito del castigo incombente. Ma lui nemmeno se ne accorse. «M'avevano pregato di visitare un uomo affetto da cancro alla prostata, con metastasi ossee, che abitava in una baracca lungo il torrente Nervi. M'incamminai, benché influenzato, in mezzo al fango. Lo trovai a letto, urlava per il dolore. Gli modificai la terapia morfinica. "Quanto le dobbiamo?" mi chiese la moglie. Niente, ci mancherebbe altro. L'indomani m'avvicinò un aiuto ospedaliero: "Lei è un fetente! Ha preteso un milione di lire per visitare un moribondo". Allora non sono un fetente, bensì un delinquente, replicai. Dopo qualche tempo la stessa persona mi telefonò: "Devo chiederle scusa, professore. Ho appurato che era una calunnia messa in giro dai suoi colleghi universitari". Venni poi a sapere che quell'aiuto faceva anche il medico nelle carceri. Chissà, sarà stato contiguo alle Br».

Mi mette fra le mani una pila di fotocopie alta una spanna, un'infinitesima parte dei suoi studi. «Amor mi muove», ha scritto sul frontespizio. Il poeta siriano Giacomo di Sarug parlava così della Madonna. E don Ramiro della sua Angelina nella *Cenerentola* di Gioachino Rossini. Il professor Imperato dei malati di tumore. Ha scoperto una cura e la applica con successo da più di trent'anni. L'ha chiamata sinterapia. Sta per "sinergia fra terapie". «Alleanza, non guerra. Una strategia sinergica. Consiste in un potenziamento mirato e personalizzato delle difese naturali dell'organismo, attivazioni immunitarie selettive alle quali il paziente va sottoposto prima e dopo ciascuna chemioterapia, radioterapia, ormonoterapia, operazione chirurgica». Insomma, a differenza di tanti altri profeti di terapie alternative, Imperato non sottrae gli oncologici alle cure convenzionali. Per essere brutali: non "ruba" niente a nessuno.

Eppure la scienza ufficiale lo ignora, dopo averlo a lungo osteggiato. Magari dipende dal fatto che la sua cura ha il pregio di costare quasi nulla: un po' di vaccino Bcg, bacillo di Calmette e Guérin, dal nome degli scopritori, usato di norma per prevenire la tubercolosi, iniettato nelle braccia per via intraepiteliale (32,50 euro la fiala), un po' di Indoxen (indometacina, un antinfiammatorio più forte dell'aspirina, 4,40 euro la scatola). Troppo facile, troppo economica.

Paradosso dei paradossi: Imperato "è" la scienza ufficiale. La Cassazione, nel suo ramo. Eppure vive in un condominio di Monza, dove la sola cosa che ricorda un ospedale è il rivestimento di piastrelle verdoline nell'androne. Unico al mondo con tre libere docenze: immunologia, patologia generale e microbiologia (ottenuta per speciali meriti scientifici con un anno d'anticipo sui limiti di legge). Primo in Italia ad aver conseguito quella di immunologia nel 1967. Primo italiano ad aver ottenuto una cattedra per la stessa materia negli Usa, nel più antico ateneo dopo Harvard, la Rutgers University, dove il microbiologo Selman Waksman scoprì nel 1944 la streptomicina, e poi altri antibiotici come la neomicina, fino a vincere nel 1952 il premio Nobel. «Aveva 80 e passa anni, ero suo ospite a cena una volta al mese. Noi due, da soli. Non ha mai invitato nessun altro a casa sua. Mi raccontava che la penicillina era stata scoperta nel 1895, cioè 33 anni prima di Alexander Fleming, da un ufficiale medico della Regia Marina italiana, Vincenzo Tiberio. A Napoli», e la voce si riveste d'orgoglio, perché lui è nato 73 anni fa a Sorrento, da una maestra elementare e da un venditore di tarsie lignee.

Primo, sempre primo, il professor Imperato: ha costituito la prima banca di vaccini specifici con cellule tumorali, la prima banca di cellule staminali, la prima banca di ossa per trapianti. E ha eseguito, nel 1974, il primo trapianto di cellule staminali con abolizione specifica del rigetto, «ma questa è un'altra galassia, anzi sono due, le staminali e il rigetto». Chiamato in cattedra senza stipendio a soli 33 anni, ha continuato a insegnare gratis per altri 20. Ha sempre pagato di tasca sua i biologi, le ricerche, i congressi. «Chiedevo prestiti in banca, ma intanto giravo con una Giulietta sprint, senza dire a nessuno che l'avevo comprata di seconda mano: dovevo dimostrare che ero ricco. Altrimenti, insieme con l'invidia, sarebbero aumentate anche le maldicenze». Le stesse da cui è tuttora perseguitato, fors'anche a causa di una certa disinvoltura nel parametrare le parcelle a seconda dei casi.

Non ho capito come faceva a campare. È ricco di famiglia?

«Ah, io sono ricchissimo di idee. E fortunatissimo. Troppo, secondo molti. Il mio ex direttore sosteneva che a me anche il gallo faceva l'uovo. Non di tanto in tanto: sempre. Il che è vero. Per questa mia sfacciata fortuna scientifica gli americani mi chiamarono nel 1965. Volevano produrre gli anticorpi contro le basi molecolari della vita, speravano di poter bloccare le parole con cui i geni esprimono i loro ordini a volte sbagliati. C'erano in ballo 250.000 dollari per questa ricerca, oggi sarebbero quasi 7 miliardi di lire. Risultati prodotti: zero. Pensarono che chiamando Imperato avrebbero potuto salvare i loro stipendi. Fui nominato direttore della ricerca. Al primo esperimento risolsi il problema».

Non oso chiederle come fece.

«Si trattava di una sintesi chimica, e io, badi bene, non sono un chimico. Dissi loro: varierei qui, qui e qui, voi che ne dite? "Il boss è lei". Ma io voglio la vostra approvazione: siete d'accordo o no? "Potrebbe funzionare". E l'esperimento funzionò. Il loro capo mi chiese: "Come mai tu ci sei riuscito?" Risposi: perché sono un buono, amo la gente e le molecole, e le molecole vanno dove io gli chiedo di andare. Tu invece odi il mondo e le molecole non ti obbediscono».

Come mai ha scelto di fare il medico?

«All'inizio non volevo diventare medico. A 18 anni volevo fare lo scienziato puro, scoprire come funziona il cervello e come si diffondono i tumori».

Perché proprio i tumori?

«Perché il cancro è una malattia complessa, multifattoriale, che richiede di mettere insieme conoscenze in campi diversi. È quello che ho fatto. Per esempio l'istologia mi ha insegnato che i tumori contraddistinti da una reazione immunitaria hanno un andamento più benigno rispetto a quelli che non la suscitano. Sono stato il primo al mondo a scrivere che le reazioni immunitarie possono proteggere dalle malattie ma anche favorirle e che quindi vanno selezionate».

Passo indietro. Partiamo dal sistema immunitario, che difende il corpo dagli invasori esterni e dalle alterazioni interne.

«Metta di vedere un esercito nel sangue, composto da linfociti e da monociti, quest'ultimi detti anche macrofagi, perché hanno una spiccata attività fagocitaria».

Si mangiano, o dovrebbero mangiarsi, i tumori?

«Esatto. Infatti la prima cosa che fa il tumore non è tanto di ridurne il numero, quanto di paralizzarne l'azione. Ho imparato ad attivarli, insegnandogli a distruggere il cancro. Importantissimo, il macrofago. È l'unica cellula immunitaria che salvaguarda l'identità di tutti gli esseri viventi privi di colonna vertebrale, cioè del 99 per cento delle forme di vita conosciute. Gli insetti, le spugne non hanno i linfociti, solo i macrofagi. Tutte le risposte immunitarie cominciano e finiscono nel macrofago. Senza queste risposte, ogni terapia antitumorale è inutile».

Passiamo in rassegna i reparti dell'esercito immunitario.

«In prima linea troviamo i macrofagi. In seconda linea ci sono le Nk, natural killer, cellule non specifiche, un po' macrofagi e un po' linfociti, capaci di uccidere direttamente i tumori. Gli antigeni tumorali elaborati dai macrofagi di prima linea stimolano la produzione di sostanze antineoplastiche da parte dei linfociti T e B, dipendenti rispettivamente dal timo e dal midollo osseo. Occhio, però: non tutti questi prodotti combattono il tumore. Alcuni, come ho detto, lo aiutano. Quindi bisogna suscitare il giusto tipo di reazione con farmaci somministrati a tempo debito».

Ed è quello che fa lei.

«Sì. L'interazione fra prodotti dei linfociti e cellule cancerogene non significa l'eliminazione del tumore. Servono i macrofagi di terza linea, i quali lo mangiano, lo digeriscono e lo eliminano, poiché hanno nel loro citoplasma degli enzimi che distruggono le strutture delle cellule cancerogene, riducendole a molecole eliminabili dal fegato e dai reni. Altrimenti è come lasciare la monnezza nei vicoli di Napoli. Purtroppo, come è ben noto, tutte le terapie contro il cancro abbassano invece le difese immunitarie».

Proprio per questo dopo le chemio s'iniettano ai pazienti gli immunostimolanti.

«Quelli stimolano i neutrofili, cellule antibatteriche. Non c'entrano niente. Il 99,9 per cento degli oncologi non prendono neppure in considerazione i linfociti e i macrofagi. È tristissimo. Glielo spiego da 40 e passa anni».

Forse non credono che lei abbia ragione.

«Allora credano a un loro collega che mi diede ragione, il professor Ezra Greenspan, padre del protocollo terapeutico più utilizzato nel cancro della mammella, il Cmf, associazione di ciclofosfamide, metotrexate e fluorouracile. Un pioniere della chemioterapia, che insegnava alla New York University e alla Mount Sinai medical school. Nel 1986 pubblicò un lavoro dal titolo *È il vaccino Bcg un farmaco orfano ucciso dai chemioterapisti?* e dimostrò come i malati che hanno una reazione positiva alla tubercolina prima della chemio, e che mantengono tale reazione anche dopo la chemio, hanno più possibilità di guarigione».

Ma perché gli oncologi non usano il Bcg?

«Questo deve chiederlo a loro. Secondo me, manco lo conoscono. O l'hanno usato male».

Che prove può addurre circa l'efficacia della sinterapia?

«Migliaia di pazienti trattati, a cominciare dall'ex ministro dc Giuseppe Trabucchi. Lo visitai in ospedale su richiesta del fratello Emilio, noto farmacologo. Carcinoma peritoneale. Poche settimane di vita. Morì dopo più di un anno, ma non di tumore: per un'iniezione di cortisone. Stessa diagnosi, aggravata da metastasi al fegato, per Tommaso Maestrelli, allenatore della Lazio. Spacciato, prognosi di due giorni. I parenti si rivolsero per un consulto al grande Paride Stefanini. Uscendo dalla camera, il professore sibilò: "Perché mi avete chiamato a vedere un cadavere?" Prescrissi a Maestrelli 22 diverse medicine. Commento di un collega: "Così muore stanotte, anziché dopodomani". Ogni farmaco a un minuto preciso. L'infermiera che glielo somministrava doveva controfirmare la ricetta temporizzata da me. La sera dopo Maestrelli era in piedi. Passato qualche mese tornò ad allenare la Lazio. Visse per altri due anni. Morì per un'ernia strozzata. Devo continuare?»

Sì.

«L'85 per cento dei tumori polmonari sono inoperabili. Sopravvivenza media con le cure migliori: otto mesi. Ho presentato al primo congresso nazionale di oncologia medica, Roma, 1999, una statistica su 54 pazienti che ho seguito fra il 1974 e il 1985. Il 55 per cento dopo tre anni erano ancora vivi, il 22 per cento lo erano dopo cinque anni».

E su altri tumori che cos'ha ottenuto?

«Il 20 per cento di guarigioni definitive: una signora di Genova di 65 anni, un giovane di San Donato Milanese che ora abita a Pavia, sei casi di sarcoma alle ossa. Di recente ho salvato un settantenne di Varese da un cancro all'intestino con la sola terapia selettiva immunitaria, 85 vaccinazioni ho dovuto praticargli, ha promesso che per Natale pubblicherà una poesia in mio onore. Ho curato un uomo che aveva un tumore nel polmone grande come un melone: nelle radiografie le infiltrazioni linfatiche si dipartivano da esso come i raggi della colomba dello Spirito Santo che orna l'abside della Basilica di San Pietro. Se vuole le fornisco i nomi e le faccio incontrare gente che dopo 30 anni gira ancora per strada».

Vabbè, ma sul campo di battaglia qualche vittima l'avrà lasciata pure lei.

«Certo. Però bisogna vedere quanto vivono e come vivono questi malati con l'aggiunta della sinterapia e quanto e come vivono con le sole cure convenzionali. Le cito un caso. Donna del Cremasco, carcinoma del pancreas che infiltra tutto l'addome, dolori lancinanti. All'inizio il Ca 19-9, il marcatore tumorale specifico, è a 500. Dopo la prima chemio il Ca 19-9 sale a 1.000, dimensioni del tumore immutate. Dopo la seconda sale a 1.500, nessun miglioramento. Il marito mi telefona disperato. Resta poco tempo, gli dico, mi trovi un medico che segua le mie indicazioni. Tanto, io non ho segreti per nessuno. Trascorsi 45 giorni il marito torna in ospedale con gli esami. L'oncologo, un luminare, gli chiede: "Sua moglie riesce ancora a scendere dal letto da sola per andare in bagno?" Al che lui gli risponde: "Mia moglie è qui fuori, professore". La signora entra. L'addome non è più una tavola, i dolori sono scomparsi, la paziente mangia. E decide anche di andarsene in vacanza».

Potrebbe essere stato un effetto tardivo della chemio.

«C'è una piccola obiezione, riportata in tutti i testi d'oncologia: i farmaci chimici agiscono rapidamente e dopo la terza seduta il tumore diventa resistente ai chemioterapici, impara a difendersi».

Lo sa che le poche citazioni d'archivio che la riguardano si riferiscono al fatto che lei ha vinto importanti premi come filatelico? C'è una certa differenza tra un francobollo e il cancro.

«Lo so. Avrà anche trovato che nel 1978 fui accusato d'aver ingannato i pazienti con terapie che non ero autorizzato a prescrivere, ma che il pretore di Genova mi prosciolse in istruttoria con formula piena. Dieci anni prima, siccome volevo dedicarmi a queste ricerche, il mio direttore mi disse: "Non avrai un soldo e non farai carriera". Gli risposi: sono ricchissimo e della carriera non m'importa un fico. Ho laureato 52 allievi a mie spese. In cambio il presidente dell'Ordine dei medici mi ha dato del rompiscatole, mi è stato tolto il servizio trapianti, mi è stata negata la nomina a professore di ruolo e infine mi hanno mandato in pensione a 67 anni con 1.360 euro al mese. Però è vero: sono anche il più premiato filatelico di tutti i tempi. Alla World philatelic exhibition di Washington nel maggio 2006 il pezzo più raro era mio, guardato a vista da agenti armati: una lettera che tale Isaac Valentin spedì da Roma al Wisconsin nel 1856, con bollo da 38 baiocchi dello Stato pontificio più sovrattassa americana di 3 centesimi anziché 5».

I suoi studi sono stati ripresi in qualche parte del mondo?

«Di più: sono stato io ad andare a spiegarli a Harvard e allo Sloan-Kettering cancer center di New York, dove curavano gli Agnelli, Tiziano Terzani e Oriana Fallaci. Mi sono fatto esaminare. Guaglio', ditemi se so' pazzo, ho chiesto ai colleghi. Perché a uno può anche capitare di credersi Napoleone. Ho insegnato e fatto consulti in tutto il mondo. Ho salvato un bimbo che era in coma per un tumore al cervelletto nell'ospedale di Eskilstuna, Svezia. I medici locali mi diedero del matto. La commissione oncologica svedese, 25 settembre 1974, ecco qui i documenti, sentenziò: sì, sembra una follia, la sinterapia non è conosciuta né in teoria né in pratica, però è razionale, proviamo. Guarito».

Mai avuto contatti col nostro ministero della Salute?

«Più volte. Nonostante abbia fatto parte in passato di due commissioni ministeriali, nessun riscontro. Ho scritto anche all'Oms quando scoppiò l'epidemia di Sars».

Cura anche la Sars?

«Mi meraviglio di lei: è ovvio che l'aumento selettivo della risposta immunitaria ai tumori funziona anche contro i virus».

Quanti malati vede in un anno?

«Tengo sotto controllo quelli guariti. E ne visito 50-60 di nuovi in un ambulatorio di Genova che mi presta un amico medico».

Pensa che un giorno la scienza arriverà a debellare il cancro?

«Certamente può arrivarci oggi usando il mio metodo».

Dopodiché la natura s'inventerà qualche altro morbo per farci morire, non crede?

«Può darsi. Ma noi siamo più intelligenti della natura. Troveremo le armi adatte».

SEBASTIANO MAGNANO
Digiuna che ti passa

«Un terzo di ciò che si mangia serve a vivere, gli altri due terzi servono a far vivere i medici». L'aforisma, a dire degli igienisti, compare sotto forma di geroglifico su un papiro rinvenuto nelle tombe dei faraoni, scritto parecchi secoli avanti Cristo. Non m'intendo di egittologia, però sono in grado di smentirlo: ho qui davanti Sebastiano Magnano, medico chirurgo sessantatreenne, che s'è dato la missione di togliere all'umanità, e dunque a se stesso, i tre terzi di ciò che mangia.

Psicoanalista di scuola freudiana nato a Siracusa e trapiantato a Piacenza, il dottor Magnano è un digiunoterapeuta. Lo accreditano come il massimo esperto italiano, e forse europeo, di astensione volontaria dal cibo. Attraverso l'associazione Scuola della salute, da lui fondata nel 1984, insegna ai suoi pazienti l'arte più difficile che esista al mondo, se è vero che nel *Guinness dei primati* compaiono una caterva di record bizzarri, dal «sollevamento pesi con capezzoli» al «periodo più lungo trascorso tra scorpioni», ma nulla di nulla alla voce "digiuno". Lacuna che il medico siculo-emiliano provvede a colmare: «I più lunghi digiuni portati a termine da obesi sono stati quelli di due donne inglesi trattate dal professor Thomas Thompson presso lo Stobhill general hospital di Glasgow. Una, di 54 anni, digiunò per 249 giorni, riducendo il suo peso da 128 a 94 chili; l'altra, di 30 anni, digiunò per 236 giorni, scendendo da 127 a 83. Non mi chieda le date, perché non me le ricordo». Lui è più indulgente, con i suoi pazienti: non più di dieci giorni ad acqua senza pane. Finora ne ha già messi profittevolmente a stecchetto più di 2.000 e 200 li ha pure "laureati" digiunoterapeuti, cioè in grado di guidare se stessi e gli altri nella vacanza dal cibo, che organizza quattro volte l'anno al Grand hotel di Riolo Terme.

«L'uomo è una bestia!» si spolmonava Giorgio Bracardi ad *Alto gradimento*. E il dottor Magnano, coerentemente, ha rintracciato nel mondo animale la giustificazione del digiuno terapeutico: «Cervi, camosci, stambecchi, foche digiunano nel periodo dell'estro, durante il quale i maschi sono intensamente attivi nelle lotte con i rivali per gli accoppiamenti. I salmoni non si alimentano durante lo spettacolare viaggio controcorrente, lungo centinaia di chilometri, che li porta a risalire i fiumi fino alle sorgenti, dove le femmine depongono le uova. Idem gli uccelli migratori».

Molto praticato fino al Seicento, il digiuno terapeutico fu riscoperto a cavallo fra XIX e XX secolo dagli igienisti americani, in particolare Sylvester Graham, un pastore presbiteriano del Connecticut vissuto fino al 1851, e Herbert Shelton, che prima di morire alla bella età di 90 anni (nel 1985) fece in tempo a essere candidato alla presidenza degli Stati Uniti (nel 1956) per l'American vegetarian party. Le teorie di Shelton, cui s'ispira Magnano, non sembrano aver attecchito nella patria della pizza e dei maccheroni: gli italiani adulti in sovrappeso sono 15 milioni e quelli obesi 4 milioni. Significa che il 38 per cento della popolazione sopra i 18 anni sta sulla bilancia come i suppliziati sul letto di Procuste.

L'uomo è ciò che mangia, sosteneva il filosofo tedesco che traviò Marx. È così?

«No. Quella di Ludwig Feuerbach è una sciocchezza assoluta. L'essenza di un uomo dipende da dov'è nato, da com'è stato educato, dal modo in cui vive, dagli studi fatti, da tantissime altre cose. Su ciò che uno è psicologicamente e socialmente, l'alimentazione conta pochissimo. Però è importante per il benessere, la salute, l'equilibrio mentale, la difesa dalle patologie organiche».

Obiettivi che lei persegue col digiuno.

«Il digiuno è un metodo straordinario per la prevenzione, la guarigione, la ricerca interiore. Non a caso è presente nelle pratiche igieniche di molti popoli. Col digiuno il corpo si nutre di se stesso, delle sue riserve: grassi, piccole quantità di zuccheri, proteine presenti nei tessuti e nei muscoli».

Piuttosto abnorme, non crede?

«L'autofagia è una condizione presente in natura durante lo sviluppo dell'uovo, la metamorfosi, il letargo, il sonno. Quest'ultimo è caratterizzato dall'arresto delle attività di relazione, da un cambiamento dello stato di coscienza ma anche da un lungo intervallo tra cena e colazione: un ciclo naturale di digiuno che si associa a indispensabili processi di recupero fisici e psichici. Lo stesso letargo degli animali può essere visto come un lungo sonno rigeneratore, qualcosa che va ben oltre l'adattamento alla stagione fredda».

Quando ha cominciato a occuparsi di digiuno?

«Negli Anni 80, dopo aver lavorato alla clinica Villa Biffi di Monza e all'ospedale psichiatrico di Codogno. Tornato in Sicilia, conobbi un insegnante di storia dell'arte, Emanuele Di Mauro, che cominciò a parlarmi di Shelton, di igienismo, di cose assurde che non avevo mai udito prima d'allora. Pensai che fosse un po' fuori di testa. Cominciai ad approfondire la materia».

A chi consiglia l'astensione dal cibo?

«A chi vuole eliminare le conseguenze di abusi alimentari e cercare un miglior rapporto col cibo. A chi intende voltar pagina, spezzare le situazioni di stallo nelle relazioni interpersonali e nel lavoro. A chi cerca di liberarsi dai condizionamenti negativi e dalle dipendenze: fumo, alcol, abitudini nocive. A chi desidera ritardare la vecchiaia. A chi pratica la ricerca spirituale. Soprattutto a chi rifiuta le terapie tradizionali perché crede nella *vis sanatrix naturae*, la forza risanatrice della natura».

Se lasci fare alla natura, spesso ti accoppa.

«Quasi tutti gli uomini muoiono a causa dei rimedi, non della malattia, diceva Molière. In natura il digiuno è la condizione ideale per l'autoguarigione. Una volpe, un lupo, un qualsiasi animale selvatico se si ammalano o si feriscono non possono né procurarsi il cibo né prendere le medicine. Devono per forza cercarsi un rifugio, riposare e digiunare. Persino il cane e il gatto, animali domestici, non mangiano quando sono indisposti. I bambini stessi conservano questa tendenza radicata e, al primo sintomo di malessere, rifiutano istintivamente il cibo».

E quali malattie contrasterebbe il digiuno?

«Ho visto guarire le patologie acute febbrili, tipo influenze, bronchiti e raffreddori, e le forme degenerative, soprattutto le disfunzioni epatiche. Ma vi sono alcuni casi di benefici persino nei malati di cancro, che andrebbero monitorati in centri clinici».

La digiunoterapia è consigliabile a tutti?

«No, nel modo più assoluto. Una persona sottopeso non può certo digiunare. Anche chi assume farmaci è a rischio, perché i principi attivi sono dosati per funzionare in condizioni normali. Un diabetico in cura con l'insulina finirebbe in coma ipoglicemico. Un'aspirina, presa a stomaco vuoto, potrebbe provocare un'ulcera. E poi vi sono da considerare gli aspetti mentali».

Cioè?

«Chi si sottopone a digiuno non deve essere affetto da patologie psichiche. Questo perché, col venir meno dell'apporto alimentare che ha ritmato lo sviluppo dell'Io, l'Io stesso attenua la sua forza limitante e lascia affiorare i contenuti inconsci, le paure, le fobie, le ansie, le idee ossessive, le somatizzazioni, mettendo in crisi il soggetto».

Per questo al digiuno dei suoi pazienti partecipa anche lei, uno psicoterapeuta?

«Esatto. È dimostrato che la deprivazione sensoriale determina la disorganizzazione dell'Io. Se un individuo viene isolato in una stanza insonorizzata e buia, nell'arco di alcune ore o di pochi giorni piomba in uno stato di coscienza alterato, sognante. È il motivo per cui questa tecnica viene usata come forma di tortura nei regimi dittatoriali. Allo stesso modo la deprivazione alimentare può portare allo scoperto tratti nevrotici che nella vita ordinaria sono abitualmente compensati dall'Io».

Per quanto tempo si può digiunare?

«Il primo studio scientifico sul digiuno umano fu

condotto nel 1888 dal professor Luigi Luciani, ordinario di fisiologia all'Università di Firenze. Egli osservò in modo accurato Giovanni Succi, un tipo strambo che si esibiva nelle piazze come fachiro e andò avanti a sola acqua per 30 giorni. Al dodicesimo giorno fece una cavalcata di un'ora e 40 minuti, una corsa di 8 minuti con tre studenti e una gara di scherma. Al ventitreesimo giorno, sempre sotto scorta, prese parte a due assalti di sciabola».

Trenta giorni sono tanti.

«Nelle persone normali la sopravvivenza può arrivare fino a 67. Questo perché, dopo la prima settimana, cambia la biochimica del corpo. Un aspetto che, pur figurando su tutti i testi di medicina, i dietologi ignorano. Loro disapprovano il digiuno, spiegano che esso comporta la distruzione di tessuti utili e la formazione di corpi chetonici, che sono sostanze tossiche. In realtà, il corpo si adatta e comincia a consumare i tessuti in misura inversa alle proprie necessità. Cioè brucia quello che non gli serve per mantenere in vita ciò che gli serve. Che è appunto la finalità del digiuno».

Come avviene il vostro digiuno di gruppo?

«Il primo giorno verdure e frutta. Il secondo giorno centrifugati. Dal terzo giorno, e per circa una settimana, solo acqua. Poi si compie il percorso inverso e questo è il momento più delicato: l'apparato digerente è inerte e ricominciare con un'abbuffata alla don Camillo potrebbe risultare fatale».

Qual è stata l'evoluzione del digiuno nel corso della storia?

«Era già praticato nella medicina greca e in quella romana. Ne trattano sia Ippocrate sia Celso».

Ma le tesi di Sylvester Graham, pioniere del movi-

mento igienista, non sembrano molto scientifiche: ce l'aveva col pane bianco, la carne di maiale, il tabacco, il sale, i condimenti, i letti di piume, i corsetti stretti, i vestiti pesanti e persino con le polluzioni notturne e le tortine calde di frutta secca.

«Il pane integrale fa sicuramente meglio del pane bianco. Ma bisogna tener conto che dietro queste prescrizioni c'è una filosofia esistenziale: per vivere in modo sano bisogna vivere come gli animali. Quindi non in città, non in fretta, non negli agi. Purtroppo tutte le filosofie si possono estremizzare. Non andare mai a cena con gli altri diventa un handicap sociale che rovina i benefici del digiuno. A casa io evito la carne. Ma se vado al ristorante con gli amici, il che mi capita un paio di volte al mese, non sto a rompergli le scatole con le mie convinzioni: mangio la bistecca come tutti».

Chi furono i grandi digiunatori del passato?

«Il primo che mi viene in mente è Gesù che si ritira da solo nel deserto. Il Vangelo di Matteo è una pagina di fisiologia: "E dopo aver digiunato 40 giorni e 40 notti, ebbe fame". Questo significa che non aver fame per 39 giorni è nelle facoltà umane. Al terzo giorno di digiuno lo stimolo della fame cessa, per ritornare nel momento esatto in cui il corpo ha bruciato le riserve. Il professor Luciani lo descriveva come un impulso ben preciso: se non lo si soddisfa subito, subentra la morte entro 48-72 ore al massimo. In ogni caso, dopo aver perso il 40 per cento del peso corporeo si è in imminente pericolo di vita. Questo significa che se l'uomo più grasso di tutti i tempi, l'americano Walter Hudson, morto nel 1991, avesse digiunato per buttar giù buona parte dei suoi 543 chili, sceso a 325 avrebbe comunque dovuto fermarsi».

Quanto arrivano a perdere i suoi pazienti?

«In una settimana 4-5 chili. Nella seconda settimana, che io non consiglio mai, ne perderebbero 2-3. Dalla terza in poi soltanto uno o due».

Che cosa succede al corpo col digiuno completo?

«Dopo 48 ore cessa del tutto l'evacuazione e subentra una forte stanchezza. Il sudore diventa acre, le urine sono molto cariche e maleodoranti, in chi ha problemi epatici gli occhi e la pelle possono assumere un colore itterico. Sono i segnali che l'organismo si sta liberando della tossiemia, cioè delle sostanze tossiche accumulate nel sangue con un'alimentazione sbagliata o con l'abuso di farmaci. A partire dal terzo giorno la pelle si distende, lo sguardo s'illumina, la mente ritrova una grande lucidità. E le energie fisiche diventano notevoli, tant'è vero che molti record sportivi sono stati battuti da atleti a digiuno».

Resta il fatto che per digiunare serve una grande forza di volontà, spesso una fede.

«Bisogna essere convinti che serva. Se penso che sia pericoloso, se ho paura, meglio rinunciare. Il digiuno non ha nulla a che vedere con la dieta, che può essere prolungata all'infinito».

Perché nelle religioni il digiuno ha un ruolo centrale?

«Come cristiano, posso rispondere rifacendomi al digiuno di Gesù nel deserto. Torniamo a quei 40 giorni, dopo i quali ebbe fame. Il diavolo tentatore allora gli si accostò e gli disse: "Se sei Figlio di Dio, di' che questi sassi diventino pane". Ma egli rispose: "Sta scritto: non di solo pane vivrà l'uomo, ma di ogni parola che esce dalla bocca di Dio". Il significato mi pare trasparente: non nutrendoci di ciò che produciamo con le nostre mani, siamo meno concentrati sulla nostra volontà, sul nostro fare. Non mangiando, diventiamo più disponibili a udire la voce di Dio. Francesco d'Assisi, i santi, i grandi mistici digiunavano».

Però sta anche scritto, nell'Ecclesiaste, che per l'uomo non c'è miglior cosa sotto il sole che mangiare, bere e stare allegro.

«Infatti il digiuno è reso possibile dal mangiare».

Perché nella società occidentale dilaga l'obesità?

«L'alimentazione ha un significato sociale enorme. Ci s'incontra per mangiare, nutrirsi significa stare con gli altri. C'è poi il risvolto emotivo, affettivo. Pensi a un neonato che succhia il latte al seno: il proprio corpo, il corpo della madre, l'amore e il cibo sono un tutt'uno, diventano la vita stessa. Solo crescendo l'uomo impara a distinguere. Ma in molti adulti scatta una regressione che li porta ad assegnare al cibo l'importanza che aveva quando erano lattanti. Non esiste nulla che sia in grado come il cibo di coprire carenze e squilibri d'ogni genere. È la droga più potente».

Con le sue teorie non teme di spingere le ragazzine verso l'anoressia?

«Per nulla. Il digiuno è una pausa dal cibo. L'anoressica invece vuol vivere senza mangiare».

Che cosa pensa di Marco Pannella e dei suoi satyagraha gandhiani, con ricorrenti scioperi della fame e della sete?

«Per fini propagandistici vanno benissimo. Pannella mette in pericolo se stesso per richiamare l'attenzione, come il suicida che sale sul cornicione e minaccia di buttarsi di sotto. Ma è l'esatto contrario del digiuno che propongo io».

Lei quanti digiuni ha praticato finora?

«Una decina».

E quanto pesa?

«Sui 70 chili».

Ma come, non controlla la bilancia?

«Più o meno...»

Da 1 a 10, che importanza ha la buona tavola nella sua vita?

«Otto».

Se il digiuno fa così bene, perché non c'è un reparto ospedaliero, con lei primario, dove si pratichi solo quello?

«E perché non c'è un reparto ospedaliero dove si sperimentino la fitoterapia, l'omeopatia, l'agopuntura, la naturopatia, l'iridologia? La medicina convenzionale rifiuta le terapie alternative. L'unico esperimento fu condotto negli Anni 40 presso la clinica medica dell'Università di Modena diretta dal professor Alessandro Dalla Volta. Furono curati con periodi di digiuno assoluto alcuni gruppi di cardiopatici scompensati. I risultati favorevoli sono esposti in uno studio del dottor Giorgio Dagnini, che interpellai personalmente una decina d'anni fa».

Un'esperienza che si potrebbe ripetere.

«Scherza? Ci sono in ballo interessi economici e responsabilità enormi. Se come medico prescrivo i dosaggi giusti dei farmaci, sono a posto, posso spedire al Creatore chiunque e non avrò conseguenze. Ma se faccio digiunare un malato, mi sbattono in galera».

ALBERTO MONDINI
L'eretico della medicina

Alberto Mondini sa di essere un eretico e non fa nulla per nasconderlo. «Se lei chiede in giro informazioni sul mio conto, i medici le diranno che da giovane ero dedito alla meditazione yoga, che ho fatto il croupier, che ho avuto tre mogli, che una di loro era una cantante di musica leggera. Tutto vero, o quasi. Al Casinò di Venezia, un posto orribile, ho lavorato dal 1971 al 1981 e quella attuale è la mia seconda moglie. Ma a loro torna comodo farmi passare per un personaggio losco o ridicolo, che adesso gioca alla roulette con le vite degli altri. Le diranno anche che a Torino sono stato indagato per truffa aggravata e associazione a delinquere. Vero anche questo. La mia colpa? Ero entrato in competizione con le varie leghe e associazioni contro i tumori, una delle quali in un anno raccoglieva offerte per 10 miliardi di lire e destinava alla ricerca appena 810 milioni, tanto che l'allora sottosegretario alla Sanità, Publio Fiori, si rifiutò di firmarne il bilancio. Però ometteranno di aggiungere che fu lo stesso pubblico ministero a chiedere e ottenere l'archiviazione per insussistenza dei reati». Da quel giorno gira col certificato penale in tasca; sopra c'è scritto che al casellario giudiziale risulta questo a suo carico: «Nulla».

Mondini, 61 anni, naturopata veneziano, è diventato un eretico da quando ha fondato l'Arpc (Associazione per la ricerca e la prevenzione del cancro) e ha pubblicato il libro *Kankropoli*, sottotitolo *La mafia del cancro*, presentato in copertina come «il dossier che ha fatto esplodere il caso Di Bella». Nel capoluogo piemontese aveva aperto un ambulatorio gratuito con un medico che consigliava ai pazienti come curarsi secondo natura, «si trovava allo 0 di via Vespucci». Un numero civico vero, esistente, eppure talmente assurdo da sembrare immaginario, proprio come le teorie scientifiche propugnate da Mondini, che richiederebbero alla medicina di ripartire da zero per poter essere accolte: «L'origine del cancro non è genetica. La cellula non ha niente a che vedere con i tumori. Il cancro è provocato dalla candida, un fungo. Dieci milioni di morti per tumore all'anno nel mondo dimostrano il totale fallimento dell'oncologia. Gli errori medici, sommati ai farmaci somministrati correttamente, rappresentano col 7,58 per cento la terza causa di decesso negli Usa e più o meno in tutti i Paesi occidentali, subito dopo le malattie cardiovascolari (47 per cento) e il cancro (22,11 per cento) e prima di fumo, alcolismo, incidenti stradali, suicidi, assassini. La chemioterapia non guarisce, anzi è un genocidio. Idem la radioterapia. I medici hanno piegato la conoscenza al servizio di un business colossale controllato da grandi multinazionali che dipendono dai Rockefeller negli Stati Uniti e dai Rothschild in Europa. Dieci anni fa il cancro nella sola Italia era un affare da 80.000 miliardi di lire, calcolati per difetto, di cui la metà, 40.000 miliardi, per farmaci chemioterapici».

Sono teorie che Mondini non ha formulato in proprio bensì andando a trovare uno per uno una dozzina di eretici come lui. Ha soppesato le ricerche, ha vagliato i risultati, ha acquisito le cartelle cliniche, s'è mantenuto in contatto con loro per anni. Ne è uscito un altro libro, *Il tradimento della medicina*.

Il primo medico che avvicinò fu il dottor Aldo Alessiani, ex primario plurispecialista di Roma, oggi defunto. «Era partito da un'intuizione: visto che l'incidenza dei tumori andava di pari passo con l'aumento della statura media della popolazione, poteva trattarsi di una malattia da carenza. Immagini l'uomo come un fiore: tolto dal suo habitat naturale, cresce più forte e più alto ma perde il suo profumo. Bisognava cercare il rimedio nel terreno, in profondità. L'occasione di sperimentare si presentò quando la moglie fu colpita da un cancro all'utero, che aveva presto invaso il retto, l'intestino e il peritoneo. L'addome era aumentato a dismisura, la signora sembrava incinta di otto mesi. Il professor Ercole Brunetti tentò di operarla nel luglio 1991 presso la clinica Santa Rita da Cascia: come si suol dire, la aprì e la richiuse. Niente da fare. Ma Alessiani non si arrese e di nascosto preparò una soluzione, disciogliendo in acqua dei particolari terricci, e la somministrò alla moglie. In 21 giorni la signora Alessiani lasciò la clinica, anziché nella bara, sulle sue gambe e partì per una vacanza. Guarita. Il marito fu convocato da un magistrato che gli disse: "Mi creda, ho avuto questo incarico da molto in alto. Si ricordi che l'Italia è piena di falsi incidenti d'auto". Nell'estate 1993 il dottor Alessiani subì un incidente stradale molto strano, che aveva tutte le caratteristiche di un avvertimento criminale».

Lei è un esperto di medicina naturale, non un medico. Che titolo ha per parlare di tumori?

«Caspita! Sono un potenziale paziente».

Che cosa le fa credere che all'origine del cancro vi sia la candida?

«Dieci anni di ricerche. Dove non c'è il fungo, non c'è tumore. L'errore di base dell'oncologia è stato attribuire un'origine genetica al cancro. Quella della cellula che a un certo punto impazzisce e si riproduce all'infinito è un'ipotesi finora indimostrata. In realtà le cellule cancerose non sono altro che l'estrema difesa dell'organismo contro il fungo: il corpo le crea affinché il fungo attecchisca solo lì e non vada a intaccare gli organi vitali. Quindi non ha senso accanirsi contro di esse. È solo eradicando la candida che scompare il tumore».

Chi lo afferma?

«Il dottor Tullio Simoncini, oncologo e diabetologo romano, secondo il quale la *candida albicans* è sempre presente nei malati neoplastici, può produrre metastasi, ha un patrimonio genetico sovrapponibile a quello dei tumori, riesce a invadere tessuti e organi d'ogni tipo, dimostra un'aggressività e un'adattabilità illimitate».

Ma Simoncini non è lo studioso che cura il cancro col bicarbonato di sodio?

«L'antifungino più attivo. È con quello che le mamme hanno sempre eliminato il mughetto dalla bocca dei figli. Simoncini lo provò su una zia e la guarì da un tumore allo stomaco con un cucchiaino di bicarbonato mattina e sera. Ma il sale dell'acido carbonico deve arrivare a contatto diretto col tumore, quindi è necessario posizionare nel paziente piccoli cateteri endocavitari o endoarteriosi. Ed è il motivo per cui contro i tumori delle ossa può fare ben poco, essendo irrorati da minuscole arterie che non consentono una sufficiente diffusione del bicarbonato».

Simoncini è stato radiato dall'Albo dei medici o ricordo male?

«Ricorda bene. Però dovrebbe anche ricordare che l'Ordine non ha tenuto in alcun conto la legge 94 dell'8 aprile 1998. La quale stabilisce che il medico, sotto sua diretta responsabilità e previa informazione del paziente, può impiegare un medicinale prodotto industrialmente per un'indicazione o una via di somministrazione o una modalità di utilizzazione diverse da quelle autorizzate, purché "tale impiego sia noto e conforme a lavori apparsi su pubblicazioni scientifiche accreditate in campo internazionale". Il dottor Simoncini ha dalla sua 31 studi internazionali relativi al potere antiacido del bicarbonato di sodio nei tumori».

Lei ha visto debellare il cancro col bicarbonato?

«La mia regola è questa: mostratemi tre casi di tumori guariti, documentati da Tac eseguite prima e dopo una cura, e io divento paladino di quella cura. Nel caso di Simoncini ho esaminato dieci cartelle cliniche. E ho constatato che i tumori sotto i 3 centimetri spariscono in dieci giorni. Nel cancro al seno non infiltrato la probabilità di guarigione è del 99 per cento, al fegato dell'80 per cento, al polmone del 60 per cento».

Simoncini guarisce la maggior parte dei pazienti? Un po' dura da credere.

«Sicuramente nei malati già trattati con la chemio la percentuale di successo è meno alta. Ma se venisse un tumore a me, mi rivolgerei subito a Simoncini. Prima di farsi devastare il corpo dalla chemio, perché non provare una terapia che non ha effetti collaterali negativi? All'oncologo romano non perdonano d'aver individuato un principio attivo che nei supermercati costa 80 centesimi di euro al chilo. Per un paziente trattato con i chemioterapici lo Stato spende mediamente 100.000 euro. Moltiplichi per i 250.000 nuovi casi di tumore che si registrano ogni anno in Italia e capirà il vero motivo per cui la cura Simoncini viene osteggiata».

Lei scrive: «Ciò che ho scoperto in questi anni è un'incredibile, allucinante realtà che ha superato ogni mia previsione, congettura, sospetto o fantasia». Sa di cospirazione planetaria.

«Cospirazione? No, è marketing. Per l'industria farmaceutica si tratta solo di vendere di più. Il fatto è che la chemioterapia non funziona. Quando proclamano che 50 malati di cancro su 100 guariscono, significa che 50 muoiono entro 5 anni dalla scoperta del male e gli altri poco dopo. Se un malato muore dopo 5 anni e un giorno, per loro è un morto guarito».

Non può negare che già nel 2002 la sopravvivenza a 5 anni dalla diagnosi per tutti i tipi di tumore, esclusi quelli della cute, era del 45,7 per cento per gli uomini e del 57,5 per le donne, con una punta dell'83 per cento per il cancro al seno.

«Come lei dice, in oncologia non esistono statistiche di guarigione, solo di sopravvivenza a 5 anni. Una volta fornivano anche quelle a 10 e 15 anni. Ora non le presentano più, si vergognano. Lei provi a cercarle: non le troverà. La sopravvivenza media calcolata a 5 anni su tutti i tumori certi e maligni è del 7 per cento».

Come fa a dirlo?

«Sono gli stessi oncologi a dirlo, ma solo sui manuali destinati agli studenti universitari. Ci sono tumori a lungo decorso o addirittura semibenigni, tipo quelli delle ghiandole, i baseliomi, i liposarcomi, che vengono inseriti nelle statistiche per edulcorarle. Anche le esasperate campagne di diagnosi precoce del tumore al seno servono allo scopo: dimostrare la sopravvivenza oltre i fatidici 5 anni. Ma per i tumori maligni basti un solo esempio: su 188 pazienti affetti da carcinoma inoperabile ai bronchi, la vita media di quelli trattati con chemioterapia completa è stata di 75 giorni, mentre quelli che non hanno ricevuto alcun trattamento sono sopravvissuti in media per 220 giorni. Cinque mesi di più. Non lo dico io: lo ha scritto *The Lancet*, il vangelo dei medici, nel dicembre 1975. E da allora non è che sia cambiato molto».

La multiterapia Di Bella fu sperimentata dieci anni fa negli ospedali italiani sotto la supervisione del ministero della Sanità. Non pare che abbia dato gli esiti sperati. Nel maggio 2008 è stata bocciata persino dalla Cassazione.

«Quando seppi che il professor Luigi Di Bella aveva accettato la sperimentazione offertagli dal ministro Rosy Bindi, pensai: ecco, s'è fatto fregare. Le pare serio che il test sia stato affidato a oncologi che si erano pubblicamente dichiarati contrari alla multiterapia? Per onestà avrebbero dovuto astenersi».

L'oncologo Umberto Tirelli sollevò un interrogativo non da poco: «Se le cure convenzionali non sono valide, allora perché anche Di Bella le usa?» Il professor Tirelli era entrato in possesso di fotocopie di prescrizioni del medico siculo-modenese nelle quali figurava la ciclofosfamide, che viene utilizzata abitualmente in chemioterapia contro alcuni linfomi.

«Rimproverai il professor Di Bella, per questo. Mi rispose mogio mogio: "Non sarebbe necessaria, ma in piccole dosi serve per accelerare la cura..." Assurdo. Com'è possibile avvelenare un paziente con la pretesa di guarirlo? L'Istituto superiore di sanità è stato costretto a pubblicare uno studio sui pericoli mortali cui sono esposti medici e infermieri che maneggiano i chemioterapici antiblastici. S'intitola *Rischi per la riproduzione e strategie per la prevenzione*. Esso documenta come tutti i 42 principi attivi più usati negli ospedali italiani contro il cancro siano cancerogeni riconosciuti o possibili cancerogeni o probabili cancerogeni. Bella contraddizione, no? Non basta: la maggior parte sono anche teratogeni, mutageni, abortivi, vescicanti, irritanti. Tant'è vero che alle infermiere in stato interessante è vietato somministrarli. In Portogallo fin dal 1990 i residui dei farmaci antiblastici vengono inceneriti a 1.000 gradi, insieme con sacche, aghi, cannule, camici, guanti e visiere».

D'accordo, però io stento a immaginare un paziente con un tumore al pancreas che decide di affidarsi al frullato di aloe vera, miele e whisky messo a punto da padre Romano Zago, frate francescano, e consigliato da Alberto Mondini.

«Sempre meno rischioso che sottoporsi a una chemio».

In Kankropoli *lei descrive addirittura «una macchina per guarire i tumori solidi, il Gemm», inventata dal turco Seçkiner Görgün.*

«Il professor Görgün era un mio caro amico. Purtroppo è morto d'infarto qualche settimana fa in Kosovo. Con le radiofrequenze emesse dal Gemm aveva conseguito risultati strabilianti su un paziente con metastasi ricoverato all'ospedale San Luigi di Orbassano. Ma poi un pretore sequestrò il macchinario, salvo archiviare l'inchiesta con un non luogo a procedere due anni più tardi. Io stesso non avrei accettato le teorie di questo scienziato se non mi avesse esibito una documentazione inoppugnabile. Non era un ciarlatano: aveva lavorato in cliniche, università e istituti di ricerca di varie nazioni, compresa la Galileo Avionica, società di Finmeccanica che opera nel campo della difesa».

Ma lei ha mai fatto curare qualche suo congiunto con queste terapie alternative?

«Mio cognato s'è curato col metodo Görgün a Pristina. Invece il mio unico fratello, Luigino, non ha mai voluto saperne. Da buon iscritto al Cicap, il Comitato italiano per il controllo delle affermazioni sul paranormale, fondato fra gli altri da Piero Angela, s'è fatto operare e irradiare per un tumore al retto. Dopo 90 giorni aveva le metastasi al fegato. Altri 90 giorni ed era morto. Se n'è andato in otto mesi dalla diagnosi».

Non la sfiora l'atroce dubbio d'aver dirottato parecchi pazienti verso una terapia sbagliata?

«Assolutamente no».

Non s'è mai posto la domanda: ma chi me lo fa fare?

«Qualche volta sì».

E che risposta s'è dato?

«Quando conosci la verità, aumenta la responsabilità. Non puoi tenere la verità per te».

CESARE MONTECUCCO
Il domatore di tossine

Abituato a confrontarsi ogni giorno con l'infinitamente piccolo, il professor Cesare Montecucco si trova a suo agio in una cella che misurerà sì e no quattro metri per tre, nel Dipartimento di scienze biomediche dell'Università di Padova. Per arrivare allo studiolo bisogna attraversare il laboratorio dove vetrini e provette tengono a loro volta prigionieri i microscopici grandi nemici dell'umanità, i soldati più temibili nella guerra batteriologica, dal *bacillus anthracis* al *clostridium botulinum*. Malinconico paradosso: il mondo non riesce a trovare una stanza per lo scienziato che può salvarlo dall'apocalisse.

Eppure Montecucco, l'ordinario di patologia generale che ha scoperto come agiscono le tossine letali dell'antrace, del botulino, del tetano, non se ne lamenta affatto. Al massimo manifesta un filo d'impaccio al momento di accogliere l'ospite: «Le va bene qui?» Mi fa accomodare a una delle due scrivanie e lui si siede di lato, quasi alle mie spalle. Sembra un compito in classe, più che un'intervista. Il docente, già in ristrettezze di suo, è pure costretto a condividere l'ufficio con un'altra persona – forse un assistente, forse uno studente, forse una segretaria – alla quale sto rubando il posto. «Prima che mi mettessero la seconda scrivania, ci tenevo un divano. Sa, a volte mi capitava di dormire qui...» Ma le ore piccole, se non le notti in bianco, devono essere ancora la norma. Lo deduco da due tazzone rosse del Nescafé vicino al computer, un servizio di tazzine sul mobiletto, una moka, una specie di narghilè e scorte di caffè liofilizzato, tè, matè cocido, infusi Pompadour bastevoli per sei mesi.

È stato ricercatore all'Università di Cambridge nell'unico corso che vedeva in cattedra ben cinque premi Nobel, uno dei quali, Frederick Sanger, vinse il riconoscimento per la chimica addirittura due volte, nel 1958 e nel 1980. Ha lavorato all'Università di Utrecht, all'Istituto Pasteur di Parigi, all'European molecular biology laboratory di Heidelberg. Ma alla fine è tornato in questo bugigattolo, «perché tutto il mio mondo è qui», e indica una carta geografica in rilievo delle Tre Venezie appesa al muro, sfiora con le dita le Dolomiti, «Trento, dove sono cresciuto», scende con i polpastrelli fino a Padova, «la città dove sono nati i miei figli», punta il dito su Pramaggiore, ai confini tra Veneto e Friuli, «la terra di mia madre e di mia moglie». E confessa che, fra tutti gli onori tributatigli nel corso della sua carriera, quello che più l'ha commosso è stato il premio Civiltà Veneta patrocinato da Sandro Boscaini, una botte da 100 litri di Amarone Masi, «perché non ho mai dimenticato i miei compagni delle elementari che arrivavano in classe un po' ciucchi dopo aver fatto colazione con una scodella di pane e vino».

Il professor Montecucco, famoso più all'estero che in Italia anche per aver svelato i fattori di virulenza dell'*helicobacter pylori* responsabile della gastrite cronica e dell'ulcera, non se l'è sentita di staccarsi dal suo mondo piccolo neppure quando l'Istituto internazionale per i vaccini, creato dal governo della Corea del Sud col contributo della Fondazione Bill Gates, gli ha offerto il posto di supervisore dell'attività scientifica e un appannaggio regale purché si trasferisse a Seoul. Ma non è soltanto il rifiuto a trasformarsi in apolide a far apparire magnificamente fuori moda questo scienziato in un'epoca segnata dal nomadismo per fini di successo e di quattrino. Montecucco è riuscito a dire di no, con spirito cavalleresco, persino al governo degli Stati Uniti, che voleva inserirlo nel collegio di esperti incaricati di valutare i progetti contro il bioterrorismo per i quali il presidente George W. Bush aveva stanziato 4 miliardi di dollari: non gli piaceva trovarsi nell'imbarazzante situazione di conoscere in anticipo i risultati degli studi condotti dai colleghi d'oltreoceano. Anche la guerra ai batteri-killer, dal suo punto di vista, va combattuta ad armi pari.

Non ha molte ambizioni.

«La mia unica ambizione è migliorare le condizioni di vita della gente».

Come Albert Sabin. Una vocazione.

«Lei dice? So che l'avevo anche da ragazzo. A 12 anni, durante la fiera di Santa Lucia a Trento, trovai sulle bancarelle *Cacciatori di microbi*, un volume scritto da un olandese. A volte mi chiedo perché non lo ristampano. All'università ero indeciso fra chimica, biologia e medicina. Mi laureai in chimica. Siccome m'interessavano le molecole della vita, quattro anni dopo presi la laurea anche in biologia. Dopodiché avrei voluto fare l'insegnante di scuola media».

Sta scherzando?

«Giuro. Avevo già la cattedra pronta, a Bagnoli di Sotto, vicino a Monselice. La passione educativa m'è rimasta: ho messo su una scuola media serale per lavoratori nella parrocchia della Guizza. Ma poi trovai per strada un amico che mi parlò di una borsa di studio all'Istituto di patologia generale. Ed eccomi qua».

Qual è il suo mestiere, esattamente?

«Scoprire il meccanismo d'azione delle tossine patogene nell'uomo e utilizzarle per curare o per creare vaccini. Un esempio è il botulismo, che deriva da *botulus*, salsiccia in latino, ed è apparso per la prima volta nella letteratura medica alla fine del XVIII secolo, in seguito a un caso scoppiato nella Svevia: 13 persone avevano condiviso a tavola delle salsicce contaminate e sei ne erano morte. Ho cominciato a lavorarci 18 anni fa, quando il *clostridium botulinum* non interessava a nessuno, a parte Saddam Hussein. Era stato sottovalutato sia dall'Us Navy americana sia dal ministero della Difesa inglese, in quanto reputato inadatto all'utilizzo per scopi bellici. In parte non avevano torto. È vero che le sette neurotossine botuliniche sono in assoluto i più potenti veleni sinora noti: iniettate intramuscolo, ne bastano una ventina di nanogrammi per uccidere rapidamente un uomo. Ma è anche vero che la loro tossicità per via orale o naso-faringea è molto più bassa e quindi non si prestano a essere sparse nell'aria».

Continui.

«Nel 1992 abbiamo capito in che modo la neurotossina botulinica blocca la trasmissione dell'impulso dal nervo al muscolo. Al contrario del tetanizzato, che muore in preda ad atroci contrazioni, il paziente colpito da botulismo mostra una paralisi flaccida, incapacità di mettere a fuoco per sfalsamento dei piani visivi, difficoltà di movimento della lingua e della deglutizione, mancata coordinazione dei muscoli faringeali, perdita di controllo degli sfinteri».

Che sviluppi ha avuto la scoperta?

«Un oculista californiano, Alan Scott, ha cominciato a iniettare con successo la neurotossina a bassissime dosi per correggere lo strabismo. L'effetto dura da tre mesi a un anno, ma l'iniezione può essere ripetuta. Idem per molte altre malattie in cui si manifesta un eccesso di contrazione muscolare: dagli spasmi facciali alla spasticità legata ad alcuni tipi di paralisi cerebrale infantile. È indicata anche per un problema molto più banale: l'eccessiva sudorazione di mani e piedi. Un mio amico chirurgo che lavora al Gemelli di Roma, Daniele Gui, figlio dell'ex ministro, l'ha sperimentata con successo sulle ragadi anali, che così guariscono senza intervento operatorio. E ora la sta provando sui ratti».

A che scopo?

«Iniettata nei muscoli dello stomaco, provoca un rilassamento che agisce sul senso di sazietà. In pratica i topi mangiano a piacere ma perdono il 30 per cento di peso. Sarebbe una rivoluzione nella cura dell'obesità. Inutile dire che Gui è guardato con sospetto dai colleghi».

E perché mai?

«I proctologi che si occupano di ragadi e i dietologi rischiano di perdere clienti. Un po' come quando la Chiron di Siena ha prodotto un vaccino anche avvalendosi dei miei studi sull'*helicobacter pylori*: si sono messi in lutto i gastroenterologi».

Bisogna capirli.

«Fino a un certo punto. L'*helicobacter* era già in fase calante per conto suo. Oggi ce l'ha solo il 35 per cento della popolazione. Merito, in parte, degli omogeneizzati».

Che c'entrano gli omogeneizzati?

«Per secoli le mamme hanno masticato la carne e poi l'hanno data in bocca ai neonati. È per via orale che si trasmette l'*helicobacter*».

C'è del buono nelle tossine o dobbiamo considerarle sempre e comunque nemiche dell'uomo?

«Ci può essere del buono anche nella peggiore. Prendiamo la difterite, scomparsa negli Anni 50 con le vaccinazioni di massa, anche se nel Terzo mondo fa ancora strage di bambini e ora sta ricomparendo in Russia. Una volta scoperto come la tossina difterica agisce, si è riusciti a creare un'immunotossina che riconosce e distrugge le cellule di alcuni tumori. Lo stesso contiamo di fare con la tossina dell'antrace per altri tipi di cancro».

Il ministero della Salute ha individuato cinque agenti biologici utilizzabili dai terroristi: l'antrace, il vaiolo, la peste, il botulino e i virus responsabili di febbri emorragiche, tipo Ebola. Da quali possiamo considerarci al sicuro?

«Dal vaiolo, ma solo riprendendo le vaccinazioni che avevano portato l'Oms nel 1980 a dichiararlo ufficialmente eradicato dalla faccia del pianeta. Le persone di una certa età sono immuni da questa infezione. Larga parte della popolazione mondiale non lo è. Vede, quando si smette di vaccinare, i virus ritornano. È una legge di natura che vale per qualsiasi morbo».

Tularemia, febbre Q, brucellosi, linfangite epizootica sono pericolose per l'uomo e utilizzabili dal bioterrorismo?

«Sì. Ma non sono di classe A, come le precedenti che ha detto».

Il pericolo potrebbe venire anche da agenti chimici: gas nervini oppure vescicanti, irritanti, soffocanti. Disponiamo di antidoti o vaccini?

«No. Tecnicamente potremmo produrli. Ma poi che si fa? Vacciniamo in massa contro il gas nervino? O contro il botulismo? Non avrebbe senso, i costi sarebbero superiori ai benefici. E tuttavia la gente pretende certezze assolute, sì o no, che la scienza non può dare. Perché la scienza risponde in termini probabilistici, mentre la gente ha verso di essa un atteggiamento religioso. È una tragica illusione, che comporta fra l'altro spese crescenti in termini di diagnostica e di terapie inutili. Pensi solo a certi trattamenti chemioterapici che vengono prolungati fino all'ultimo giorno di vita nei malati di tumore. Si comincia a comprendere il senso della cinica battuta pronunciata da un ministro francese della Sanità: "Se potessimo chiudere il rubinetto una settimana prima della morte del paziente, il sistema ospedaliero sarebbe in attivo". Non siamo più capaci di accettare l'idea della nostra fine biologica, ci riteniamo immortali. Un grande limite morale di questa società».

Non solo: la gente diffida delle vaccinazioni.

«E questa è la seconda contraddizione. Viene rifiutato il vaccino contro la pertosse perché in 5-7 casi su 10 milioni procura danni neurologici. Ma nessuno tiene conto che la probabilità di danni neurologici permanenti a causa della pertosse è estremamente più elevata, migliaia di volte più elevata».

Qual è la peggiore arma biologica?

«Il vaiolo, perché si diffonde rapidamente da persona a persona».

E la seconda in graduatoria?

«L'antrace, perché le spore resistono all'essiccamento e alle alte temperature. Basta inalarne poche centinaia, l'equivalente di una presa di talco, e si muore. La malattia nella prima fase non dà sintomi. Quando si manifesta, è troppo tardi: l'individuo presenta già 10 miliardi di batteri per litro di sangue. Nessun antibiotico può contrastare un'infezione così massiccia».

Quando ha iniziato a occuparsi di antrace?

«Quindici anni fa».

Gliel'ha ordinato qualcuno?

«No. L'ho fatto per puro interesse scientifico. Dopo gli attacchi terroristici cominciati nell'ottobre 2001 negli Usa attraverso la posta, le regole sono diventate rigidissime. Ora non si possono più usare né il batterio né le spore».

Invece prima?

«Non c'era problema. L'Istituto Pasteur di Parigi possiede la più completa collezione di batteri patogeni che esista in Europa».

E glieli forniva?

«Sarebbe stato bizzarro il contrario, visto che faccio parte dei comitati di valutazione del Pasteur. Mi mandava il materiale genetico, che non è patogeno. Da quello mi tiravo fuori il gene e poi dal gene la tossina».

Un esercizio rischioso.

«La tossina non è come le spore. È pericolosa solo se viene inoculata. Del resto qualsiasi sostanza è potenzialmente tossica. In letteratura medica è descritto il caso di una hostess della Twa morta per ipotensione dopo aver bevuto sette litri di acqua».

Ha sperimentato il suo antidoto contro l'antrace anche sugli animali?

«Per il momento soltanto in vitro. Siamo in attesa

dell'autorizzazione ministeriale per le prove sugli ovini all'Istituto zooprofilattico di Foggia, che dispone di laboratori con livello di sicurezza P3».

Che significa?

«Protezione 3, un gradino sotto la massima, che è P4. Vale a dire che sono strutture in depressione: l'aria può solo entrarvi, mai viceversa. Bisogna fare la doccia sia prima di accedervi che dopo».

E se funziona sugli ovini?

«Allora è molto probabile che funzioni anche sull'uomo».

Un tempo il bacillus anthracis *si chiamava carbonchio e attaccava in prevalenza capre e mucche, provocando infezioni cutanee e polmonari. All'improvviso è diventato un rischio per noi bipedi. A che cosa si deve questa metamorfosi?*

«Alla buona preparazione di spore e alla loro diffusione».

Lei che cosa sospetta?

«Ho sempre partecipato ai congressi mondiali sull'antrace. Eravamo in quattro gatti, ci conoscevamo per nome. Al congresso di Nizza dell'aprile 2003, che ho contribuito a organizzare, c'era una ressa da far paura. È intervenuto anche il responsabile dell'Fbi per la biosicurezza, al quale ho rivolto la stessa domanda. Non ha saputo rispondermi».

Come mai sui giornali non si parla più dell'antrace?

«Lo chiedo io a lei. I media moltiplicano l'impatto di un evento negativo. Appena esso perde di climax, lo declassano rapidamente. E così fanno dimenticare anche le misure di prevenzione. Ma il pericolo è ancora là che ci aspetta al varco».

Abbiamo vaccini per tutti i batteri?

«Per la peste bubbonica no. Basta un solo batterio per infettare un ratto, che è la riserva abituale dello *yersinia pestis*. Per fortuna oggi ci sono ratti diversi da quelli del Medioevo, il che può spiegare la fine delle pandemie di "morte nera". Qualche caso viene ancora segnalato in Algeria, nel Kazakhstan e in Kirghizia. Quando l'infezione nell'uomo non è in stadio avanzato, la si fronteggia con gli antibiotici».

Ma secondo lei esistono dittatori o terroristi così folli da impiegare strumenti offensivi che possono portare il mondo intero alla catastrofe?

«Nell'ex Urss c'erano ben 67 laboratori che si occupavano di guerra batteriologica. Nel 1979 a Sverdlosk, una città negli Urali, morirono tremila persone per una fuga di *bacillus anthracis* da uno stabilimento militare. Magari il mondo intero no, ma larghe aree del pianeta potrebbero essere contaminate. Ci sono in giro dei pazzi incredibili. Nel Sud Italia, dov'è diffusa la pastorizia, le spore dell'antrace si trovano nel terreno. Non sarebbe difficile coltivarle».

Restano attive a lungo?

«Sì. L'isola di Gruinard, al largo delle coste della Scozia, fu fatta evacuare tra il 1942 e il 1943 dal governo britannico per farvi esplodere bombe all'antrace: a distanza di 60 anni è ancora infestata».

Se per assurdo il governo italiano un giorno le chiedesse di sviluppare una ricerca finalizzata all'impiego dell'antrace per scopi bellici, lei che farebbe?

«Mi rifiuterei».

Come nascono in natura questi flagelli?

«Si stima che i due terzi della massa biologica vivente non siano vegetali, bensì batteri e virus. Il numero di batteri e virus che hanno scelto gli animali come loro ambiente è minimo: decine di migliaia. E una piccola frazione di questi, al massimo un centinaio, generano malattie nell'uomo».

Se ne possono produrre di nuovi in laboratorio?

«Difficile far meglio della natura, dopo un'evoluzione durata milioni di anni. Però non è infattibile, soprattutto con i virus, che hanno la capacità di svilupparsi rapidamente, come dimostrano quelli influenzali e l'Hiv che scatena l'Aids».

Da dove viene l'Hiv?

«Dalle scimmie, è assodato. Un virus ha tutto l'interesse a non uccidere chi lo ospita, altrimenti non potrebbe più vivere e trasmettersi. Quindi abbassa la sua tossicità per non danneggiare il portatore. Questo è appunto ciò che ha fatto l'Hiv nei primati. Ma quando una scimmia ha morso l'uomo, il virus è passato in un ospite non adatto ed è diventato aggressivo. Adesso non ha scelta: con gli anni dovrà attenuarsi spontaneamente, essere sempre meno patogeno per l'uomo, pena l'estinzione».

Ritiene che una terza guerra mondiale sia da mettere in conto o che dovremmo rassegnarci al conflitto permanente chiamato terrorismo?

«Ormai è un mondo dominato dalla produzione industriale e dallo scambio di merci. Una guerra globale sarebbe una rovina per l'economia globale. Nessuno ha interesse a dichiararla».

Nel frattempo dobbiamo aspettarci epidemie improvvise provocate da sindromi ignote, come la Sars?

«Certamente, giacché i virus possono evolvere in bacini rappresentati dagli animali più disparati. Dobbiamo considerare la popolazione dei batteri come quella umana. La maggioranza di noi non porta la pistola, giusto? Però è socialmente indispensabile che alcune categorie, per esempio carabinieri e poliziotti, girino armate, anche se può capitare che un agente impazzito usi la pistola per sterminare la famiglia. Ma non bisogna lasciarsi prendere dal panico».

Che cosa frena la ricerca in Italia?

«La mancata selezione in base al merito. L'esiguità dei finanziamenti. I salari poco attraenti. Lo scarso prestigio sociale attribuito ai ricercatori».

Ma se siete considerati poco meno che divinità...

«Guardi che in questa società lo status è dato dai soldi. Gli studenti padovani più bravi che escono dai licei a quale facoltà crede che corrano a iscriversi? Legga le statistiche: a economia, non certo a biologia. Perché vogliono fare in fretta molti soldi e magari lavorando il meno possibile».

Lei quante ore lavora al giorno?

«Troppe. Ma non mi lamento. Qua dentro siamo in 12 e tutti lo facciamo per passione. Questo lavoro ha una forte componente artistica. Ti prende a ogni ora del giorno e della notte. Avrebbero preteso di far timbrare il cartellino anche ad Albert Einstein, quando fu assunto all'Ufficio federale dei brevetti di Berna. Lui obiettò: "Ma signori, non è possibile: io penso anche quando sono al cesso"».

RAFFAELE MORELLI
Non siamo nati per soffrire

A partire dal 1983, la rivista *Riza psicosomatica*, edita dall'istituto di medicina e psicoterapia Riza, ha distribuito (in ordine strettamente cronologico) le seguenti certezze: i tumori hanno origine psicosomatica; il Natale in solitudine fa male; le donne in carriera vanno incontro a calvizie precoce; l'italiano è l'uomo più insicuro e pauroso del mondo; tradire il partner fa vivere meglio; i dolori articolari sono nemici della sessualità; l'umore ascellare secreto dall'uomo durante il rapporto sessuale, opportunamente distillato e somministrato sotto forma di gocce nasali, aumenta il potenziale di fertilità nella donna; gli italiani sono «disposti a tutto» per migliorare il loro aspetto fisico; 8 coppie su 10 fanno l'amore sempre nella stessa posizione, quella volgarmente detta «del missionario»; gli insonni preferiscono Maurizio Mosca; letture, musica e luci sono adatte contro la stipsi; fare l'amore allunga la vita; il walkman appoggiato sul pancione fa bene al nascituro; più invecchiamo e più diventiamo egoisti; l'allergia allo sperma del partner è causa di sterilità; gli avvocati sono la categoria più a rischio per l'ipertensione; due italiani su tre sono perseguitati da un chiodo fisso; un italiano su due tradisce «per allegria», almeno d'estate; 8 italiani su 10 sono schiavi della routine; 40 italiani su 100 soffrono di ansia da «feste sotto l'albero»; le coppie più felici sono quelle che parlano meno; i guadagni record e il posto fisso sono fonte di stress; per 6 donne su 10 il matrimonio è la prima causa di depressione; a Natale lo stress da cenone e regali colpisce 6 italiani su 10; i primi giorni di gennaio sono i peggiori dell'anno per 7 italiani su 10; l'ufficio è la tomba della felicità per 6 italiani su 10; in ufficio 6 italiani su 10 s'ammalano d'infelicità; d'estate il «tipo da spiaggia» non incontra più, prevale la timidezza; a Natale lo stress da regalo colpisce 7 italiani su 10.

Aspettando che venga la stagione giusta per scoprire se lo stress natalizio, in un crescendo rossiniano, riuscirà a colpire 10 italiani su 10, cioè il 100 per cento della popolazione, incontro il professor Raffaele Morelli, psichiatra e psicoterapeuta, fondatore di Riza (radici, in greco) e direttore dell'omonima rivista di psicosomatica. Il quale ha avuto l'accortezza di stabilire istituto e redazione in via Anelli ma con ingresso da via Quadronno, la strada di Milano che fin dall'Ottocento vanta il più alto tasso di cliniche private. Per cui, se proprio non sei soddisfatto, uscendo da Riza puoi sempre infilare la porta che sta di fronte, quella della casa di cura La Madonnina, dove prese congedo dal mondo il depresso che abbiamo amato di più: Indro Montanelli.

Sessant'anni, figlio di un pugliese che nel dopoguerra immigrò nella capitale del Nord per operare in Borsa, ospite fisso di Maurizio Costanzo in Tv, autore di best-seller dai titoli piacevolmente assertivi – da *Ciascuno è perfetto* a *Non siamo nati per soffrire* – editi da Mondadori, simpatica faccia da impunito che piace molto alle donne, sposato due volte, tre figli, all'approccio ravvicinato il professor Morelli si rivela assai meno banale dei sondaggi che spaccia mensilmente sulle sue riviste (oltre a *Riza psicosomatica*, primo mensile di psicologia nato in Italia, 60.000 copie, *Dimagrire* e *Salute naturale*). E soprattutto dimostra un apprezzabile understatement quando cita, senza minimamente adontarsene, l'incipit della voce *Psicosomatica* che gli ho dedicato nel mio *Dizionario del buon senso*: «Ogni mese una tempesta neuronale investe la redazione della rivista *Riza psicosomatica*. Le idee cadono direttamente dalle teste sulle scrivanie, proprio come i goccioloni di pioggia quando cominciano i nubifragi, lavando via tutte le precedenti conoscenze scientifiche. D'altronde "*Riza* nasce dall'esperienza ventennale di un gruppo di medici e psicologi per i quali la mente e il corpo non sono due entità fra loro separate, anzi funzionano all'unisono". Me cojoni, direbbero a Roma. Ne sarà felice Aristotele, che 2.300 anni fa aveva intuito come l'uomo fosse un sinolo, un'unità vivente indivisibile». «Lei scrive cose molto interessanti», chiosa ruffiano.

Ha avuto un'infanzia felice?

«Felice non direi. Mio padre perse le terre al Sud e dovette ripartire da zero al Nord. È rimasta a lungo in famiglia quest'idea di fatica e di sofferenza».

Utile promemoria.

«Una cultura muore nelle abitudini. L'atavismo ci impone modelli che prendono il sopravvento su di noi. Se i giovani non distruggono questi modelli, accadono tragedie. Quando Geronimo, il capo navajos *(apache, in realtà, ndr)*, fu sconfitto dagli Stati Uniti dopo trent'anni di guerra, si rivolse così ai soldati che l'avevano catturato: "Com'è possibile che un solo Dio abbia scelto voi che siete stupratori, assassini, gente senza parola che non rispetta la natura?" Eppure i grattacieli di New York sono nati da questa gente».

Quando e perché ha fondato l'istituto Riza?

«Nel 1979, dopo essermi laureato in medicina e specializzato in psichiatria. Mi appassionava il rapporto fra mente e corpo. Ero stato anche in Cina, con Mao ancora vivo».

Per ragioni ideologiche?

«No, c'ero stato perché, come diceva anche Carl Gustav Jung, non puoi fare questo lavoro senza approfondire le religioni e i miti. Se uno psichiatra prescrive farmaci e basta, ha fallito il suo compito, meglio che cambi mestiere».

Quanti pazienti visita in questo studio?

«La psicoterapia occupa il 40 per cento del mio tempo. Il resto è scrivere, divulgare, insegnare».

Mi tolga una curiosità: che cosa sono i "fiori di Bach" pubblicizzati su Riza psicosomatica*?*

«Il compositore tedesco non c'entra niente. Parliamo di Edward Bach, medico omeopata gallese, il quale nell'Ottocento scoprì che diluendo le essenze dei fiori si possono curare taluni malesseri».

Lei ci crede?

«C'è una verità antica nel rapporto tra uomo, piante e animali. La nostra è la prima epoca, nella storia dell'umanità, in cui si cammina senza cercare un fiore. Siamo sempre più distanti dalla natura. In Africa, quando nasce un bimbo, si pianta un albero».

Anche nel mio giardino in Italia.

«Ci sono fiori più forti al mattino, altri al tramonto. Tu che pianta sei? Questa è la prima domanda che pongo ai miei pazienti. Se sei ciclamino e vuoi fare la quercia, non va bene. Ho conosciuto il settimo rabbino di Lubavitch, un grande saggio del chassidismo. Il quale diceva: "Tutti i giorni cerco la tristezza". È una massima che ho fatto mia. Siamo una cultura che sta in superficie, che ci obbliga a ridere sempre, a mostrarci sempre felici. In realtà la depressione è una struttura dell'essere, funzionale all'essere: non viene perché sei sbagliato, viene per azzerare un'esistenza sbagliata, per costringerti a riflettere. In questo senso la tristezza è sacra».

L'hanno definita «lo psichiatra più amato dalle italiane».

«Non lo so. Non so neppure se sia vero».

Il «118 della psiche» l'ha staffilata il critico televisivo Aldo Grasso.

«I miei discorsi vengono da molto lontano. Sto scrivendo un saggio sulle azioni minime. Conosce l'olandese Jan Vermeer?»

Il pittore caravaggesco?

«Lui. Nel Seicento, mentre tutti dipingono Madonne, Vermeer si dedica alle figure domestiche, la cuoca, la merlettaia, e le inonda di luce mentre compiono le loro azioni minime. Perché mai? Perché c'è una luce interna nel nucleo primordiale del sé, che si manifesta quando siamo immersi nelle cose che facciamo. La stessa idea l'ho ritrovata nello zen, la corrente del buddhismo diffusa in Cina, la cui essenza si riassume in quattro parole: mai nessun secondo pensiero. Quando mangi, mangi. E basta».

Si parlava del «118 della psiche».

«Tutti vogliono spiegarmi perché stanno male: un amore finito, un lavoro odiato, una vita sbagliata, un lutto. Io gli dico: non m'interessa la causa, l'unica cosa da fare è guardare il dolore con gli occhi di adesso. Che ore sono? Ecco, guardi il dolore delle 9 e 20. Altrimenti passa l'idea che il dolore sia sempre uguale. Mica vero. Alle 16 e 40 sarà diverso».

Non sembrerebbe di grande conforto.

«Spesso noi trasformiamo anche la morte in un alibi. Se esiste la morte, significa che ha una funzione strutturale. E se i morti avessero bisogno di noi per essere ricordati nella gioia? Le patate, messe al buio della cantina, buttano germogli. Come mai? E se ci fosse qualcosa che germoglia anche negli stati peggiori dell'anima? È poi così importante vivere a lungo? Per l'anima no».

Ma l'anima esiste?

«Sì. L'anima è il nostro io più autentico: quello che si emoziona e agisce d'istinto. Purtroppo l'abbiamo smarrito. Io non sono niente, non sono nessuno, non so chi sono, non so dove vado. Sono contento, depresso, felice, entusiasta. Non ho un giudizio da dare su di me, non so se valgo o se non valgo. Ma ho una certezza forte: devo essere presente al mio disagio. Un uomo intelligente, maturo, ha questa idea di sé. Dobbiamo togliere la maledizione di mettere il pensiero sul dolore. Se mediti sui disagi, li cronicizzi. In tal senso posso essere considerato un 118 della psiche: riesco a mandarli via rapidamente».

È sicuro?

«L'ho provato su di me. Ero molto irrequieto, ansioso, tachicardico, incazzoso. Tenevo i musi per tre-quattro giorni. Poi mi sono domato e ora non mi succede più».

Secondo Riza *la gelosia provoca mal di testa, ulcera, irritazioni alla pelle, depressione e infarto.*

«Verissimo. Abbiamo un'idea sbagliata dei demoni: li scacciamo, e così li rinforziamo. I santi li vogliono reprimere. I saggi detestano i santi. E dicono: toh, guarda, arriva la gelosia, devo soccombere, osservare la sua forza dentro di me e la sua capacità di sconfiggermi. Non la puoi vincere col ragionamento».

Secondo Riza *intelligenza è uguale a furbizia per 7 italiani su 10.*

«Io mi ritengo intelligente».

Secondo Riza *tra gli infiniti poteri di Maurizio Costanzo vi sarebbe anche quello di far passare il mal di testa a chi lo guarda in Tv. Non dipenderà dal fatto che lei ormai fa parte dell'arredo di quel salotto?*

«Quando uscì il servizio da lei citato, ero ospite del *Maurizio Costanzo Show* una volta l'anno».

In precedenza però aveva consigliato: avete mal di testa?, ascoltate Mozart e Chopin, in alternativa guardate La macchina del tempo, Ci vediamo in Tv *e* Film Dossier, *e se proprio non vi passa «si può sempre rimediare col kamasutra».*

«Erano sondaggi compiuti da società specializzate».

Ma lei sa quante sono le posizioni del kamasutra?

«No».

Sessantaquattro.

«Ah sì?»

Perché va in Tv?

«Per ambizione, sete di successo, soldi. Certo, per tutte quelle cose lì. E perché la vita mi ci ha portato».

Non si offenda, ma dà la sensazione d'assomigliare a un jukebox: Costanzo le infila il gettone e lei suona la musica adatta.

«Può essere vero. Da lui ho imparato a non concludere le frasi».

Non bisogna concluderle?

«No, assolutamente. Espressioni come "allora, concludendo" oppure "tiriamo le somme" sono prive di senso. La vita non tira le somme. Noi siamo qui e ci diciamo delle cose. Alcune le approverà, altre le disapproverà. Spesso mi chiedo: ma la gente capirà quello che dico?»

Io penso di no.

«Ecco, lei pensa di no».

Secondo Riza *7 italiani su 10 hanno il vizio di mentire. Lei racconta mai bugie?*

«Sì, caspita, eccome!»

A chi?

«La bugia è sempre lecita quando viene minacciato il nostro spazio interno».

Secondo Riza *in 8 italiani su 10 albergano «rancore, invidia, violenza e ogni genere di cattiveria».*

«I rancori sono il veleno peggiore dell'anima. Quando noi odiamo, ci autointossichiamo. Il cervello trasforma di continuo l'intelligenza in materia. Al pari dell'intestino, che assorbe dal cibo le sostanze nutritive e scarta le feci, il cervello prende il sangue e lo trasforma in coscienza, scartando i pensieri. I ricordi sono scarti».

Non ha qualche nemico al quale l'ha giurata?

«No, no. In passato. Ma ora ho un trucco: l'arte di non decidere mai. Mai, eh. Qualsiasi evento che mi capita, mi ferisce adesso, non fra un'ora. Mi sono dato uno slogan: il pensiero è il mio nemico. Io sono convinto che oggi si muoia di Alzheimer, malattia del pensiero e della memoria, perché ragioniamo e ricordiamo troppo. Abbiamo imparato infinite nozioni inutili. Mandiamo i bambini a scuola a 6 anni e li riportiamo a casa a 23 che non sanno fare niente. Niente. Non gli abbiamo insegnato nulla. Per apprendere qualcosa devono iscriversi ai master. Noi occidentali, che eravamo i più semplici, abbiamo imparato a complicare. I cinesi, che erano i più complicati, hanno imparato a semplificare e ora ci fanno un mazzo così».

Secondo Riza *tradire il partner fa bene alla salute.*

«Non deve diventare un imperativo. Ma quando in una coppia l'eros si spegne, è bene che si riaccenda altrove. L'eros non è il luogo del godere e neppure, come pensano i beceri, la prosecuzione della specie. Basta aver letto *Amore e Psiche* per sapere che l'eros è la sostanza del divino».

Non ha l'impressione che vi fossero meno scontenti e depressi quando c'era da ricostruire l'Italia e la gente andava dal confessore?

«Bellissima domanda. Sì, ne sono convinto anch'io. Vede, nel dopoguerra avevamo quattro idee forti: primo, poche regole; secondo, ricostruire ciò che era stato distrutto; terzo, produrre benessere; quarto, impedire che i nostri figli facessero la vita di stenti che era toccata a noi. Ma oggi? Quando una civiltà non ha un progetto, è destinata a finire. Ci piaccia o no, l'Occidente sta tramontando».

Si sente un guru?

«Detesto chi indica la via».

La sua rivista ha proposto di tornare a mangiare con le mani e leccarsi le dita. Vale la pena di chiedersi perché fu inventata la forchetta.

«Era un numero basato sugli istinti. Sono stato parecchio tempo in Africa a studiare il linguaggio del corpo. Io uso la forchetta».

Due anni fa l'istituto Riza organizzò un workshop all'hotel Executive di Milano dove per 240 euro insegnava «l'arte di essere felici» in dieci regole. Me ne detta due o tre gratis?

«Uno: stare nel presente, guardare i tormenti dell'anima con gli occhi di adesso. Due: devo incantarmi, essere preso da ciò che faccio. Tre: mai pensare alle cause. "Sto male perché..." Via la parola "perché". Quattro: essere semplici. Per gli africani un buon leone ruggisce, una buona pecora bela, una buona edera s'arrampica».

Ma è proprio sicuro che la felicità esista?

«Sì. Però non la puoi incontrare cercandola. La trovi solo negli occhi dei bambini: lì si vede benissimo che esiste. È uno stato naturale del cervello».

Ha mai lavorato in un ospedale?

«Ho lavorato nella clinica psichiatrica universitaria di Affori, nella guardia psichiatrica del Policlinico, al San Raffaele. Ma penso che in ospedale vadano trattati solo i casi acuti. Questo lavoro si fa in studio».

«Non siamo nati per soffrire», lei dice. E per che cosa siamo nati, allora?

«Per allargare la coscienza, per diventare uomini e donne».

Che cosa le dà gioia?

«Stare con me stesso».

Le capita mai di piangere?

«Sì, sì, sì. Anche senza motivo. Sento una tristezza profonda e la accolgo fino al pianto. Percepisco l'inutilità delle migliaia di azioni che compio. Ma lei fa lo psicoanalista, non il giornalista».

Qual è stato il dolore più grande della sua vita?

«La morte di mia madre quando è avvenuta. La morte di mio padre ogni volta che lo ricordo».

Dove pensa di finire dopo morto?

«Siamo energia animale. Energia perenne. Tutto ciò che muore si trasforma in energia intelligente. Francamente di più non saprei dirle».

FEDERICA MORMANDO

Come sopportare la vita

A 2 anni e mezzo Federica Mormando aveva già imparato a leggere per conto suo. Merito di un quoziente intellettivo più che doppio rispetto alla media, cioè superiore a 200 – un caso ogni 1,5 milioni di individui – quando la curva gaussiana della popolazione mondiale si situa fra 77 e 122 punti e il presidente americano John Fitzgerald Kennedy si fermava a 119. Ma, benché fosse figlia di un direttore didattico e di una maestra, non fu mai iscritta alla prima elementare. I genitori le fecero saltare anche la seconda, la terza e la quarta.

La madre, Vittoria Sorge, che lei definisce «una persona orribile, cattivissima, distruttiva, stupida, peggio che isterica e molto violenta», la teneva segregata in casa. A 3 anni Federica trovò un modo tutto suo per comunicare col mondo: gettava dalla finestra i giocattoli e poi stava a osservare di nascosto per ore gli scalcinati ragazzini della periferia milanese, appena uscita dalla guerra, che se li contendevano nel cortile di casa. Quando ebbe 30 anni, questi suoi coetanei la rintracciarono per invitarla a cena. «Volevano conoscermi. Scoprirono che io sapevo tutto di loro e loro non sapevano nulla di me».

Gli unici momenti spensierati della sua infanzia la Mormando li ha vissuti con la zia Giuliana Sorge, «un caratteraccio, ma adorava i bambini e le mancava la perfidia di sua sorella, mia madre». Era l'assistente di Maria Montessori, l'insigne pedagogista. Nei mesi estivi portava con sé la nipote ai corsi che teneva in giro per l'Italia. «Avevo 5 anni e il mio compito consisteva nello spiegare alle maestre come s'insegna l'analisi logica col metodo montessoriano».

Non stupisce che a distanza di mezzo secolo da queste tribolazioni la professoressa Mormando, medico psichiatra e psicoterapeuta adleriana, dedichi la sua vita a quella che considera una vera e propria missione: scoprire la superdotazione intellettiva nei piccoli geni che né la famiglia, né i docenti, né i compagni riescono a riconoscere come tali. Aveva anche deciso di aprire una scuola tutta per loro a Milano. Andò a portare la notizia al suo maestro, lo scienziato Emilio Trabucchi, due giorni prima che spirasse. «È un bel nome», sorrise l'illustre farmacologo dal letto di morte quando lei gli annunciò che avrebbe voluto chiamarla scuola primaria Emilio Trabucchi. Poi, socchiudendo gli occhi, le disse: «La farà, la farà grande, la farà bella».

«Non potevo credere che quell'uomo profetico sbagliasse. Nel 1984 la feci, ma piccola e brutta. Era la prima in Italia e l'unica in Europa. Nel 1993 dovetti chiuderla, travolta dai debiti. Se parlavi di bambini superdotati in quegli anni, ti tacciavano di fascismo. Lo Stato non mi ha mai aiutata: nonostante fosse una scuola parificata, veniva considerata anche dal punto di vista fiscale alla stregua di una ditta privata. Mi rimane la soddisfazione d'aver accompagnato dai 3 anni fino alla quinta elementare una settantina di allievi che sono arrivati al top nel mondo del lavoro e della ricerca o stanno completando con profitto gli studi universitari».

Oggi Federica Mormando continua a occuparsi di fanciulli superdotati come responsabile per l'Italia di Eurotalent, organizzazione non governativa fondata a Parigi da Jean Brunault, uno psicologo francese padre di due figli geni. Presso l'Università di Bergamo tiene corsi di perfezionamento sugli stili didattici da adottare per valorizzare i quozienti intellettivi elevati. Ha trovato un interlocutore attento nel professor Giuseppe Bertagna, ordinario nella facoltà di scienze della formazione, la mente della riforma Moratti. «La sinistra, abbarbicata a un malinteso egualitarismo, ci ignora. Strano, visto che ad Akademgorodok, la città della scienza creata in Siberia, i sovietici avevano aperto un istituto per i ragazzi di intelligenza superiore selezionati in tutta l'Urss».

Lei come fu selezionata?

«Non lo fui. A 7 anni la mia comprensiva zietta riuscì a darmi una maestra di pianoforte. Dopo tre mesi di studio ebbi un'audizione dal direttore del Conservatorio di Parma. Il quale gridò al miracolo: "Diventerà una grande musicista". A quel punto mia madre fu ben felice di proibirmi lo studio della musica. Finalmente venni ammessa in quinta elementare. Mi trovai malissimo. Non capivo che cosa fossero i pensierini o perché si dovessero leggere solo tre pagine del sussidiario anziché il libro intero. Mi sentivo un'idiota. Per convincere i miei a iscrivermi al liceo classico dovetti minacciare il suicidio».

Come si chiamava suo padre?

«Giuseppe».

E non interveniva mai?

«Poverino, lui era un musicista intelligente, bravo, sensibile, ma depresso. Dirigeva una scuola famosa, la Tommaso Grossi di via Montevelino. L'ha frequentata il regista Maurizio Nichetti, che ci ha ricavato il film *Luna e l'altra*. Papà smise di suonare il violino. Io smisi di ascoltare musica: soffrivo troppo. Oggi ho ripreso, sono al terzo anno di armonica diatonica col maestro Zoran Lupinc. Un mese fa ho passato un'intera giornata a piangere senza motivo. Poi ho compreso il perché: avevo ritrovato la sensibilità musicale e stavo rivivendo il dispiacere di allora».

Ma lei non raccontava a suo padre delle angherie subite in casa?

«I bambini maltrattati non sanno nemmeno che esiste la possibilità di parlare con qualcuno. Mia madre era una pazza furiosa, mi tirava addosso gli scaffali. Sono viva per miracolo. Avevo 5 anni quando cominciai a pensare: ce la faccio ad andar via di casa? No. A 6 anni: ce la faccio ad andar via di casa? No».

Così ogni anno.

«Ogni giorno, ogni minuto. A 14 anni i miei si divisero e io dovetti rimanere con lei. A 19 mi risposi: sì, ce la faccio. E me ne andai via per sempre. Non la rividi mai più».

Rapporto tragico.

«Tragico ma chiaro. A volte, ascoltando le storie dei miei pazienti, penso: quanto sono stata fortunata rispetto a loro! Mia madre mi odiava, è vero, lavorava per il mio male, però senza doppi o tripli messaggi. Questo mi ha permesso di salvarmi. Ci sono genitori che affettuosamente ti ammazzano».

Ha lavorato negli ospedali?

«Sono stata un anno in psichiatria al Policlinico, dove

ho imparato molto di ciò che non bisogna fare, e poi al Niguarda. È stato difficile scegliere, una volta concluso il liceo, tra filosofia, lettere, fisica e medicina. Ho definito il mio scopo: combattere il dolore, capire le persone. Quindi medicina. L'ho odiata, ma l'ho fatta».

Perché l'ha odiata?

«Non sopporto il male degli altri e non so fare le iniezioni. Frequentavo l'Istituto di farmacologia, un moderno tempio della scienza diretto dal professor Trabucchi, fratello dell'ex ministro dc, un ingegno superiore capace di suscitare le menti, un frate generoso. Alle cinque del pomeriggio suonava il campanello e ci convocava tutti intorno a sé per il rito del tè con i biscotti. Un momento d'incontro senza gerarchie, anche se lui indossava il camice bianco. Mi mise a disposizione un romantico laboratorio tutto mio. Ma non ero tagliata per gli esperimenti sui ratti. Diventammo amici il giorno in cui il professor Paolo Mantegazza, che poi sarebbe divenuto rettore della Statale, prese il suo posto alla guida dell'istituto e diede ordine al bidello Adelmo di non servire più il tè».

Ha avuto altri maestri?

«Bruno Bettelheim. Cercò di aiutarmi. Conoscere lo psicoanalista statunitense di origine austriaca e decidere di creare una struttura simile alla sua Orthogenic school fu tutt'uno. Di superdotazione a quel tempo non parlava nessuno, a parte don Calogero La Placa, parroco di Petralia Soprana, in Sicilia, che nel 1967 aveva raccolto tra le pecore una cinquantina di piccoli pastori di elevato quoziente intellettivo. Quei bambini oggi sono tutti laureati, ma il prete ha dovuto chiudere il villaggio, inseguito dai creditori. Al suo posto è stato aperto un ristorante».

Bettelheim passava per dispotico.

«Era solo molto lineare. Nella sua scuola rappresentava l'autorità assoluta. I piccoli affetti da autismo avevano bisogno di una guida, riconoscibile fin dal rumore dei passi sul pavimento. Bettelheim li ha fatti evolvere tutti verso la normalità senza usare farmaci».

E come?

«Avvalendosi della sua atroce esperienza di prigioniero nei campi di concentramento. A Dachau e Buchenwald aveva osservato che persone assolutamente normali impazzivano per il senso di totale impotenza dinanzi agli eventi. Con i suoi allievi adottò il percorso inverso: li fece sentire importanti, capaci d'incidere sull'ambiente circostante. E infatti alcuni di loro oggi occupano posti di responsabilità».

Ma lui si suicidò infilando la testa in un sacchetto di nylon.

«Aveva 86 anni, era rimasto solo dopo la morte della moglie. Un lieve ictus fu premonitore dell'impotenza che gli sarebbe derivata dalla perdita delle facoltà mentali. Non poteva accettarla».

Come si riconosce il superdotato?

«È precoce. A 3 anni sa già leggere. Fa domande articolate, che stupiscono. È realmente curioso. S'interessa ad argomenti grandi, universali: bene e male, vita e morte, giustizia e ingiustizia. La routine lo annoia. Ha un pool di capacità più ampio e modulato della media. Non è detto che sia più rapido, anche se noi, sbagliando, tendiamo a identificare la velocità con l'intelligenza. Sembra lento perché pensa».

Come vede i bimbi di oggi in generale?

«Dispersi. Disorientati. Gravati da responsabilità non loro e sollevati dalle loro. Privati del diritto a essere educati come persone forti, coraggiose, libere. Impediti nella concentrazione da mille stimoli. Affettivamente danneggiati, orfani delle figure di riferimento autorevoli. Crescono come se non avessero nulla intorno».

E i loro genitori?

«I figli dei figli del Sessantotto? Confusi. Non pensano, o pensano poco. Sono uno sciame inquieto di consumatori senza leader, come dice il sociologo Zygmunt Bauman, teorico della "società liquida". Inseguono le mode. Prenda lo sport, oggi di gran moda. Se io chiedo a una mamma quanto corre suo figlio, mi sento rispondere: "Nuota tre volte la settimana, fa judo e gioca a basket". Sì, ma corre libero nel parco? Mai. Ai bambini è impedita persino la sperimentazione delle loro capacità motorie».

Non molto incoraggiante per il futuro.

«Per di più il Sessantotto ha inoculato l'insofferenza per le gerarchie. A questi figli prepotenti non puoi dire che in classe devono obbedire alla maestra. Credono che l'unico principio valido sia quello del piacere. Risultato: una totale mancanza di progettualità da adulti. Si sposano mettendo già in conto che divorzieranno se qualcosa andrà storto. Chi glielo spiega che i problemi si possono affrontare insieme e risolvere?»

Una coppia dello stesso sesso è in grado di educare armoniosamente un bambino?

«No».

Che cosa sa fare un superdotato?

«Non è un marziano. Per diventare quello che è deve poter imparare, magari anche leggendo di nascosto. Tita Piaz, nato nel 1879 a Pera di Fassa, aveva davanti a sé il destino di un montanaro qualsiasi. Invece è diventato uno dei più grandi alpinisti del secolo, ha aperto una cinquantina di nuove vie, ha fatto da guida ad Alberto I re del Belgio. Teneva conferenze in tedesco e scriveva sui giornali in italiano, recitava in teatro, si occupava di politica, tanto da finire in carcere durante il fascismo».

Quanti ne ha conosciuti come lui?

«La percentuale è fissa: tre bambini su 100 hanno un quoziente intellettivo elevato. In classe si stufano, a meno che non trovino insegnanti illuminati. Quelli pervasi da un grande desiderio di popolarità abbassano le ali per rendersi simpatici alla maggioranza dei compagni. Si sentono diversi, inadeguati, incompresi e spesso finiscono con l'andar male a scuola. Purtroppo s'è realizzata la profezia di Gramsci».

Cioè?

«La cultura per tutti diventa una subcultura».

La cultura dev'essere appannaggio di pochi?

«Tutto è appannaggio di pochi, anche l'agricoltura quando è fatta bene. Niente può essere di tutti, men che meno la cultura, che richiede severità, applicazione, tempo e dedizione da parte dei docenti. Questa subcultura che vorrebbe dare a tutti il massimo in realtà non assicura a nessuno neppure il minimo».

Se i bambini superdotati hanno bisogno di attenzioni speciali, allora la chiusura delle scuole differenziali per quelli disabili fu un passo avanti o indietro?

«Fu un tradimento. Nel 1976 s'inventarono le insegnanti di sostegno, prive di qualsiasi competenza specifica, e misero insieme bambini normali e bambini con problemi gravissimi. Uno sbaglio terribile. Molti tipi di handicap hanno assoluto bisogno di ambienti diversi, materiali diversi, docenti diversi. È assurdo costringere questi alunni allo stile di vita della maggioranza».

Sempre più bambini finiscono in cura dallo psicologo. Come si spiega?

«Gli adulti non sopportano più niente. Se gli muore una persona cara prendono gli psicofarmaci perché non vogliono sentirsi tristi. Se un figlio è agitato o va male a scuola ha sicuramente bisogno del medico. Non sopportiamo più la vita: il lavoro è faticoso, l'insonnia è un problema grave, siamo sani ma abbiamo paura di ammalarci e la paura è un altro problema, salire su un aereo ci provoca attacchi di panico. Non capisco per quale motivo. Io reputo assolutamente naturale una sana diffidenza per un tubo in cui si sta chiusi ore e ore, sospesi a 8.000 metri dal suolo».

La Tv accende i cervelli o li spegne?

«Non permette di accenderli».

Ha senso far ripetere l'anno a un bambino della scuola primaria?

«Sì. Ha senso bocciare per fargliela ripetere bene. Ma non ha senso se si dà alla bocciatura una valenza punitiva».

Chi è più intelligente non sempre è più felice. Anzi, il suo collega Vittorino Andreoli sostiene che solo gli idioti sono felici.

«Dissento. Ma forse non ho visto abbastanza idioti».

PIER FRANCESCO NOCINI
Perdere la faccia

All'improvviso i dentini da latte di Clarissa si ritirarono fino quasi a scomparire nelle gengive. I genitori pensarono che fosse colpa d'una brutta caduta. Dopo qualche tempo la bimba cominciò a perderli, senza che venissero sostituiti da quelli definitivi. Per un anno e mezzo papà e mamma la portarono avanti e indietro da Monreale a Palermo per farla curare. «Con la pubertà tutto andrà a posto», li rassicuravano i medici. Ma intanto la figlioletta aveva i punti di sutura in bocca, non riusciva più a mangiare, soffriva molto. Fu allora deciso un prelievo istologico in anestesia generale. Il responso arrivò da Milano durante le feste di Natale: una neoplasia stava divorando la mandibola di Clarissa.

Agli straziati genitori un chirurgo parlò, come se nulla fosse, di pezzi di osso da segare, di lembi da rimodellare, di mascelle da tagliare, di innesti da fare. Solo che al colloquio era presente la piccola malata. A 9 anni i bambini sono in grado d'afferrare perfettamente il significato della parola tumore: qualcosa di molto brutto. «Mamma, andiamo via di qui», implorò Clarissa traumatizzata.

Bisognava fare presto, il male non aspettava. Amici

di New York consigliarono ai genitori di portarla al Memorial Sloan-Kettering hospital, un monumento alla mestizia fin dal nome. È il famoso "cancer center" dove andarono a farsi curare il povero Giovannino Agnelli, suo zio Gianni, gli scrittori Oriana Fallaci e Tiziano Terzani. Lì c'è il professor Jatin P. Shah, un luminare specializzato nei tumori della bocca.

D'inverno il clima nella Grande Mela non è certo quello di Palermo. Tutta la famiglia – padre, madre, due figli, suocera – si rifece il guardaroba e partì. Il professor Shah fu gentile e sbrigativo. Esaminò lastre e referti portati dall'Italia e concluse: «Si può operare». La visita, pochi minuti, era finita. Costo: 3.000 dollari. All'uscita la segretaria esibì il preventivo dell'intervento chirurgico: 350.000 dollari.

Il padre di Clarissa telefonò ai parenti in Italia: «Mettete in vendita la nostra casa, cercate di raccogliere più quattrini che potete». Poco dopo fu richiamato da un amico in pena per lui: «Ma hai provato prima a Bergamo? Anche a Bergamo fanno di questi interventi». Cambio del biglietto di ritorno: destinazione Milano anziché Roma. A Bergamo lo specialista scosse il capo e arretrò: «Mi dispiace, per un'operazione così complessa sarebbe molto meglio se vi affidaste al professor Pier Francesco Nocini. Lo trovate a Verona».

I palermitani giunsero nella città veneta sfiniti e disperati. Il professor Nocini li ricevette subito. Forse per non dar torto a De Amicis: ha sangue romagnolo nelle vene. O forse per l'impronta genetica che in quel sangue gli ha lasciato suo padre Sinibaldo, che fu medico di famiglia per 45 anni e fino all'ultimo accorse subito ovunque lo chiamassero, di giorno e anche di notte, come usava una volta.

Lo specifico del professor Nocini, 53 anni, mago della chirurgia ricostruttiva con oltre 6.000 interventi all'attivo, è restituire il sorriso a chi l'ha perso, e senza chiedere un soldo. Non si tratta di linguaggio figurato: dal direttore dell'unità operativa di odontoiatria e chirurgia maxillo-facciale del Policlinico, docente all'Università di Verona e alla Sapienza di Roma, i pazienti arrivano senza sorriso per ragioni fisiche, prim'ancora che emotive: malformazioni congenite, malattie, incidenti hanno portato via dal loro volto le mascelle, i denti e il naso, deformato mostruosamente le proporzioni anatomiche, infossato le orbite, aperto fenditure nel palato e nel cranio.

Il medico veronese è riuscito ad applicare la sua abilità chirurgica persino a una salma. Dopo l'esumazione dei resti di Cangrande I della Scala, ha ricostruito con una speciale resina, e l'ausilio del computer, il cranio del condottiero che dal 1314 al 1318 ospitò Dante Alighieri in fuga da Firenze.

Nell'ambito di questo programma intensivo di specializzazione che ormai è diventato una missione di vita, il chirurgo ha deciso di mettere la sua abilità a disposizione del Cerris, un centro di accoglienza per disabili, e del Sert, il Servizio tossicodipendenze dell'Ulss 20 del Veneto, «perché la prima cosa che la droga distrugge è il cavo orale».

La sala operatoria del professor Nocini, consigliere nazionale della Società italiana di chirurgia maxillo-facciale, è attrezzata come il bancone di un falegname: a paziente "aperto", lui lavora con trapani e frese per costruirgli in meno di 40 minuti le parti del viso perdute. Per farlo, utilizza porzioni di osso, di muscolo e di pelle prelevate in altre zone del corpo. È stato il primo al mondo a eseguire in contemporanea la ricostruzione del mascellare superiore e della mandibola utilizzando un unico lembo di perone, che ha rimodellato e inserito nella bocca del malato. Gli esiti, anche dal punto di vista estetico, sono a dir poco sbalorditivi.

Clarissa è tornata a sorridere. Per conseguire l'eccezionale risultato che osservo sullo schermo di un computer il chirurgo le ha asportato un pezzetto di gamba. Ma nessuno se n'è accorto, nemmeno lei, e la sua deambulazione non ne risentirà minimamente. All'inizio Clarissa era giustamente preoccupata: «Ma da grande potrò mettere le calze trasparenti senza che si noti la cicatrice nel polpaccio?» «Certo che potrai», l'ha tranquillizzata il medico.

Che tipo di patologia presentava la bambina di Monreale?

«Un mixoma angiomatoide che le aveva sovvertito la struttura anatomica mandibolare, alterando la funzione masticatoria e l'estetica del viso. Il dottor Juan Rosai, direttore dell'anatomia patologica presso il Centro diagnostico italiano di Milano, ha detto che in tanti anni d'attività non s'era mai imbattuto in un caso simile. Di solito il mixoma colpisce nella zona pelvica».

Perché fra tutte le parti del corpo umano ha deciso di dedicarsi proprio alla faccia?

«Nel 1978 rimasi molto impressionato da un ragazzo di 20 anni che giunse politraumatizzato al pronto soccorso di Pavia, dov'ero tirocinante. Oggi lo definiamo fracasso panfacciale. Quel giorno mi sembrò poltiglia: gli occhi non si vedevano più, il naso era completamente abraso, la faccia schiacciata e allargata come un piatto, tant'è che gli americani la chiamano in gergo *dish face*. Ricordo che la madre riuscì a riconoscere suo figlio solo dal colore dei pantaloni».

Quanti interventi simili a quello di Clarissa esegue in un anno?

«Una cinquantina. Per la microchirurgia abbiamo liste d'attesa di due anni e mezzo. Bambini, oncologici, malformati e traumatizzati hanno la precedenza assoluta. Ciò nonostante per i tumori bisogna stare in coda quattro mesi: troppi. Opero nei primi quattro giorni della settimana. Sarebbe indispensabile aggiungere il venerdì. So che il direttore dell'Azienda ospedaliera, con cui la mia clinica universitaria è integrata, se ne sta occupando attivamente, anche perché la Regione Veneto ci ha dato il riconoscimento di centro di riferimento regionale per l'attività di ricostruzione microchirurgica cranio-maxillo-facciale. Ma per operare di più occorre più personale. Qui già adesso medici e infermieri vanno oltre lo straordinario: quello che fanno dalle 16 in avanti lo considerano volontariato. È un sacrificio che da un lato mi commuove e dall'altro mi dispiace».

Da dove arrivano i pazienti?

«All'inizio, quando cominciai col mio maestro, il professor Paolo Gotte, per il 70-80 per cento giungevano da tutte le regioni d'Italia. Adesso questa percentuale è scesa al 35, segno che la microchirurgia si fa con eccellenti risultati un po' dovunque. Anche se continuano a mandarci casi particolarmente complicati. Di recente m'è capitato di dover ricostruire la mandibola e parte del collo a un soldato albanese di 25 anni devastato da una raffica di kalashnikov».

Quanto dura un intervento?

«Le ricostruzioni oncologiche fino a 14 ore. Si

comincia con la demolizione del viso e lo svuotamento del collo in monoblocco col tumore. Poi ha inizio la parte ricostruttiva utilizzando lembi ossei, muscolari e cutanei».

Che preleva da dove?

«Dall'addome, dall'avambraccio, dal dorso, dalla coscia, dalla cresta iliaca. Con un lembo di teca cranica si può rifare un'orbita oculare».

Lascia il cervello senza protezione?

«Ma no, la scatola cranica ha una sezione di 4-5 millimetri. Si porta via la metà di questo spessore e solo in una piccola porzione di teca. Un'altra grande risorsa è il perone, indispensabile nella chirurgia preprotesica. Serve per ricostruire il mascellare superiore o la mandibola distrutti da tumori, da gravi parodontopatie o da incidenti, consentendo il successivo impianto di nuovi denti. Stiamo parlando sempre di lembi ossei tolti allo stesso paziente, così da scongiurare qualsiasi rischio di rigetto».

Senza perone non si perde l'uso della gamba?

«Assolutamente no. Come potrei trasformare un malato in un invalido? Il perone è un osso accessorio di 35-38 centimetri, la tibia basta e avanza per tenerci in piedi. La difficoltà consiste nel toglierlo e nel suddividerlo in vari pezzi delle misure necessarie, conservando i relativi tratti di arteria e di vena, che poi saranno collegati ai vasi del collo in modo che l'osso continui a essere nutrito dal sangue e quindi possa crescere».

Ma come fa a ridare un naso a chi l'ha perso per un tumore o un incidente stradale?

«Lo rifaccio con un lembo prelevato dalla fronte, detto lembo indiano».

Perché indiano?

«Perché la sanzione per le donne indiane che tradivano il marito era il taglio del naso e dunque quelle popolazioni sono state le prime a trovare un modo per ricostruire l'organo mozzato».

Per fortuna la civiltà s'è evoluta.

«Ma perdere la faccia rimane, in tutti i sensi, l'evento più facile che possa capitare. Purtroppo nessuno ne tiene conto. Qui vediamo di tutto: dal marito che se la sfracella cadendo dalla scala mentre aiuta la moglie a installare le tende dopo il lavaggio, alla ragazza che sbatte contro il poggiatesta per una brusca frenata, ciò che m'induce a raccomandare l'uso delle cinture di sicurezza in auto anche a chi siede dietro. Lo stesso dicasi del casco. Indossarlo senza chiudere il cinturino è peggio che non averlo: nello scontro si trasforma in un oggetto contundente che pialla il viso».

Che idea s'è fatto dei tumori vedendoli da vicino e asportandoli?

«Che in futuro noi chirurghi non avremo più lavoro e la gente ci ricorderà come dei macellai. Il cancro è sicuramente una patologia della cellula. L'ingegneria genetica arriverà a salvare e a riparare ciò che adesso siamo costretti ad asportare col bisturi».

Che cosa prova quando restituisce un sorriso?

«Il sorriso viene da dentro, non è solo un fatto di mimica facciale. Stando qui s'impara a interpretare come un sorriso anche il movimento del labbro di un paziente che dopo una demolizione maxillo-facciale ti ringrazia senza parole perché si sente liberato dal peso del tumore. Diventa un sorriso guadagnato anche quello dei genitori che non sapevano più a che santo votarsi per rimediare a un difetto congenito dei loro figli. Magari per me non è stato un atto chirurgico impegnativo, però capisco d'avergli risolto in due ore il problema della loro vita. E allora mi chiedo: ma che merito ho io per disporre di questo potere?»

È un potere immenso, in effetti.

«A volte mi succedono fatti incredibili, che mi lasciano senza fiato. Un giorno viene a trovarmi un ex paziente, che avevo operato per una grave malformazione dalla quale fino a 22 anni s'era difeso chiudendosi in casa. Mi bacia e mi dice: "Sa, professore, mi sono finalmente fidanzato. È merito suo se potrò formarmi una famiglia. La prima volta che ho fatto l'amore ho pensato a lei!" M'è anche capitato che una donna, a cui avevo corretto il prognatismo, sia rimasta incinta e abbia partorito una bimba con lo stesso difetto. Il marito non se ne capacitava: "Ma scusi, professore, lei non l'aveva risolto il problema della mandibola?" Va' a spiegarglielo che il bisturi non agisce sul corredo genetico...»

Chi le ha chiesto di ricostruire il cranio di Cangrande I della Scala?

«Il professor Peter Vanezis, docente di scienze mediche legali a Londra presso la Queen Mary's school di medicina e odontoiatria, famoso per l'esame autoptico sulla salma della principessa Diana, per le consulenze all'Onu sui massacri in Bosnia e Ruanda e per le indagini sull'Uomo del Similaun. Come Oetzi, anche il signore degli Scaligeri, del quale non esistono ritratti, all'apertura del sarcofago appariva mummificato. La ricostruzione del cranio e l'analisi facciale ci hanno permesso di stabilire che era progenico, cioè dotato di mascella volitiva come i grandi guerrieri. Un risultato in netto contrasto con la statua in cui Cangrande è ritratto con un sorriso indecifrabile e un volto infantile, nonostante al momento della morte avesse 38 anni».

Cambiare i connotati un tempo era una minaccia, oggi è diventata una moda. Qual è il discrimine tra capriccio e necessità terapeutica?

«In un paziente io guardo innanzitutto la funzionalità dell'organo, bocca o naso che sia. Se la richiesta è solo estetica, non opero. Ma devo tener conto anche del disagio psicologico che un naso aquilino o gli zigomi sfuggenti possono provocare in certi soggetti, sino a precipitarli nel baratro della depressione. Ho imparato a distinguere dal modo in cui le persone si propongono».

Cioè?

«Chi cerca la miglioria estetica per puro capriccio è aggressivo, i suoi discorsi cominciano sempre con "io voglio". Invece chi soffre veramente mi dice: "Le sembrerà ridicolo, ma io con questa faccia non riesco a vedermi. Può fare qualcosa? Può aiutarmi?" A quel punto intervengo. Nel caso delle persone sposate, non prima d'aver sentito il parere del coniuge».

E come mai le serve questo parere?

«Tempo fa m'è piombato qui un carrozziere alto uno e 90, un quintale di peso, che voleva uccidermi perché la moglie, dopo un intervento correttivo, era scappata via con un altro uomo. "È tutta colpa sua, professore, l'ha fatta diventare troppo bella", urlava impazzito».

Che cosa pensa del primo trapianto di faccia eseguito ad Amiens su una donna di 36 anni alla quale un cane aveva strappato a morsi naso, labbra e mento?

«Apre una nuova frontiera nel trattamento delle deformità facciali. Ma non bisogna dimenticare che implica la necessità di assumere per sempre una terapia antirigetto non scevra da rischi e dagli effetti collaterali pesanti. Per non parlare dei problemi di ordine psicologico, deontologico e sociale legati al fatto di dare al paziente il viso di una persona defunta. Vorrei ricordare che per molto meno, una mano trapiantata, il primo monco che se la fece innestare chiese successivamente al chirurgo di amputargliela: sentiva che non gli apparteneva».

Lei ha mai avuto casi simili?

«Ho avuto pazienti, ai quali avevo corretto gravi malformazioni, che non si sono riconosciuti nonostante il loro aspetto fosse notevolmente migliorato. E proprio per questo diffido del trapianto di faccia».

Nell'attività di rimodellatore non ha mai paura, al momento d'entrare in sala operatoria, di sbagliare, di creare un mostro?

«Sì, ho paura di non farcela, di dover interrompere il lavoro a metà. Quando l'intervento riguarda la demolizione per grandi tumori e la ricostruzione, passo i due giorni precedenti e i due giorni successivi a interrogarmi: sarò nel giusto? non tradirò la fiducia del malato che ha chiesto il mio aiuto? Mi sento inadeguato, mi sembra una responsabilità troppo grande per una persona sola. Penso molto e mi consumo molto, temo di non essere all'altezza del compito. Quando la persona che devo operare è una donna al terzo mese di gravidanza e suo marito mi chiede: "Almeno può fare in modo di darle il tempo per riuscire a vedere nostro figlio?", resto senza parole».

FRANCESCO PERUGINI BILLI
Grasso è bello (e buono)

Ma va' là dieta mediterranea. Aprite bene le orecchie, e soprattutto lo stomaco. La mattina, per colazione, solo burro, pancetta, uova e pane. Latte e yogurt che siano interi, rifiutate categoricamente quelli scremati. Del pollo arrosto abbiate cura di mangiare la pelle. Spiluccate le cartilagini. Succhiate ben bene il midollo delle ossa. Non lavorate mai di coltello per separare la carne rossa di una costata dal grasso che la circonda. Del pesce divorate anche la testa e le squame. E non dimenticate il fegato alla veneziana, il rognone trifolato, le frattaglie.

Come dite? Vi sentite già male? Su con la vita. Semmai a curarvi ci pensa il dottor Francesco Perugini Billi, medico chirurgo, diplomato in biotecnologie e medicina naturale (alla Statale di Milano), fitoterapia (all'Università di Siena), omeopatia, omotossicologia e ayurveda. È lui l'assertore di questi consigli alimentari, compendiati in uno slogan che è diventato anche il titolo di un volume con l'imprimatur di Gianni e Paola Mura, coppia gourmand del giornalismo italiano: *Mangia grasso e vivi bene*. Con un'avvertenza a pagina 2: «L'autore e l'editore non si assumono la responsabilità di un eventuale uso improprio delle informazioni mediche contenute nel libro». Anche quelle contenute nella copertina non scherzano: «Non è vero che il colesterolo e i grassi saturi causano l'infarto. I grassi sono fondamentali per il vostro benessere. Una dieta povera di grassi è inutile e non fa vivere più a lungo».

«Ho avuto il coraggio di espormi», si riconosce il merito l'eretico dell'alimentazione, 49 anni, originario di Fano, dal 1979 residente in Lombardia, sposato con un'insegnante e padre di due figli, già medico interno agli Ospedali riuniti di Bergamo, al Bolognini di Seriate e al Policlinico di Ponte San Pietro. Ora si dedica solo alla libera professione. Il suo verbo, diffuso anche su Internet attraverso un sito che totalizza ogni mese 12.000 visite e 50.000 pagine lette, lo ha costretto ad aprire ambulatori anche ad Assisi e a Roma per venire incontro alle richieste dei pazienti del Centro e del Sud Italia e gli ha procurato una docenza all'Università di Cosenza nonché inviti per consulenze scientifiche e conferenze in tutta Europa. Grasso che cola.

Il dottor Perugini Billi, studioso equilibrato e dal girovita invidiabile che nel portapenne sulla scrivania tiene in bella vista una matita gialla promozionale dell'Emmentaler, è arrivato alle sue conclusioni grazie a «un amore viscerale per Madre Terra» e per tutto quello che ci cresce sopra. «Sono nato con le piante in mano, a 4 anni tenevo i lombrichi e le formiche nelle tasche del grembiule». Si dice arcisicuro che l'umanità sia vittima di un complotto mondiale scaturito da un dogma indimostrato: la teoria lipidica. Quella secondo cui l'aumento del colesterolo e dei grassi saturi è legato a una maggiore incidenza delle patologie cardiovascolari, a cominciare dall'infarto.

Non è vero?

«L'ha detto. Controprova: nei Paesi occidentali abbiamo fatto di tutto per "sgrassare" la nostra dieta. Via il burro, via il lardo, via lo strutto, via la panna, via l'olio d'oliva. Eppure la popolazione ingrassa sempre di più e il diabete dilaga. Nella sola Europa l'obesità è aumentata del 50 per cento negli ultimi 5-7 anni. Come si spiega?»

Non facciamo più movimento, lavoriamo solo col cervello anziché con le mani, siamo sempre seduti.

«Non basta a spiegare. Siamo in presenza di una bugia sesquipedale dettata da precisi interessi economici. Gli ultimi popoli cacciatori e raccoglitori consumavano fino al 60 per cento di grassi ed erano snelli, asciutti. Ma a noi hanno tolto i grassi. Per cui siamo costretti a compensare con i carboidrati: pane, pasta, merendine. Cioè farine e zuccheri. Ora, già il famoso gastronomo Anthelme Brillat-Savarin, nel suo *La fisiologia del gusto* edito nel 1825, notava come l'obesità fosse la conseguenza di una predisposizione naturale unita all'eccessivo consumo di fecole e farine. I grassi non ingrassano: sono gli zuccheri che ingrassano. I grassi saziano prima e per maggior tempo. Se ne mangiamo troppi, provocano nausea. Di fronte a un panetto di burro, provi lei ad andare oltre uno o due cucchiaini. Di fronte a dieci pasticcini, invece, la sfido a fermarsi».

Chi ha interesse a farci ingrassare?

«L'industria farmaceutica, che contro il colesterolo ci vende le statine. Gliele raccomando, quelle. E l'industria alimentare, che s'è inventata le margarine, l'olio di semi, l'allevamento intensivo. È chiaro che il grasso, per non farci ingrassare, dev'essere grasso buono. C'è una bella differenza fra un maiale stabulato, rimpinzato di silati e soia, e una cinta senese che cresce in libertà. Sono riusciti persino a trasformare la mucca, che è un erbivoro, in un granivoro. Lei sa che cosa sono gli omega 3?»

Roba buona per il cuore.

«Acidi grassi cardioprotettori, sì, presenti soprattutto in salmoni, sgombri e sardine, ma anche in certi organi degli animali terrestri, come cervello, occhi, ghiandole surrenali, gonadi, su cui non a caso i popoli primitivi si gettavano con avidità appena uccisa una preda. Gli omega 6 invece sono da mettere in relazione a patologie infiammatorie, degenerative, cardiovascolari, tumorali. Ebbene, nell'uovo deposto dalla gallina che vive allo stato brado il rapporto fra omega 3 e omega 6 è di 1 a 4. Nell'uovo della gallina d'allevamento è di 1 a 19. Siamo quello che mangiano i nostri animali».

I vegetariani non mangiano grassi. Dovrebbero essere tutti defunti.

«Uova, latte, formaggi fanno parte della dieta vegetariana. Diverso è il discorso per i vegetaliani, o vegani, che rifiutano qualsiasi cibo di origine animale. E sbagliano di grosso. Fra i popoli della terra, nessuno è mai stato vegano. I bambini, per crescere, hanno bisogno di grassi. È criminale dare il latte scremato a un ragazzo, perché il cervello e il sistema nervoso sono fatti al 70 per cento di grassi. I problemi cognitivi e la demenza senile sono il risultato di questa maniacalità grassofobica. Bisogna mangiare meno e mangiare meglio, senza aver paura di mangiare grasso. I grassi sono fondamentali perché molti fattori protettivi – vitamine, minerali, antiossidanti – sono liposolubili».

Si sciolgono solo nei grassi.

«Appunto, sono assimilabili solo in presenza di grassi animali nell'intestino. Quindi con un'alimentazione ossessivamente magra andiamo incontro senza accorgercene a malattie che spaziano dalla depressione all'osteoporosi, e questo a causa del mancato assorbimento delle vitamine liposolubili A, E, K e D, che sono fondamentali per la nostra salute, di cui il burro è ricco».

«Colesterolo, alcol steroideo presente sotto forma di placche nelle pareti dei vasi sanguigni in caso di arteriosclerosi». Sta scritto nel dizionario.

«Anni di martellante propaganda hanno persuaso la gente che il grasso si appiccica alle arterie fino a occluderle. Balle. Il grasso che circola nel sangue non è la causa dell'arteriosclerosi. Le placche sono conseguenza di processi lesivi infiammatori dovuti a tossine, microbi, fumo, sostanze chimiche, ipertensione, radicali liberi e alle conseguenti reazioni riparative. Come documentato su *The Lancet* fin dal 1994, l'ateroma è formato per il 74 per cento da acidi grassi di tipo insaturo, dei quali il 41 per cento polinsaturi. Sì, proprio quelli contenuti negli olii di semi. Li reclamizzano per scrostare le arterie e invece favoriscono l'ossidazione del colesterolo. L'80 per cento delle persone colpite da infarto non presenta livelli di colesterolo elevati».

Come, dove e quando sarebbe iniziata questa congiura?

«Il colesterolo nel sangue è stato scoperto nel 1812. Nello stesso secolo furono trovate anche le placche nelle arterie coronarie. La conclusione fu che il colesterolo alimentare era la causa delle malattie coronariche. Nel 1950 l'Associazione cardiologica americana puntò il dito contro l'eccesso di grassi animali nella dieta. Inutilmente il dottor Dudley White, padre fondatore della cardiologia, fece presente ai suoi infervorati colleghi che l'infarto era praticamente inesistente fino al 1900, quando il consumo di uova era tre volte superiore e non avevano ancora inventato gli olii "leggeri", tipo quello di mais. "Guardate", disse, "che io ho cominciato la professione di cardiologo nel 1912 e fino al 1928 ho visto un unico caso di infarto del miocardio, nonostante i miei pazienti mangiassero solo burro e lardo". Nessuno gli diede retta. La teoria lipidica parve a tutti plausibile, in special modo all'industria farmaceutica. Di fatto a smontarla sono le stesse statistiche americane».

Sentiamo.

«Prenda il tasso di mortalità. Dal 1910 al 1970 è aumentato del 3.010 per cento, dopodiché dal 1970 al 1990 è diminuito. Eppure in questi 80 anni il consumo di colesterolo e di grassi saturi è rimasto pressoché costante. Altra statistica. Il consumo di grassi animali dal 1910 al 1970 è sceso del 50 per cento, mentre quello totale di grassi e olii non ha subìto variazioni di rilievo. In compenso, per effetto della cospirazione dietetica sostenuta dall'industria agroalimentare, il consumo di olii vegetali è cresciuto quasi del 400 per cento. Quindi tuttalpiù si può dire che questi olii "buoni" hanno contribuito a incrementare le morti da infarto. Ma c'è di peggio».

Ormai sono pronto a tutto.

«Proteine e grassi non stimolano la produzione di insulina. Invece zuccheri e carboidrati sì, perciò l'organismo sviluppa una dipendenza da essi in tutto e per tutto simile a quella provocata dalla droga. Zucchero chiama zucchero, pane chiama pane, pasta chiama pasta. Le merendine hanno sui nostri figli un effetto oppioide simile, procurano cioè una dipendenza sia insulinica che cerebrale: quando gliele togli, vanno in crisi d'astinenza come i tossicomani. Con tutti i sintomi correlati: mal di testa, palpitazioni, ipotensione».

Non teme d'essere accusato di istigazione al suicidio?

(Ride). «La risposta non può essere altrettanto scherzosa, considerata l'alta incidenza di suicidi legata al calo della colesterolemia. Gli studi evidenziano un aumento sia dei suicidi che dei tumori nei pazienti che assumono statine. Il colesterolo è fondamentale nella regolazione del tono dell'umore e nella protezione contro il cancro».

Che rapporto ha con i farmaci?

«Non li uso mai. Ma all'occorrenza prescrivo anche gli antibiotici e il cortisone. Non sono uno sciamano. Mi considero un medico con la emme maiuscola che s'ispira all'aureo principio del *primum non nocere*, parto dai rimedi che fanno meno male, a cominciare da quelli naturali».

Pensa davvero che in natura esistano tutti i principi attivi indispensabili per mantenerci in buona salute?

«Di sicuro ce ne sarebbero ancora molti da scoprire, ma le multinazionali del farmaco non hanno interesse a farlo. Rendono di più le molecole, che una volta messe a punto si possono brevettare. Il 90 per cento delle malattie che non richiedono l'intervento del chirurgo si curano con la medicina naturale, questo è sicuro».

Undici anni fa il 55 per cento della popolazione americana diventò grasso da un giorno all'altro, contro l'11-13 per cento precedente. Il National heart lung and blood institute aveva deciso di ridurre la soglia dell'obesità. Obbedì alle industrie che vendono medicinali contro la dislipidemia?

«Fino a 25 anni fa l'ipercolesterolemia riguardava gli uomini di mezza età con un valore oltre 240. Dopo la Cholesterol consensus conference del 1984 i parametri cambiarono: sia maschi che femmine con colesterolo sopra i 200 milligrammi per decilitro di sangue andavano curati. Di recente il limite è stato ulteriormente abbassato a 180. In America 36 milioni di persone assumevano farmaci per il controllo del colesterolo; adesso si aggiungeranno 7 milioni di nuovi pazienti. Il fatturato di questo tipo di medicinali già nel 2003 ammontava a 26 miliardi di dollari. Esporti il dato a livello planetario, lo aggiorni e mi dica lei quale altro business più redditizio si poteva inventare. Piccolo particolare: 6 dei 9 esperti di colesterolo dell'Associazione cardiologica americana che hanno stilato le nuove linee guida sono stati accusati d'aver intascato soldi dalle multinazionali del farmaco».

Sempre negli Usa sei anni fa gli enti governativi hanno cominciato a definire preipertesi i pazienti che presentano valori pressori compresi tra 89 e 80 di minima. Quindi la pressione normale sarebbe quella al di sotto della soglia degli 80.

«Questo significa che 45 milioni di europei andrebbero trattati con farmaci contro l'ipertensione. Eppure una pressione intorno ai 90 di minima e ai 140-145 di massima contribuisce a irrorare meglio il cervello degli anziani».

Grassi assolti anche per l'ipertensione.

«Milano è la capitale italiana dell'ipertensione. Nell'industriosa e frenetica Lombardia il 33 per cento dei cittadini è iperteso, contro una media nazionale del 25 per cento. C'entra il colesterolo oppure lo stile di vita?»

C'è qualcosa che è bandito dalla sua tavola?

«La margarina. Un non cibo. Un cibo inventato, altamente processato, fatto con oliacci schifosi. Molto ma molto meglio il burro o lo strutto. Ma il consumatore quando vede scritto fra gli ingredienti "grassi vegetali" crede di trovarsi di fronte a un cibo sano, naturale».

Della dieta mediterranea che cosa pensa?

«Non è mai esistita. Un artefatto di menti fantasiose per vendere prodotti "made in Italy". Basta andare in Calabria a vedere che cosa fanno del maiale: mangiano pure le orecchie. Oggi il pesce è forse una delle principali fonti alimentari di metalli pesanti e sostanze chimiche tossiche e cancerogene».

Credevo fosse ricco di omega 3.

«Solo il pesce azzurro, non certo il branzino o l'orata. Purtroppo però i pesci più grassi sono anche quelli che accumulano più mercurio, policloruro bifenile e diossina».

Tutto ciò che piace agli uomini fa male alla salute. Come si spiega?

«L'uomo non si nutre solo per la sopravvivenza ma anche per il piacere. Il che ci porta spesso a fare scelte dannose per la salute. L'animale per istinto mangia solo ciò che gli fa bene. L'uomo può scegliere fra bene e male anche a tavola».

GIAMBATTISTA PRIULI
Il suicida mancato che fermò l'Aids

«Vedevo una lametta da barba e l'istinto era di tagliarmi le vene dei polsi. Passeggiavo sul molo a Marsiglia e la voglia era d'annegarmi in mare. Arrivava il tram e io anziché salirci sopra mi ci sarei buttato sotto. Finché una notte ho pensato che dovevo bruciare la casa d'accoglienza con i 350 barboni che ci dormivano dentro, così non avremmo più sofferto né loro né io. Mi sono visto morto». Quando Giambattista Priuli, medico chirurgo, parla del dolore, sa di che cosa parla. «L'indomani andai da padre Émile Allard e gli dissi solo questo: "Se mi troverà cadavere, si ricordi che non era nelle mie intenzioni uccidermi. È che proprio non ho potuto farne a meno"».

La casa d'accoglienza non bruciò, il depresso grave non morì. Né lo avrebbero piegato, in seguito, la tubercolosi, l'epatite cronica e anche un rapimento in Africa. Grandi cose erano state scritte per lui. Ma il giorno in cui il destino gli venne incontro sotto forma di un umilissimo arbusto, non se ne avvide. Era una pianta alta tre metri, che cresce spontaneamente vicino ai termitai solo lì, nel Sahel, al di sopra dell'Equatore. Le popolazioni locali ne usano le foglie per farsi il tè.

In Senegal la chiamano kinkéliba, alla francese. Con le varianti séxeo e duté per i Wolof; talli e gumuni per i Pulaar; sésed per i Sereer. Dai Djerma del Niger è detta kubu o tingelé; dai Mandingo dell'alto Niger baro o barairo; dai Diola della Costa d'Avorio butik, bititik o bitik; dagli Haoussa della Nigeria geza; dai Moré del Burkina Faso kenga, kalnyaka o kuligenga. Tanti nomi per un solo miracolo: «Questa pianta, il cui nome scientifico è *Combretum micranthum*, ha il potere di bloccare il virus dell'Hiv», assicura il dottor Priuli, che oltre a saperci fare col bisturi è anche esperto in vaccini. «Non guarisce l'Aids, però è in grado di rallentare l'evoluzione della malattia».

E se lo dice lui, bisogna credergli, se non altro perché i suoi pazienti lo chiamano «frère Fiorenzo», fratel Fiorenzo. Non è un prete però mezzo secolo fa ha pronunciato i voti di povertà, castità, obbedienza e ospitalità («uno in più rispetto ai miei "cugini" camilliani»), è un seguace di San Giovanni di Dio, il fondatore dell'ordine dei Fatebenefratelli, e lavora alle dipendenze del Padreterno nel nord del Benin. Dirige l'ospedale Saint Jean de Dieu a Tanguiéta, 216 posti letto. Fin qui siamo nel campo della fede. Per gli scettici va detto che fratel Priuli è anche il medico personale dei presidenti delle repubbliche del Benin e del Togo e periodicamente viene convocato a Ginevra dall'Organizzazione mondiale della sanità come consulente non solo per l'Aids ma anche per malattie tropicali devastanti, a cominciare dall'ulcera del Buruli, un morbo peggiore della lebbra. Le sue benemerenze umanitarie e prim'ancora scientifiche gli sono valse nel 2002 la Legion d'onore.

Grazie alle tisane di kinkéliba questo missionario

bresciano di 63 anni, originario di Cemmo, minuscola frazione di Capodiponte, in Val Camonica, sta portando in piedi dal 1981 l'epatite B come se niente fosse. Ma poiché un arbusto resta solo un arbusto, la mano misteriosa della provvidenza aveva inscritto nel suo destino un altro incontro, stavolta con una persona: Carlo Luigi Giorgetti, industriale brianzolo del mobile. «Una notte che m'erano morti troppi bambini, spedii una cartolina al curato di Meda e lo implorai d'aiutarmi a costruire un reparto di pediatria. La mattina che il prete la ricevette, giunse in canonica Giorgetti per chiedergli di celebrare una messa di suffragio nel primo anniversario della morte del figlio Paolo, uno studente di 16 anni sequestrato a scopo d'estorsione nel 1978 e subito ucciso. I rapitori ne avevano bruciato persino il corpo, i poveri resti furono riconosciuti da una protesi dentaria. A questo padre sventurato, che cercava un modo per mantenere viva la memoria del figliolo, il curato mise in mano la cartolina dicendogli: "Forse qui sopra c'è scritto come fare". Da allora è venuto giù varie volte, ha fondato gli Amici di Tanguiéta e io non so davvero che cosa sarei riuscito a combinare senza di lui».

Da quanti anni è in Africa?

«Da 40. Ho cominciato in Togo. Dieci anni dopo mi sono laureato alla Statale di Milano in medicina e ho conseguito la specializzazione in chirurgia col professor Giuseppe Pezzuoli».

Ma voleva diventare medico o missionario?

«Per la verità volevo diventare meccanico. Al mio paese c'era un camion in disarmo e io ogni volta che da piccolo ci passavo davanti mi dicevo: da grande lo riparerò. Siccome ero il primo dei sei figli di uno scalpellino e di una casalinga, fui mandato a frequentare le scuole medie in Veneto, a Romano d'Ezzelino, nel collegio dei Fatebenefratelli. Dove, come tutti i ragazzi di famiglie poverissime, dovevo continuare a ripetere che desideravo farmi frate, anche se non era vero, altrimenti m'avrebbero subito rispedito a casa. Quando in quarta ginnasio dissi al padre provinciale che mi sarebbe piaciuto diventare medico, lui tirò fuori la mia pagella dal cassetto e smorzò: "Dai, Fiorenzo, piccolo infermiere è già sufficiente..." Così presi i tre diplomi di infermiere: generico, professionale e psichiatrico. Ma la voglia di proseguire era tanta. Alla fine fui mandato a studiare malattie tropicali a Lione. Dove ebbi la grazia».

Quale grazia?

«Mentre andavo dalle suore a imparare come si fanno i parti, visto che in Africa i frati devono improvvisarsi anche ostetrici, mi capitò un incidente stradale. Un mese immobile a letto con un vasto ematoma nel cervello. Il 30 settembre, vigilia della ricorrenza di Teresa del Bambino Gesù, io e la santa di Lisieux ci siamo litigati. Senti, Teresina, le ho detto, io capisco che tu sia gelosa perché non sei riuscita a diventare missionaria e hai dovuto morire a 24 anni, ma almeno toglimi 'sto trauma cranico e lascia partire me. L'indomani mi fecero la radiografia: l'ematoma s'era completamente riassorbito. I medici non credevano ai loro occhi. Ringraziai Santa Teresa e anche San Riccardo Pampuri. Anzi il dottor Riccardo Pampuri, il fra' Riccardo dei Fatebenefratelli, il medico dei poveri, l'unico decorato nella disfatta di Caporetto, che adesso è il mio primo assistente. Non trovando una spiegazione scientifica nelle lastre, chi mi curava decise purtroppo d'imbottirmi di medicine, temendo che l'ematoma cerebrale si fosse nascosto chissà dove. Rientrato a Marsiglia, nella casa per barboni dove vivevo in attesa di recarmi nel continente nero, caddi in depressione».

Come ne uscì?

«Confessando al mio superiore, padre Allard, che la voglia di ammazzarmi era più forte di me. Lui mi mandò da uno psichiatra che fece una sola cosa: mi tolse tutti i farmaci antiepilettici. Dopo 15 giorni stavo di un bene, la vita era di un bello... Da allora, quando incontro qualcuno in queste condizioni, "sento" la sua sofferenza. Non ha idea di quanti ne ho salvati: preti, suore, volontari. Gli chiedo: hai cattive idee per la testa? "Come fai a saperlo?" si stupiscono. Lo so perché io ne ho avute di peggio, rispondo».

Ma perché questo alto numero di depressi fra i religiosi, all'apparenza così attivi e ottimisti?

«Cercano di coprire con l'impegno missionario qualche problema. Ma il clima dell'Africa li frega. La stagione che precede le piogge è terribile. Schiattano. In questi casi ci vuole l'umiltà di riconoscere che il farmaco può servire. Perciò dall'Italia mi faccio mandare l'amitriptilina a chili».

La sua prima missione in Togo quale fu?

«L'ospedale di Afagnan, dove operava il dottor Lorenzo Conti, un chirurgo ultrasessantenne di Poggibonsi che era andato giù con la famiglia. Passandomi i ferri mi intimò: "Guai a te se la vocazione medica ti farà perdere la vocazione religiosa". A quel tempo i bambini che erano rimasti storpi dopo la poliomielite venivano mandati a operarsi in Svizzera, da dove tornavano con le gambe dritte ma la testa storta».

In che senso?

«Disturbati mentalmente. Dopo aver visto l'Europa,

non riuscivano più a riadattarsi all'Africa. Con Conti ci siamo detti: dobbiamo operarli qua. Ora siamo pieni di ragazzini che non strisciano più per terra. Il che è un fatto non soltanto di dignità umana, ma di sopravvivenza, perché vivo fra tribù che non accettano le malformazioni. Ci sono neonati che finiscono uccisi appena vedono la luce. Dipende solo dal modo in cui vengono partoriti. Se il bambino esce dal ventre della madre con la faccia rivolta all'ingiù, oppure per i piedi, uno degli anziani lo sbatte contro un albero fino ad ammazzarlo».

Di che tribù sta parlando?

«Dei Bariba, per esempio, uomini molto orgogliosi che nei parti anomali intravedono un deterioramento genetico della loro etnia. Padre Bio Sannou ha fondato un'associazione contro l'infanticidio e nasconde questi bimbi oppure li manda in Europa, perché se il capotribù li scova è capacissimo di farli uccidere anche se nel frattempo hanno raggiunto i 18 anni».

E oltre ai poliomielitici, chi curava?

«Lebbrosi e tubercolotici. Studiando i vetrini di notte, mi beccai la Tbc. Sputavo sangue, però non lo raccontavo a nessuno per paura che mi rimandassero in Italia. E intanto m'imbottivo di streptomicina. Tornai in patria nel 1973 con 40 di febbre. Volevano togliermi un lobo polmonare, ma ero troppo grave per un intervento chirurgico. Fui salvato in extremis con la rifampicina».

Con quali altre malattie deve fare i conti in missione?

«Nella stagione secca, che dura da fine ottobre a maggio, il termometro segna stabilmente 45 gradi. Le labbra e i piedi si aprono per il calore. Scoppiano epidemie spaventose di meningite, febbre gialla, colera, tifo. Un anno da novembre ad aprile sono morti di morbillo 5.000 bambini. Non c'era neanche il tempo per piangere: anziché predicare, seppellivo. Intere famiglie falcidiate. Ricordo un padre di 12 figli. Perse la più giovane delle due mogli e tutta la prole. Dava testate nei muri nella speranza di morire anche lui. "Non posso tornare al villaggio così, non posso", urlava. Poi arrivò il morbo del Buruli».

In che modo si manifesta?

«Con un'ulcera. È un micobatterio, come quello della lebbra e il bacillo tubercolare di Koch, che penetra sotto la pelle. In breve tempo il corpo si ricopre di enormi ulcere, dolorosissime. Il contagio da Buruli è più frequente della lebbra e della Tbc messe insieme. I funzionari dell'Oms sono venuti a vedere: erano allibiti. Adesso mi mandano giù tre settimane l'anno una chirurga svizzera a dare una mano. È atea, ma prima di ripartire mi dice sempre: "Preghi per me"».

Quanti interventi esegue in un giorno?

«Dai 20 ai 25. Siamo in tre chirurghi. Pochi. Da gennaio una settantina di pazienti colpiti da tifo e peritonite ci sono morti con l'intestino perforato senza che potessimo operarli».

Quand'è che sentì parlare per la prima volta di Aids?

«All'inizio degli Anni 80 si sparse la voce di "una diarrea che uccide". Dal 1973 al 1983 vi fu una siccità terribile e così gli uomini in grado di lavorare si trasferivano in Nigeria, Costa d'Avorio e Ghana alla ricerca di un'occupazione. Nelle città venivano accalappiati dalle prostitute. Dopo un anno tornavano a casa con un soldo, una radiolina e l'Aids. E contagiavano le mogli. Chi non s'infettava il primo anno, s'infettava il secondo».

Perché secondo lei questa pandemia è partita dall'Africa?

«Ormai è assodato che alcuni cacciatori si sono contaminati squartando le scimmie che avevano abbattuto nella Repubblica Centrafricana. Quello infatti è l'unico Paese al mondo dove nei primati sono presenti tutti i ceppi del virus. A quel tempo le grandi campagne di vaccinazione contro febbre gialla, colera, morbillo erano fatte da infermieri che con una sola siringa e un solo ago vaccinavano tutto un villaggio. Inoltre le popolazioni ricorrevano alle cure indigene, basate sulle scarificazioni. Cioè lo stregone pratica dei tagli nella pelle con un pezzo di freccia acuminata e dentro ci mette i suoi intrugli in modo che siano veicolati dal sangue. Li considerano l'equivalente delle nostre iniezioni».

Sconvolgente.

«E non è tutto. Questo metodo è stato usato nei villaggi con la pretesa di vaccinare la gente contro l'Aids, me l'ha confermato il ministro della Sanità del Togo. In pratica i guaritori prendevano il sangue del sieropositivo e scarificavano i suoi congiunti e l'intero circondario per iniettarglielo. Conosco una famiglia di 35 persone che sono state infettate così, delle quali oggi soltanto due restano vive, ma gravemente malate».

Come mai non si riesce a trovare un vaccino?

«Troppi interessi: l'Aids è un business mondiale, più del petrolio. E poi è un virus fragilissimo, che continua a mutare. Come si fa a creare un vaccino per tanti ceppi? Appena indovini una qualche terapia, si trasforma e diventa resistente».

In che modo reagiscono i neri quando apprendono d'aver contratto il virus?

«Non si può e non si deve dirglielo. Altrimenti cercano di contaminare quanta più gente è possibile per non morire da soli. Ho conosciuto malati istruiti e benestanti che hanno dilapidato un patrimonio non per curarsi bensì per contagiare il maggior numero di ragazze. Una forma atroce di vendetta contro il mondo. Pagavano il doppio o il triplo in cambio di rapporti non protetti. Uno ha trasmesso il virus a 100 donne: 32 sono già morte».

Da quanti anni somministra ai sieropositivi la tisana di kinkéliba?

«Da dieci. Ma prima m'era toccato inventarmi l'Ifir».

Che cos'è?

«Un'immunoterapia ottenuta da principi attivi riconosciuti dalla farmacopea, un po' come il metodo Di Bella. L'ho ricavata da un vaccino per cani e gatti immunodepressi».

Ha testato sui cristiani un vaccino per cani e gatti?

«Proprio così. Quindici anni fa un veterinario francese l'aveva spedito in Camerun per curare una donna che stava morendo di Aids. Risuscitata. Durante la settimana santa provai questa immunoterapia su sei malati: cinque si sono salvati e stanno bene. Da allora l'ho usata su migliaia di pazienti. Del resto gli antiretrovirali prescritti in Occidente, peraltro molto tossici, da noi non si potrebbero usare, non solo per i costi proibitivi, ma anche perché vanno assunti con la massima regolarità, altrimenti provocano la proliferazione di forme resistenti. Se la vede lei la triterapia, ammesso che ce la regalassero, in villaggi dove non ci sono né orologio né calendario?»

Ma lei è un chirurgo, mica un immunologo. Che ne sa di vaccini?

«Preparo da 15 anni autovaccini contro la polimiosite, un'infiammazione cronica dei muscoli, di cui non si conoscono le cause, che provoca suppurazioni a catena fino a uccidere. A un ragazzo diciannovenne avevo già inciso 35 ascessi, uno ogni quattro-cinque giorni. Una sera che ero sfinito e stavo recitando il vespro, ho chiesto aiuto al mio assistente San Riccardo Pampuri. Che mi ha dato l'ispirazione. Sono andato in laboratorio e ho provato: un centimetro cubo di pus, un millilitro di formalina, un milione di unità di penicillina, quattro centimetri cubi di soluzione fisiologica. Gli ho iniettato per via sottocutanea questo intruglio che a vederlo fa schifo. Al quinto giorno sono cessati gli ascessi. Da allora ha funzionato su un sacco di malati».

Torniamo alla kinkéliba.

«Nel 1980 avevo giù due volontari, marito e moglie, lui infettivologo e lei pediatra. In missione gli era nato un bambino. Pochi giorni prima del rientro in Italia, madre e figlio si sono beccati un'epatite, con un ittero molto grave. Un guaritore indigeno gli ha dato una tisana di kinkéliba. In pochissimi giorni l'ittero è sparito, le transaminasi si sono normalizzate e la famigliola è partita. Per vent'anni non li ho più sentiti. Finché ho ritrovato per caso questo medico nella sede dell'Oms a Ginevra. Si chiama Giuseppe Ferrea, lavorava nella clinica di malattie infettive dell'Università di Genova. È stato lui a documentare come la kinkéliba uccida in vitro il virus dell'epatite e dell'herpes simplex e soprattutto disgreghi il capside, cioè l'involucro esterno, dell'Hiv. Le risultanze scientifiche dei suoi studi sono state presentate al congresso mondiale di Bangkok sull'Aids».

Come si prepara la tisana?

«Venti foglie di kinkéliba seccate all'ombra, perché

al sole perderebbero le loro proprietà, fatte bollire in un litro d'acqua. In dieci minuti si ottiene un decotto che serve per un giorno, eccellente anche contro malattie epatiche, malaria, infezioni intestinali. Ma bisogna stare attenti al dosaggio: se le foglie cuociono troppo, provocano diarrea e vomito biliare. La kinkéliba va còlta ancora verde. Quando le foglie cominciano a diventare rosse, sono altamente tossiche».

Dopo quanti mesi si manifestano i benefici?

«Un paio».

Ma se questa pianta è miracolosa, com'è che non viene sperimentata in tutti i cosiddetti Paesi civilizzati?

«Ho tenuto una conferenza a medici e specializzandi in Italia. Mi è stato proibito di parlare della kinkéliba e della fitoterapia in generale. Molecole, molecole, molecole. I nostri vogliono sentir parlare solo di molecole. Sa quanto gliene importa che gli africani non possano avere nemmeno una delle trenta molecole di cui dispongono i malati europei di Aids? La verità è che oggi in Occidente anziché di Aids si muore di triterapia, grazie a queste trenta molecole che ti spaccano il fegato e i reni».

Ma se si vuole impedire la diffusione dell'Aids per via sessuale non sarebbe almeno necessario il preservativo condannato dalla Chiesa?

«Del preservativo predichiamo che è immorale, insicuro e vietato. Certo è depravante, perché rappresenta una distorsione dell'atto sessuale. Ma per l'Aids non ci sono scelte: o ci si astiene o lo si usa. Come uomo, come religioso, come cattolico penso che i vescovi dovrebbero riflettere su questo punto e vedere il preservativo come uno strumento che andrebbe addirittura imposto dal pulpito a coloro che non se la sentono di tenere un comportamento virtuoso. Se uno dei coniugi ha l'Aids, il preservativo diventa un mezzo di legittima difesa del matrimonio. Anche se funzionasse solo al 10 per cento, non si può rinunciare a questo 10 per cento di chance di vita. Non uccidere è un dovere morale».

Chi è un chirurgo, fratel Fiorenzo?

«Un privilegiato che riceve da Dio il dono di vedere in ciascun malato sua madre e suo padre. Se mi fosse concesso di tornare indietro e di chiedere al Padreterno il dono di poter fare nella vita ciò che voglio, non riuscirei a domandargli tutto quello che mi ha dato in questi 50 anni».

GIOVANNI ROSSI
La voce di chi sente le voci

Appena sintonizzato in Fm, ti pare che il discorso fili, mediamente svagato, mediamente demenziale, come in tutte le radio private di questo mondo: «Sono un appassionato di musica italiana Anni 60. Dove fermano i treni, fa' un po' di luce tu. Dove fermano i treni, fa' che ci sia un nuovo varietà». Ma subito dopo ti accorgi che questa è demenzialità pura, nobile, alta: «Tanta gente ha bisogno di una mano, tra droga, esaurimenti, voci che si sentono: già trent'anni fa lo diceva Celentano che l'esaurimento va di moda». «Vorrei fare una radio basata sull'armonia». «Vorrei fare una radio pulita».

Già, solo dei veri matti potevano voler fare una radio così, come Rete 180, «la voce di chi sente le voci», l'unica emittente d'Italia gestita da malati di mente, quelli ricoverati nell'Unità operativa psichiatrica dell'ospedale Carlo Poma di Mantova. E bisogna essere grati al primario, Giovanni Rossi, che s'è improvvisato editore-direttore di questa pazza, pazza, pazza impresa, «una radio dove parlano loro, quelli che di solito non parlano», dice, e che è riuscito a portare la voce dei suoi pazienti anche sulle frequenze di *Caterpillar* (Radiodue).

Il dottor Rossi è uno che la trasgressione ce l'ha nel sangue. Nato a Bozzolo nel 1951, fu battezzato da don Primo Mazzolari, il parroco ribelle perseguitato dalle gerarchie ecclesiastiche perché in piena guerra fredda teorizzava il dialogo con i comunisti. «Le copie della sua rivista, *Adesso*, venivano impacchettate in casa da mio padre. Un giorno, avrò avuto 5 o 6 anni, fui pescato a giocare a nascondino in chiesa con gli amichetti. Mia madre mi fece una severa ramanzina, ma don Primo la interruppe: "No, no, perché rimproverarlo? Il Signore di sicuro non s'arrabbia se i bambini giocano nella sua casa". Per me fu uno shock: un'autorità morale m'invitava per la prima volta a violare la potestà genitoriale».

Rete 180 si trova nelle vicinanze del gonzaghesco Palazzo Te ed è organizzata come tutte le radio che si rispettino. Il primo atto del primario-direttore è stato affidare il ruolo di caporedattore a Luciano Mantovani, uno schizofrenico che ce l'ha a morte con la televisione, in particolare con la Cnn, colpevole di spiarlo in ogni momento e, quel che è peggio, di coartarlo a fare cose che non vuol fare: «Io ce l'ho con la televisione perché ci hanno dato per trent'anni da mangiare tanta televisione che adesso i mezzi anziani hanno tutti problemi di pancia, gonfiori, mangiare mica mangiare, saltano fuori tutte le robe». Magari il pubblico normale avverte il gonfiore più a valle dell'ombelico, ma nel complesso siamo d'accordo.

Il vice di Mantovani si chiama Enrico Baraldi, un medico. È l'aiuto del dottor Rossi, ma quando va in onda preferisce la qualifica di aiuto caporedattore e afferma d'essere trattato da Mantovani, il suo capopaziente, «come una pezza da piedi». Poi c'è Marco Notizia, cognome di fantasia, che si occupa della rassegna stampa all'insegna dello slogan: «L'informazione che leggi è quella che nei caffè del centro storico costa di più».

Divina, affetta da psicosi, cura l'angolo della poesia: «La follia è un treno in corsa che non passa più. Coglierlo è opportuno. Vidi passare quel treno lontano da qui, correva e percorreva lungo la ferrovia. Io ero lì e passò così veloce che neanche mi accorsi di averlo perso. Era un giorno per morire, uno di quelli pronti a impazzire». Edda e Cinzia sono le inviate speciali: intervistano la gente per telefono ma vanno anche sul posto, «infatti l'abbiamo chiamata Rete 180 perché è grazie alla legge 180 che possiamo trasmettere da fuori invece che da dentro», chiarisce il dottor Rossi.

Luisa è la Wilma De Angelis della situazione, anche se le sue ricette appaiono di difficile esecuzione domestica: «Panino per il Pendolino. Un filone di 300 metri, 15 chilogrammi di salame mantovano, 300 sottilette, il tutto da tagliare in corrispondenza delle porte di ogni vagone, 400 litri di lambrusco, un succo di frutta per il conducente che non può bere alcolici. Buon viaggio e buon appetito a tutti».

Il direttore tecnico è Stefano Cabras, un infermiere. Tutti i pazienti del reparto possono chiacchierare liberamente nell'etere, ma alcuni di loro hanno deciso di ritagliarsi il ruolo di ascoltatori e basta: «Vi diciamo quello che ci piace e quello che non ci piace. Noi siamo l'Auditel». Chiamali matti.

Quand'è nata la radio, dottor Rossi?

«Il 10 ottobre 2003, Giornata mondiale della salute mentale».

Come le è venuta quest'idea?

«Dal 1996 al 1999 ho fatto il consulente dell'Oms,

l'Organizzazione mondiale della sanità, in Sudamerica. In mezzo al Llanos del Venezuela, un territorio immenso dimenticato da Dio e dagli uomini, ho incontrato uno psichiatra che aveva aperto con i suoi matti una radio per restare in contatto col resto del mondo. Poi ho scoperto che ne esisteva un'altra, Radio La Colifata, in Argentina. Non ci ho più ripensato finché uno dei miei pazienti, Mantovani, non è stato intervistato in Tv. Lì, con mia grande sorpresa, ho scoperto che si trasfigurava. Una persona affetta da deliri d'influenzamento, che sostiene d'essere vittima degli ordini impartitigli da un televisore enorme, incombente, vinto dal fratello a una lotteria, passando dalla posizione passiva a quella attiva diventava un affabulatore straordinario, parlava con distacco della sua malattia. Donde la sua intuizione: "La radio fa bene se la faccio, la televisione fa male se la vedo". L'ho nominato sul campo caporedattore di Rete 180».

E lo studio per trasmettere chi ve l'ha dato?

«È in prestito. Purtroppo per il momento possiamo andare in onda soltanto fra queste mura o in collegamento con altre emittenti. Vorremmo comprarci una frequenza, ma ho scoperto che costa non meno di 50.000 euro».

Nessuno vi aiuta?

«Tutta la città s'è dimostrata sensibile. Il Cd-rom con la sigla di Rete 180 è stato portato in questa sede da una catena umana che partiva da piazza delle Erbe e comprendeva il sindaco e il vescovo. Ci stanno dando una mano anche Patrizio Roversi; Flavio Oreglio, il poeta catartico di *Zelig*; Paolo Belli, il musicista che dirige la band dello show di Panariello; il cantautore Eugenio Finardi».

Quante ore al giorno trasmettete?

«Dalle 8 di mattina alle 8 di sera. Adesso vogliamo pubblicare alcuni testi dei nostri programmi».

Tipo?

«Le ricette di cucina. Molto particolari, come quella della torta sbrisolona per 56.000 persone o quella dei baci di dama per neonati...»

Come fa uno schizofrenico a tenere una rassegna stampa?

«Marco Notizia è un talento naturale. Al mattino presto va al bar, sfoglia *La Gazzetta* e *La Voce*, i due quotidiani locali, e memorizza le notizie più importanti senza nemmeno prendere appunti. Alle 8 arriva qui e attacca disinvolto: "La notizia del giorno è questa..." I suoi cavalli di battaglia sono le polemiche nelle Ulss e il costo delle consumazioni nei locali del centro. Attualmente però attraversa una fase critica. Dice che la città gli fa male. Vorrebbe tornare a vivere in campagna».

Mi pare perfettamente sano di mente.

«Il confine tra normalità e malattia s'è fatto sottile. Prenda Giacomo, il responsabile musicale della radio, nome d'arte Azul Dinamic. Ha 22 anni, viveva in un garage. Potevo fargli il trattamento ortodosso, bombardarlo di farmaci. È bastato attrezzargli un laboratorio del suono. Adesso è solo un ragazzo un po' strano che si dedica alla musica elettronica. E l'unica raccomandazione che posso fargli è di non andarsene in giro con le tasche piene di spinelli. La stessa cosa che dovrei dire però alla maggioranza dei suoi coetanei ufficialmente sani».

Sbaglio oppure qui dentro ho incontrato solo giovani?

«Mi fa piacere che l'abbia notato. La fascia più colpita dai disturbi psichici va dai 25 ai 45 anni. Una volta era meno palese, perché li rinchiudevano, buttavano via la chiave e diventavano vecchi cronici. Io penso che dovremmo abbassare la soglia ancora di più».

A che età?

«Vediamo casi di bambine anoressiche già a 10 anni, purtroppo. Ma anche il trentacinquenne che abita ancora con i genitori e non esce mai di casa è come se avesse un'età mentale di 15 anni».

È cambiata la patologia psichiatrica.

«Cominciamo a vedere i primi stranieri. E persino per me, che mi sono sempre occupato di antropologia e di etnopsichiatria, sono una sorpresa. Perché un conto è leggere di certe manifestazioni sui libri e un conto è vederle. Già è difficile decifrare il linguaggio di uno schizofrenico italiano. Pensi a quando si ha a che fare con un cinese, che appartiene a un gruppo molto chiuso e vive da immigrato in una cultura diversa dalla sua».

Come fa a curarlo?

«Bisogna fare ricorso a dei mediatori culturali, persone di quell'etnia riconosciute dal malato».

Il delirio di uno straniero è diverso da quello di un italiano?

«La produzione sintomatologica è uguale. Però le faccio due esempi. Un indiano è arrivato da me perché s'era convinto che un dio di cui non ricordo il nome possedesse sua moglie e la obbligasse ad andare con altri uomini. Un italiano è stato portato qui dai colleghi d'ufficio, reduce da una riunione commerciale che si teneva in un'altra città sul caso Parmalat. Arrivato all'appuntamento, s'era rifiutato di entrare, sostenendo che si trattava di un complotto e che la sala pullulava di spie».

Magari aveva ragione.

«Mi ha spiegato che alcune cose poteva dirle solo al

magistrato, al medico no. Ha 50 anni. Sembrerebbe un episodio paranoico».

Conclusione?

«L'indiano deve affermare il proprio ruolo in famiglia. L'italiano sul lavoro. Quando non ci riescono, s'ammalano».

A che serve una radio, dal punto di vista terapeutico?

«È meglio la realtà invisibile della realtà falsamente visibile».

Si spieghi meglio.

«Ha presente *A beautiful mind*, la vera storia del matematico John Nash, il premio Nobel affetto da schizofrenia paranoide? Per buona parte del film lo spettatore crede, insieme col protagonista, che i personaggi frutto delle allucinazioni siano veri. Invece sono falsamente visibili. Perciò meglio la realtà invisibile, come quella della radio, che ti fa sentire solo delle voci, rispetto alla realtà falsamente visibile. I miei pazienti parlano alla radio con interlocutori immaginari che sono molto più veri di quelli reali. La comunicazione è un efficacissimo strumento terapeutico. Che cos'è la psicoterapia se non comunicazione? Il malato parla, io gli rispondo. Lo "schizofrenese" è un linguaggio apparentemente incomprensibile, ma non diverso dall'arabo per un italiano: basta essere capaci di tradurlo e lo si capisce benissimo».

Quanti pazienti ha?

«In un anno ne seguiamo 1.500. Di questi, circa 150 sono gravi e richiedono trattamenti complessi».

Possono diventare pericolosi per se stessi e per gli altri?

«Siamo uno dei pochi reparti che, fin dal 1990, non lega la gente. Nel 90 per cento delle divisioni di cura psichiatriche italiane lo si fa ancora. È stato un lavoro lungo, che ha coinvolto soprattutto gli infermieri. Quando cominciai, 25 anni fa, gli strumenti di contenzione erano la norma».

Non usate più la camicia di forza?

«Né quella né le cinture di cuoio da serrare attorno ai polsi e alle caviglie per costringere i malati nel letto. Con le ultime cinghie abbiamo realizzato un portafiori e lo abbiamo donato al sindaco. Perché è la città a far la differenza».

Che intende dire?

«Che Mantova non è Milano. Nelle metropoli la tensione e la paura, l'assenza di rapporti interpersonali, la scarsa conoscenza del contesto sociale spingono a fare ricorso ai metodi costrittivi. Io posso permettermi di non legare il paziente perché da quella finestra vedo la strada, esco, incontro la gente, imparo a conoscerne le emozioni e le ragioni. Guai allo psichiatra che se ne sta chiuso nel suo fortino e non sa nulla di ciò che accade fuori».

Ma se un matto vuole spaccare tutto o picchiarla, lei come si difende?

«Il tasso di violenza è sempre prevedibile. Se lei prende un delirante, chiude a chiave la porta, telefona agli infermieri e dice loro di tenersi pronti, poi comincia a perquisirlo, lo invita a spogliarsi e a indossare un camicione, lo fa sdraiare su un letto munito di cinghie, quello che cosa crede che faccia? Si prepara a difendersi. Se invece gli parla con calma, la porta resta spalancata, vanno e vengono infermiere gentili, nell'aria una radio diffonde musica, il soggetto pensa che forse può cominciare a fidarsi, non crede? Come le ho appena detto, il contesto è strategico in psichiatria».

Una volta ho intervistato il professor Marcello Luchetti, docente all'Università di Roma Tre. Doveva tenersi in casa un figlio schizofrenico che gli puntava un coltellaccio alla gola tre volte al giorno e che era riuscito a estorcergli nel giro di pochi anni qualcosa come due miliardi di lire. Ha qualcosa da dirgli?

«Vorrei incontrarlo».

Che cosa influisce di più sulla perdita della salute mentale?

«La vulnerabilità di fondo. Non nasciamo tutti uguali. Se ci sottoponiamo a uno stress prolungato, possiamo sviluppare forme di disagio. Oggi lo stress è connaturato alla società del rischio. Ai tempi di Freud si sacrificava la libertà al Super Io, cioè alle regole della vita. Adesso il modello è esattamente il contrario: la libertà deve vincere sulle regole. Ma la libertà espone al rischio. E il rischio logora».

Si può guarire dalla schizofrenia?

«Il 66 per cento dei malati guarisce. Nel 33 per cento dei casi la remissione è completa. In un altro 33 per cento è tale da consentire una vita normale, pur col ripetersi di qualche allucinazione, come nel caso di John Nash. Invece un altro 33 per cento diventa disabile. Sono statistiche dell'Oms».

Lei ha conosciuto il professor Franco Basaglia?

«Venne a visitare questo reparto poco tempo prima di morire».

Che cos'ha di buono la legge 180 di cui fu l'ispiratore?

«Tre principi. Primo: la malattia mentale è curabile e il malato di mente è una persona portatrice di diritti civili. Secondo: il trattamento sanitario obbligatorio deve essere eccezionale e motivato. Terzo: l'ospedale psichiatrico non cura e costa molto, quindi va chiuso».

E di cattivo?

«È una legge. Per camminare ha bisogno delle gambe e delle intelligenze degli uomini. Da una 180 bisognava trasformarla in una 360... E qui è cascato l'asino. Perché la legge afferma, non fa. Nel nostro piccolo, abbiamo cercato di fare, di inventare».

Come mai in Italia la malattia mentale ha assunto una dimensione politica, per cui chi vuole riaprire i manicomi è di destra e chi vuole tenerli chiusi è di sinistra?

«Perché si fa ideologia o propaganda da ambo le parti per non vedere quali sono i termini del problema. L'ideologia custodialistica illude la gente facendole credere che rinchiudendo le persone la pericolosità sia messa fuori casa, cancellata: è un falso. Sull'altro versante ci si attacca ai principi della 180 per non sporcarsi le mani. Ma i principi non si applicano dogmaticamente. Sono i cattivi professionisti che si arroccano nella difesa dei principi per non discutere di ciò che fanno».

È cambiato il concetto di follia rispetto ai suoi esordi come psichiatra?

«Sì. Nel 1978 la maggioranza riteneva che i matti fossero individuabili e pericolosi. Oggi ci si rende conto che i comportamenti folli possono riguardare il vicino di casa che fino a un minuto prima sembrava sano di mente. Basta leggere le cronache di certi delitti passionali che coinvolgono i servitori della legge – poliziotti, metronotte, militari –, tutte persone reputate talmente equilibrate da ottenere il porto d'armi. Nei commenti del primo giorno si sente dire: "Un uomo così ammodo, tranquillo..." Ma già al secondo giorno saltano fuori tanti piccoli segnali di squilibrio che erano stati sottovalutati. La follia non è imprevedibile. Semplicemente non la si vuol riconoscere per tempo perché non si sa che risposta darle. E questo vale soprattutto nelle grandi città, dove regna l'anomia, nessuno sa niente di nessuno».

La certificazione di uno stato di sofferenza mentale è oggettiva o discrezionale?

«Probabilistica. Facciamo il caso del porto d'armi. Quando lo psichiatra stabilisce che il richiedente è sano di mente, afferma una probabilità al 99 per cento. Ha idea di che cosa significhi quell'1 per cento rapportato agli organici di esercito e forze dell'ordine o al numero di cacciatori in circolazione?»

Ha fatto in tempo a vedere malati trattati con l'elettroshock?

«No, per fortuna».

Legare un malato al letto di contenzione è più o meno spregevole che imbottirlo di psicofarmaci fino a ridurlo a un ectoplasma?

«È la stessa cosa. Sono due atti violenti che stabiliscono una regola di dominio, anziché un rapporto di collaborazione. Comunque è più complicato con gli psicofarmaci, sa?»

In coscienza può affermare di non aver mai fatto ricorso né all'uno né all'altro metodo o di non averne mai abusato?

«Li ho utilizzati entrambi. E ho fatto dei danni. Però mi sono riabilitato».

Recita la vostra poetessa: «La follia è un treno in corsa che non passa più. Coglierlo è opportuno». È davvero così, dottor Rossi?

«Divina gira con una sporta piena di poesie, le compone seduta stante e non ci torna mai su. Se posso permettermi un rilievo critico, questo cliché del matto libero e felice perché è ingenuo, perché è creativo, non corrisponde affatto al vero. La follia è solo sofferenza. Non ha niente di romantico».

Lei ha mai temuto di perdersi nei labirinti della mente?

«Mi riconosco un fondo depressivo. Se devo immaginare un'evoluzione, mi vedo come Indro Montanelli o Vittorio Gassman. E siccome il depresso sta male, la cosa mi spaventa».

Riuscirebbe ad autocurarsi?

«No. Però ho un meccanismo di autodifesa».

Quale?

«Ho sempre in mente quali potrebbero essere il mio medico e il mio infermiere di fiducia».

L'infermiere?

«Certo. Oggi è in pensione, ma lo manderei a chiamare. C'è sempre stata una grande relazione empatica fra noi. Sono sicuro che si occuperebbe di me e mi farebbe guarire».

Perché? Che cos'ha di tanto speciale?

«È un gigante buono. Una persona di poche parole che ti prende per mano e ti accompagna».

ENZO SORESI

Il pensiero che guarisce

Dopo una vita passata a dissezionare cadaveri, a curare tumori polmonari, a combattere tubercolosi, bronchiti croniche, asme, danni da fumo, il professor Enzo Soresi, 70 anni, tisiologo, anatomopatologo e oncologo, primario emerito di pneumologia al Niguarda di Milano, ha finalmente individuato con certezza l'epicentro di tutte le malattie: il cervello. Negli ultimi dieci anni, cioè da quando ha lasciato l'ospedale per dedicarsi alla libera professione e tuffarsi con l'entusiasmo del neofita negli studi di neurobiologia, ha maturato la convinzione che sia proprio qui, nell'encefalo, l'interruttore in grado di accendere e spegnere le patologie non solo psichiche ma anche fisiche.

C'era già arrivato per intuizione il filosofo ateniese Antifonte, avversario di Socrate, nel V secolo avanti Cristo: «In tutti gli uomini è la mente che dirige il corpo verso la salute o verso la malattia, come verso tutto il resto». Soresi c'è arrivato dopo aver visto gente ammalarsi o guarire con la sola forza del pensiero. Primo caso: «Ho in cura una signora di Milano il cui marito, integerrimo commercialista, la sera andava a bucare le gomme delle auto. Per il dispiacere s'è ammalata di tubercolosi. Io lo chiamo danno biologico primario». Secondo caso: «Un agricoltore sessantenne con melanoma metastatico incontrò Madre Teresa di Calcutta, ricevette in dono un'immaginetta sacra e guarì. Io lo chiamo shock carismatico». Il professore ha dato una spiegazione scientifica al miracolo: «Il melanoma è un tumore che viene identificato dagli anticorpi dell'organismo, tant'è vero che si sta studiando da 30 anni un vaccino specifico. Non riusciamo a controllarlo solo perché l'antigene tumorale è talmente aggressivo da paralizzare il sistema immunitario. Nel caso del contadino ha funzionato una combinazione di fattori: aspettativa fideistica, strutture cerebrali arcaiche, Madre Teresa, consegna del santino. Risultato: il suo organismo ha sprigionato fiumi di interferoni e interleuchine che hanno attivato gli anticorpi e fatto fuori il cancro».

Come Soresi illustra nel libro *Il cervello anarchico* (Utet), già ristampato quattro volte, la nostra salute dipende da un network formato da sistema endocrino, sistema immunitario e sistema nervoso centrale. «Il secondo ci difende e ci organizza la vita. Di più: ci tollera. L'organo-mito è il linfocita, un particolare tipo di globulo bianco che risponde agli attacchi dei virus creando anticorpi. Abbiamo 40 miliardi di linfociti. Quando si attivano, producono ormoni cerebrali. Questa si chiama Pnei, psiconeuroendocrinoimmunologia, una nuova grande scienza, trascurata dalla medicina perché nessuno è in grado di quantificare quanti neurotrasmettitori vengano liberati da un'emozione. Io e lei siamo due esperimenti biologici che datano 4 miliardi di anni. Io sono più riuscito di lei. Perciò nego la vecchiaia. Non c'è limite alla plasticità cerebrale, non c'è limite alla neurogenesi. Esiste un flusso continuo di cellule staminali prodotte dal cervello: chi non le utilizza, le perde. Le premesse della longevità sono due: camminare 40 minuti tre volte la settimana – altrimenti si blocca il ricambio delle cellule e non si libera un fattore di accrescimento, il Bdnf, che nutre il cervello – e studiare».

Secondo il medico-scrittore, è questa la strada per allungare la vita di 10 anni. «Quando ci impegniamo a leggere o a compilare le parole crociate, le staminali vengono catturate dalla zona dell'encefalo interessata a queste attività. Se io oggi sottopongo la sua testa a una scintigrafia e poi lei si mette a studiare il cinese, fra tre anni in un'altra scintigrafia vedrò le nuove mappe cerebrali che si sono create per immagazzinare questa lingua. Prenda i tassisti di Londra: hanno un ippocampo più grande perché mettono in memoria la carta topografica di una città che si estende per 6 miglia».

Il professor Soresi è cresciuto in mezzo alle lastre: suo padre Gino, tisiologo, combatteva la Tbc nel sanatorio Vialba di Milano, oggi ospedale Sacco. Si considera un tuttologo, al massimo un buon internista, che ha scoperto l'importanza della neurobiologia studiando il microcitoma. «È un tumore polmonare che ha la caratteristica di esordire con sindromi paraneoplastiche, cioè con malattie che non c'entrano nulla col cancro: artrite reumatoide, tiroidite autoimmune, sclerodermia, reumatismo articolare. È una neoplasia che nel 100 per cento dei casi scompare con quattro cicli di chemioterapia. Eppure uccide lo stesso nel giro di sei mesi. Era diventato la mia ossessione: non riuscire a guarire una cosa che sparisce».

Com'è possibile?

«Ci ho scritto 100 lavori scientifici e ci ho messo 30

anni a capirlo: perché il microcitoma ha una struttura neuroendocrina. La massa nel polmone scompare, ma si espande con metastasi ovunque. Ne ho concluso che la medicina non è una vera scienza. Tuttalpiù una scienza in progress».

Diciamo una scienza inesatta.

«L'ho provato sulla mia pelle nel 1950. Ero basso di statura, come adesso, e mio padre si preoccupava. Eppure le premesse genetiche c'erano tutte: lui piccolo, mia madre piccola. Mi portò dal mitico professor Nicola Pende, endocrinologo che aveva pubblicato sei volumi sul timo come organo chiave dell'accrescimento. Pende mi visitò, mi palpò i testicoli e concluse: "Questo bambino ha il timo iperplastico, troppo grosso. Bisogna irradiarlo". Se mio padre avesse seguito quel consiglio, sarei morto. Questa è la medicina, ragazzi, non illudiamoci».

Torniamo al cervello.

«Sto aspettando di diventare nonno. Il tubo neurale della mia nipotina ha cominciato a svilupparsi dal secondo mese di gravidanza. Alla nascita il cervello non sarà ancora programmato, bensì in fase evolutiva. L'interazione con l'ambiente lo strutturerà. Ora facciamo l'ipotesi che un neonato abbia la cataratta: se non viene operato entro tre mesi, i neuroni specifici della vista non si attivano e quel bimbo non vedrà bene per il resto della vita. Oppure poniamo che la madre sia ansiosa e stressata, il padre ubriacone e manesco: lei capisce bene che i segnali ricevuti dal neonato sono ben diversi da quelli che sarebbero auspicabili. E questo vale fino al terzo anno di vita, quando nasce il linguaggio, che attiva la coscienza del sé, e la persona assume una sua identità. Di questi primi tre anni d'inconsapevolezza non sappiamo nulla, è una memoria implicita, un mondo sommerso al quale nessuno ha accesso, neanche l'interessato, neppure con la psicoanalisi. Ma sono i tre anni che ci fanno muovere».

Allora non è vero che si può "entrare" nel cervello.

«Ai tempi in cui facevo le autopsie, aprivo il cranio e manco sapevo a che cosa servissero i lobi frontali. Li chiamavamo lobi silenti, proprio perché ne ignoravamo la funzione. Molti anni dopo s'è scoperto che sono la sede dell'etica, i direttori d'orchestra di ogni nostra azione».

E grazie a Dio avete smesso con le lobotomie.

«A quel punto sono addirittura arrivato a fare le diagnosi a distanza. Se mi telefonavano dalla clinica dicendo che un paziente con un tumore polmonare s'era messo d'improvviso a urlare frasi sconce o aveva tentato di violentare la caposala, capivo, dalla perdita del senso etico, che era subentrata una metastasi al lobo frontale destro».

Ippocrate aveva definito il cervello come una ghiandola mammaria.

«Aveva còlto la funzione secretiva di un organo endocrino che non produce solo i neurotrasmettitori cerebrali – la serotonina, la dopamina, le endorfine – ma anche le citochine, cioè la chiave di volta dei tre sistemi che formano il network della vita. Lei sa che cosa sono le citochine?»

Sì e no.

«Sono 4 interferoni, che aiutano le cellule a resistere agli attacchi di virus, batteri, tumori e parassiti, e 39 interleuchine, ognuna con una funzione specifica. Se sono allegro e creativo libero citochine che mi fanno bene, se sono arrabbiato e abulico mi bombardo di citochine flogogene, che producono processi infiammatori. Ecco perché il futuro della medicina è tutto nel cervello. Le faccio un esempio di come il cervello da solo può curare una patologia?»

La ascolto.

«Avevo un paziente affetto da asma, ossessivo nel riferire i sintomi. Più gli davo terapie, più peggiorava. Torna dopo tre mesi: "Sono guarito". Gli dico: senta, non abbassi la guardia, perché dall'asma non si guarisce. "No, no", risponde lui, "avevo il malocchio e una fattucchiera del mio paese me l'ha tolto infilandomi gli spilloni nel materasso". La manderei da un esperto in malocchi, replico io. E riesco a spedirlo dallo psichiatra Tullio Gasperoni. Il quale accerta che il paziente è in delirio psicotico. Conclusione: da delirante stava bene, da presunto normale gli tornava l'asma».

Effetto placebo degli spilloni.

«Paragonabile a quello dei finti farmaci. L'effetto placebo arriva fino al 60 per cento nel far scomparire un sintomo. Noi medici non possiamo sfruttarlo, altrimenti diventerebbe un inganno. Ma esiste anche l'effetto nocebo».

Esemplifichi.

«Donna di altissimo livello culturale, fumatrice accanita. Il marito, un imprenditore fratello di un noto politico, la tradiva sfrontatamente con una giovane amante. Quando la informai che aveva un tumore polmonare, mi raggelò: "Non m'interessa. L'importante è che lo dica a mio marito". Cosa che feci, anche in maniera piuttosto teatrale. Lui scoppiò a piangere, lei sfoderò un sorriso trionfale. È evidente che due anni di stress violento avevano provocato nella donna un abbassamento delle difese immunitarie. Almeno morì contenta, sei mesi dopo. Vuole un altro esempio? Una cara amica con bronchiettasie bilaterali. Qual era il movente? Non andava più d'accordo col marito. Per due anni non la vedo. La cerco al telefono: "Enzo, mi sono separata, vado in chiesa tutte le mattine, sto bene". L'assetto psichico stabilizzato le ha consentito di ritrovare la salute. Continuo?»

Prego.

«Colf di 55 anni, origine salernitana, tradizionalista. Mai un giorno di malattia. La figlia le dice: "Vado in Inghilterra a fare la cameriera". Stress di 10 giorni, ginocchio gonfio così. La lastra evidenzia un'artrosi della tibia: non s'era mai attivata, ma al momento del disagio mentale è esplosa. C'è voluto un intervento chirurgico».

Nel libro Il cervello anarchico *lei riferisce di sogni premonitori.*

«Sì. Viene da me uno psichiatra milanese, forte fumatore, con dolori scheletrici bestiali. Mi racconta d'aver sognato la sua tomba con la data della morte sulla lapide. Lastra e Tac negative. Era un tumore polmonare occulto, con metastasi ossee diffuse. Morì esattamente nel giorno che aveva sognato. Del resto lo psicoanalista Carl Gustav Jung mentre dormiva avvertì un forte colpo alla nuca, dopodiché gli apparve in sogno un amico che gli disse: "Mi sono sparato. Ho lasciato il testamento nel secondo scaffale della libreria". L'indomani andò a casa dell'amico: s'era suicidato e la busta era nel posto indicato».

I miracoli secondo lei che cosa sono? Eventi soprannaturali o costruzioni del cervello?

«Io sono per un pensiero laico. Credo nella forza della parola. Se noi due ci parliamo, piano piano modifichiamo il nostro assetto biologico, perché la parola è un farmaco, la relazione è un farmaco. Di sicuro credere fa bene. Un gioielliere milanese mi portò la madre, colpita da metastasi epatiche. Potei prescriverle soltanto la morfina per attenuare il dolore. La compagna brasiliana di quest'uomo si chiama Maria di Lourdes e ha una sorella monaca in una congregazione religiosa che nella foresta amazzonica prega a distanza per le guarigioni. Maria di Lourdes telefonò al suo uomo dal Brasile: "Di' alla mamma che le suore pregheranno per lei all'ora X del giorno X". Da quel preciso istante la paziente oncologica, che prima urlava per il dolore, non soffrì più».

Come si mantiene in buona salute il cervello?

«Ho un cugino architetto, mio coetaneo, che sembrava un rottame. S'è iscritto all'università della terza età, ha preso passione per la lingua egiziana, tutti i giorni sta cinque ore davanti al computer, ha già tradotto quattro libri in italiano dall'egiziano. È ringiovanito, ha cambiato faccia».

Sappiamo tutto del cervello?

«Nooo! Sul piano anatomico e biologico sappiamo intorno al 70 per cento. Ma sulla coscienza? Qui si apre il mondo. Lei calcoli che ogni anno vengono pubblicati 25.000 lavori scientifici di neurobiologia».

Allora come fa una legge dello Stato a dichiarare morto un organo che per il 30 per cento ci è ignoto e della cui coscienza sappiamo poco, forse nulla?

«Siccome si muove per stimoli elettrici, nel momento in cui l'elettroencefalogramma risulta muto significa che il cervello non è più attivo».

Ma lei che cosa pensa della morte cerebrale?

«Mi fermo... Però ha ragione, ha ragione lei a essere

così attento alla dichiarazione di morte. Nello stesso tempo c'è un momento in cui comunque bisogna dichiarare la morte di un individuo dal punto di vista biologico».

Prima del 1975 dichiaravate la morte quando il cuore si fermava, l'alito non appannava più lo specchio, il corpo s'irrigidiva.

«Eh, lo so... La morte cerebrale consente di recuperare gli organi per i trapianti».

Ha mai sperimentato su di sé disagi psichici che hanno influenzato il suo stato di salute?

«Nel 1971 ho sofferto moltissimo per la morte di mia moglie Marisa, uccisa da un linfogranuloma a 33 anni. Devo tutto a lei. Era una pittrice figurativa che andò a studiare negli Stati Uniti appena sedicenne e indossava i jeans quando a Milano non si sapeva manco che esistessero. La malattia cambiò la sua arte. Cominciò a dipingere corpi sfilacciati, cuori gettati sopra le montagne. Fu irradiata in maniera scorretta da un grande radioterapista dell'epoca, per cui nell'ultimo anno di vita rimase paralizzata. Nostro figlio Nicolò, nato nel 1968, l'ho cresciuto io. Marisa mi ha lasciato un modello perfetto: un bambino che riesce a sopportare persino la perdita più straziante solo perché la mamma ha saputo far sviluppare armonicamente il suo cervello nei primi tre anni di vita».

ROSARIO SORRENTINO
L'inquilino prepotente

L'allenatore Arrigo Sacchi nel 2001 lasciò la guida del Parma in seguito a un attacco di panico con tachicardia e febbre alta patito prima di una partita a Verona. L'attrice Lucrezia Lante della Rovere fu còlta da un attacco di panico al momento di apparire come ospite al *Maurizio Costanzo Show*. Una delle figlie di Silvio Berlusconi, Barbara, scappava dall'aula dell'università in preda a un attacco di panico ogniqualvolta doveva affrontare l'esame col professor Guido Rossi, che gli amici le avevano descritto come acerrimo nemico del padre: riuscì a sostenerlo solo al quarto tentativo. Il musicista Giovanni Allevi, autore-rivelazione del libro *La musica in testa*, al suo primo attacco di panico finì al pronto soccorso: mentre l'ambulanza lo trasportava al Policlinico di Milano, pensò che panico viene da Pan, il dio Tutto, quindi «non è l'incontro con un vuoto paralizzante, ma è l'esperienza del nostro tutto, della dirompente energia creativa che è dentro ognuno di noi», e si sentì «travolto dal tutto, dal troppo, da un'emozione incontenibile», e s'ispirò all'ululato della sirena, «una dolce melodia in Sol bemolle», per comporre *Panic*, l'unico brano per pianoforte entrato nell'hitparade della musica leggera accanto ai Cd di Ligabue e Zucchero. Da quel giorno Allevi ha deciso che «il panico è un dono».

Il professor Rosario Sorrentino no, ritiene che questa sindrome non sia affatto un dono ma una grande tragedia, «una "bugia" del cervello che può rovinarci la vita», come ha scritto sulla copertina rossa del suo libro *Panico* (Mondadori), sormontata da un punto esclamativo nero, per dare subito l'idea di un male pericoloso, sconvolgente, che i pazienti descrivono come l'irrompere nella loro esistenza di un repentino e profondissimo senso di morte. Al fondatore dell'Ircap (Istituto di ricerca e cura degli attacchi di panico) sfuggono totalmente gli aspetti poetici e le potenzialità creative di questa patologia, dalla quale è riuscito ad affrancare per sempre i cantautori Franco Califano e Sergio Cammariere, l'attore Alessandro Gassman e decine di altri Vip che non vuol nominare. Anche Cinzia Tani, scrittrice e conduttrice televisiva specializzata in storie noir che firma con lui *Panico*, è stata una sua paziente.

Come Allevi, pure Sorrentino è però in qualche modo grato all'infida malattia mentale che combatte ogni giorno: senza di essa, 15 anni fa non avrebbe conosciuto sua moglie, Maria Grazia, e non sarebbe nata sua figlia Giulia, che oggi frequenta la seconda media. «Andai negli studi di Teleregione, un'emittente romana, per un dibattito. L'intervistatrice era Maria Grazia. La vidi agitatissima. Lei ha un attacco di panico, le dissi. La nostra storia d'amore cominciò così. Non si curava da anni. Meglio: s'illudeva di farlo con la psicoanalisi».

Il professor Sorrentino è un nemico giurato dei discepoli di Freud, Jung, Adler, Abraham, Lacan, dei pensatori alla Umberto Galimberti, per capirci, che confondono la malattia mentale col disagio esistenziale. «Chiusi nei loro salottini, pretendono dai pazienti la vocazione al dolore, elogiano la sofferenza, criminalizzano i farmaci e sequestrano per 15 o 20 anni una persona che soffre, costringendola a parlare della madre, del padre, dei nonni. Questa non è una cura, i pazienti lo devono sapere. Perché il panico è un inquilino prepotente del cervello e nel frattempo le sue aggressioni continuano e peggiorano. Anche Maria Grazia, vittima dell'impostura culturale e ideologica, non voleva saperne delle medicine. Le prime benzodiazepine le ha prese abbracciata a me. Oggi sta bene».

Il neurologo insegna anatomia del cervello alla Sapienza di Roma. Ha cominciato a occuparsi degli attacchi di panico una ventina d'anni fa alla Columbia University di New York, dove svolgeva studi clinici di neuropsicologia e farmacologia sul morbo di Alzheimer. È stato il primo al mondo, con l'aiuto del neuroradiologo Stefano Bastianello, a filmare nell'encefalo, con la risonanza magnetica funzionale, un attacco di panico indotto in una paziente mediante stimolo verbale. Oggi è considerato il massimo esperto italiano in materia. Lui nega: «Giovanni Battista Cassano e Giampaolo Perna sono molto più bravi di me». Una dote ce l'ha di sicuro: l'occhio clinico. Senza che ci fossimo mai visti prima, dopo mezz'ora d'intervista mi ha diagnosticato con impressionante precisione i malanni che mi tengono compagnia da anni. Poi ha fissato lo sguardo verso un punto indefinibile del vuoto, come se dovesse leggere su un immaginario gobbo elettronico le frasi che gli fluivano dalla bocca tornite, senza inciampi, una di seguito all'altra, una più assertiva dell'altra.

Che cos'è un attacco di panico?

«Un'insorgenza improvvisa, rapida, in pieno benessere e a ciel sereno di un tremendo disagio. Sul piano fisico si manifesta con palpitazioni, tremore, senso di soffocamento e di vertigine, difficoltà respiratoria, sudorazione, dolori al torace che fanno pensare a un infarto. Sul piano psichico con un'angoscia immotivata. Il soggetto colpito è catapultato in una penosa solitudine, prova disorientamento, distacco dall'ambiente, quasi che la mente si separasse dal corpo. Il primo attacco assomiglia a una palla da tennis scagliata con grande forza su un tavolo coperto di lenticchie. Questo ricordo spaventoso viene custodito nell'ippocampo, che per il cervello è come la scatola nera degli aerei».

Quanto dura?

«Da pochi minuti fino a 20, e oltre. Ma la percezione del tempo è dilatata e il soggetto ha la sensazione allucinante di non poter uscirne, se non impazzendo o morendo».

Che differenza c'è fra panico e paura?

«Il panico è un tranello ben congegnato: l'encefalo ci vuol convincere di un pericolo inesistente, aderisce a una bugia che preannuncia una catastrofe. Invece la paura è una risorsa, un'emozione primordiale che c'informa di un pericolo reale e ci predispone o ad affrontarlo o a fuggire, quindi è funzionale all'istinto di sopravvivenza».

Ha mai avuto un attacco di panico?

«No, ma è come se lo avessi avuto. Ogni giorno affronto un viaggio col biglietto di ritorno per riportare indietro i miei pazienti».

Perché lei e io non soffriamo di attacchi di panico?

«C'entra una predisposizione genetica: spesso li

riscontro fra parenti di primo e secondo grado e su più persone di una stessa famiglia. E poi intervengono fattori scatenanti: un lutto, una relazione sentimentale che finisce, lo stress cronico, l'assunzione di sostanze stupefacenti come l'hashish e la cocaina. Nel mio libro *Siamo ciò che respiriamo* ho anche avanzato un'ipotesi ambientale».

Vale a dire?

«Sono partito dalla constatazione che gli attacchi di panico sopraggiungono soprattutto in luoghi affollati – aerei, treni, discoteche, aule scolastiche – dove predomina un elemento invisibile, inodore e incolore: l'anidride carbonica. Un gas di scarico, una sorta di smog umano. Perciò mi sono rivolto al mio collega Livio De Santoli, professore ordinario alla Sapienza, esperto in misurazioni della ventilazione ambientale, e in effetti abbiamo scoperto che in questi luoghi la quantità di anidride carbonica arriva a superare del 300 per cento il limite massimo fissato dall'Oms: 4.000 parti per milione anziché 1.000».

Che cosa fa l'anidride carbonica?

«Una volta inalata, va a stimolare dei recettori, localizzati nel tronco encefalico, deputati ad analizzare la qualità dell'aria e a convogliare queste informazioni in una zona del cervello chiamata *locus coeruleus*, una specie di radar in contatto permanente con l'amigdala, cioè con l'interruttore del panico. Ora lei immagini di trovarsi in una metropolitana affollata all'ora di punta. I sensori, valutata la pessima qualità dell'aria, informano i centri nervosi del pericolo che incombe. Dal *locus coeruleus* parte una scarica di noradrenalina, che raggiunge l'amigdala e fa scattare i primi sintomi dell'attacco di panico».

Quanti italiani ne soffrono?

«In forma cronica circa 2 milioni, prevalentemente dai 16 ai 40 anni. Ma l'eccesso di stress sta allargando la forchetta».

Vengono curati a casa o negli ospedali?

«Io direi che vengono trascurati sia a casa che negli ospedali. La reazione dei medici al pronto soccorso di solito è questa: "Non è niente, è solo un attacco di panico". Idem i parenti: "Suvvia, non è nulla". In questo modo si delegittima il disturbo e si abbandona il malato a se stesso».

Si può guarire?

«Sì. Lo sottolineo con forza: sì. La terapia farmacologica è il pilastro fondamentale. I principi attivi più usati sono paroxetina, fluoxetina, citalopram e sertralina. Che non producono, al contrario della psicoanalisi, alcuna dipendenza. Si tratta di inibitori selettivi per la ricaptazione della serotonina, meglio conosciuti con l'acronimo inglese Ssri, impropriamente detti antidepressivi perché depressione e attacchi di panico sono cugini di primo grado».

Mi ricordi come agiscono gli Ssri, ché me lo dimentico sempre.

«La serotonina è una sostanza ormonale, un neurotrasmettitore del sistema nervoso centrale. Nell'encefalo abbiamo 100 miliardi di neuroni. Gli Ssri inducono la serotonina, una volta liberata da un neurone e consegnata al neurone successivo, a prolungare la sua permanenza, evitando che sia troppo in fretta ricaptata, cioè catturata, dal neurone che l'ha rilasciata. Quindi gli Ssri sono di grande aiuto per ripristinare una condizione di equilibrio biologico sui centri nervosi divenuti particolarmente irritabili proprio perché è scemata la quantità di serotonina disponibile; protraggono il dialogo fra neuroni in quei luoghi del cervello dove può nascere un inutile e dannoso segnale di allarme».

Senza medicine si guarisce?

«Assolutamente no. Davvero non capisco la diffidenza per gli psicofarmaci. Quando noi neurologi li usiamo per combattere il Parkinson e l'Alzheimer, la gente ci applaude. Ma non appena li adoperiamo a bassi dosaggi per altre malattie, scatta la censura. E a criticarci è la stessa gente che non esita a farsi iniettare la tossina botulinica nel viso per spianare le rughe. Lei ha idea di quanti suicidi vengono impediti con la fluoxetina? Gli Ssri riducono la frequenza, l'entità e la durata degli attacchi di panico e restituiscono al paziente la libertà di movimento, visto che questa patologia porta all'agorafobia».

La paura degli spazi aperti.

«La paura di allontanarsi da luoghi ritenuti sicuri. Ho guarito una donna di Roma che per evitare gli attacchi di panico non usciva più di casa, neppure per fare la spesa: dalla finestra calava con la fune un cestino e i vicini le mettevano dentro i generi di prima necessità».

Ma se fanno tutto i farmaci, lei a che serve?

«Il malato si chiude in un recinto per difendersi dalla paura e dalla fobofobia, che è la paura di aver paura. All'interno di questo recinto ha per compagne la solitudine e, spesso, la depressione. Il mio compito è di spingerlo al più presto fuori dal recinto, con l'aiuto dei farmaci, certo. Invece la psicoanalisi, nonostante si definisca dottrina di liberazione, lo imbottisce di chiacchiere per tenercelo dentro. E si capisce: è un recinto dorato».

Non la seguo.

«Sarò molto chiaro: l'analisi prolungata all'infinito non solo non guarisce ma si traduce in un danno economico enorme. Ho curato pazienti che erano stati costretti a scegliere fra mutuo per la casa e mutuo per lo psicoanalista».

Il neurologo diventa per loro l'ultima spiaggia.

«Può dirlo. Ho curato un camionista che, còlto da un attacco di panico sul Grande raccordo anulare di Roma, aveva mollato il Tir in galleria ed era scappato via. Una signora è venuta fin qui dalla Calabria sul camper guidato dal marito: è rimasta sdraiata tutto il viaggio per la paura di svenire. E poi c'è il caso di Attilio il tassinaro, un eremita metropolitano che per 20 anni ha vissuto dentro il suo taxi parcheggiato davanti all'ospedale Umberto I nel terrore di un attacco di panico: voleva essere certo di trovare un rapido soccorso. Mi vide su Raitre, decise che poteva fidarsi di me e chiamò Claudio Marincola, un cronista del *Messaggero*, supplicandolo di rintracciarmi. Mi sono preso a cuore il suo caso. Ora abita in una casetta, è guarito. Allora chiedo agli psicoanalisti: chi siete voi per influire così pesantemente sulla vita di una persona fino a impedirle di curarsi? Io non ho la pretesa di spingermi ad agire sull'anima, sullo spirito. Il cervello è un organo come tutti gli altri. Le malattie mentali sono come le malattie fisiche».

Le stanno proprio sullo stomaco questi psicoanalisti.

«Purtroppo oggi non esiste più l'intellettuale. Va di moda una sottomarca: l'intellettualoide. Si riconosce dal look: maglioncino esistenzialista, col collo alto; uniforme total black, vestito nero e maglietta girocollo dello stesso colore; camicia bianca alla Robespierre aperta sul petto. Siamo all'adulterio culturale dei valori. L'intellettuale dovrebbe assegnarsi il compito di scuotere le coscienze. Mancano i maestri di vita in grado di liberarci dalla dittatura dell'immagine che dopo l'11 settembre investe solo sulla paura, la evoca, la cerca, perché ha capito che è il mastice per tenere incollati agli schermi i telespettatori. Stiamo crescendo una generazione dipendente da immagini negative che producono effetti morbosi sul cervello».

Lei ha studiato gli attentatori suicidi.

«Sì, m'interessavano questi uomini dal cervello senza paura, l'esatto contrario del cervello permeabile agli attacchi di panico. Il terrorismo islamico li recluta fra gli adolescenti, perché l'encefalo in fase di evoluzione biologica ha una plasticità che può essere manipolata con l'indottrinamento, fino a sopprimere in esso la risorsa della paura».

I greci ritenevano che il panikós fosse provocato da un dio, Pan, incombente. Strano che gli attacchi di panico siano tanto diffusi in una società come la nostra che crede poco in Dio.

«Questa società fa emergere solo un vuoto individualismo. L'uomo moderno deve recuperare la sua umanità. Per salvare la nostra anima, dobbiamo occuparci delle altre anime. Perché i mass media non esaltano il ruolo del padre che in silenzio porta avanti la sua famiglia con 1.300 euro di stipendio al mese? È lui il vero eroe contemporaneo. L'unico che io conosca».

SERGIO STAGNARO
L'idraulico del corpo umano

Difficile comprendere uno scienziato che ha inventato la semeiotica biofisica quantistica e che si muove con disinvoltura fra perimetri euclidei e dimensioni frattaliche. Perciò dovete immaginare un idraulico che tiene l'orecchio appoggiato al muro, picchia col martello sulla parete, ascolta i rumori provenienti dalle condutture e in pochi minuti vi dice se la casa si allagherà o, peggio ancora, se è destinata a crollarvi addosso.

L'idraulico è Sergio Stagnaro, medico di 77 anni specializzato in malattie dell'apparato digerente, del sangue e del metabolismo che in oltre mezzo secolo di professione, prima all'ospedale San Martino di Genova e poi nel suo ambulatorio di Riva Trigoso, dove abita, ha visitato non meno di 100.000 pazienti; il muro è la vostra cute; il martello è il dito medio che il dottore batte con delicatezza sui visceri; l'orecchio è il vecchio stetoscopio appoggiato sulla pancia per captare i suoni provocati dai ripetuti colpetti e soprattutto la durata delle pause fra un'onda sonora e l'altra; la casa è il corpo umano.

Con questo semplice, ma in realtà complicatissimo, esame di pochi minuti, l'idraulico Stagnaro è in grado di dirvi se la casa che provvisoriamente ospita le vostre gioie e i vostri dolori ha una costituzione diabetica, dislipidemica, ipertensiva, arteriosclerotica, reumatica, osteoporotica, glaucomatosa, quali sono le malattie che potrebbero abitarla in futuro e quali vi si sono già insediate. Ma forse il merito principale della sua scoperta è quello d'essere riuscito a stabilire se la casa è stata costruita su un terreno oncologico oppure no e qual è il reale rischio oncologico congenito per le singole stanze dell'edificio: polmone, stomaco, colon, cervello, rene, fegato, pancreas, vescica e così via. Un test che egli sostiene di poter eseguire persino sui neonati.

Il come c'è arrivato rappresenta la parte più difficile del discorso. «In Italia non c'è nessuno che capisca qualcosa di ciò che dico», si fa poche illusioni lo scienziato-medico-idraulico, chiudendo rassegnato le 505 pagine del suo tomo *Il terreno oncologico*, «tanto che un mio cugino, che pure ha studiato parecchio, un giorno mi ha rimproverato: "Sergio, tu sei tanto avanti che per vedere nel tuo futuro dovresti girarti all'indietro"». Non che all'estero lo capiscano di più. Ma, perlomeno, hanno fiutato il valore dell'uomo: la prestigiosa rivista *Nature* ha riconosciuto la validità del concetto di terreno oncologico; il medico ligure s'è visto pubblicare i suoi lavori dal *British Medical Journal* e negli Anni 90 è stato accolto nell'American association for the advancement of science e nella New York academy of sciences («però sono uscito da entrambe quando ho capito che non erano interessate a diffondere la semeiotica biofisica quantistica»).

Eppure non è che il dottor Stagnaro sia andato poi così avanti, anzi non ha fatto altro che concentrarsi sulle arti antiche del buon medico: l'anamnesi, cioè la raccolta di informazioni circa le malattie sofferte dal paziente e dai suoi parenti, e l'esame obiettivo, fatto di ispezione, palpazione, percussione, ascoltazione e di quella che lui chiama percussione ascoltata, alla lettera auscultata, dal momento che viene eseguita con l'aiuto dello stetoscopio. In mezzo, una sessantina di gesti sapienti delle mani, per lo più pizzicotti e pressioni, ribattezzati con formule pittoresche – manovra di Restano, manovra di Massucco, segno di Daneri, segno di Domenichini – mutuate dai cognomi di amici e pazienti.

Stagnaro è diventato medico per caso. S'era iscritto a ingegneria all'Università di Genova ma, come sarebbe capitato di lì a qualche anno al povero Luigi Tenco, alla prima lezione incappò nel professor Eugenio Giuseppe Togliatti, fratello di Palmiro, il segretario del Pci. Benché allevato da una balia che di soprannome faceva Lenin, uscì subito dall'aula e infilò la porta di fronte: facoltà di medicina. Una volta laureato, si attrezzò un laboratorio privato: «I miei colleghi andavano a occhio. Come adesso. Un po' meno di adesso». Lui invece si comprò un microscopio di ultima generazione, una centrifuga per la sedimentazione delle urine, un apparecchio di Westergreen per misurare la Ves, «tutti strumenti che mi sono serviti per diagnosticare patologie anche gravi, come le leucemie mieloidi e linfatiche e i tumori solidi». Osservava e curava, curava e osservava. «Assistevo ai parti. Ingessavo fratture. Suturavo ferite. Mi sono persino trovato, io che all'inizio avevo orrore per il sangue, a riattaccare un orecchio a un bimbo di 5 anni. Allora mica esisteva il pronto soccorso».

Centomila pazienti sono proprio tanti.

«Però a me interessa il singolo. Ogni paziente è un caso a sé, un universo a sé. Una rivista scientifica ha scritto che tre caffè al giorno prevengono il cancro del pancreas. Che m'importa se ho davanti un individuo che, quando beve il caffè, si comporta in modo diverso da tutti gli altri pazienti che ci sono stati e che ci saranno? Poniamo di arruolare 1.532 persone, senza sapere che buona parte di esse sono prive di terreno oncologico o non presentano reale rischio oncologico al polmone, e diamo loro due pacchetti di sigarette al giorno: la maggioranza non si ammalerà di tumore. Perciò dovremmo concludere che il fumo del tabacco previene il cancro del polmone. Capisce a che barbarie conduce il distacco del medico dal malato e la disumanizzazione della medicina?»

Capisco.

«Il progresso tecnologico ha portato con sé il terrorismo psicologico iatrogeno, quello provocato dai medici. Siamo al Medioevo della medicina. La quale è vista dai miei colleghi come una scienza applicata. Invece è molto, ma molto di più. È un insieme armonico di tecnologia e antropologia, dove accanto all'applicazione delle scienze di base deve sussistere, con pari dignità, il rapporto interumano tra medico e paziente. Oggi i medici se la cavano prescrivendo esami del sangue, ecografie, Tac, risonanze magnetiche. Ma il laboratorio e il dipartimento delle immagini non potranno mai informarci sulle istanze esistenziali di un soggetto in cui l'ipertensione è provocata dall'ansia per il comportamento di un figlio, da un rapporto coniugale difficile, da un posto di lavoro a rischio. La semeiotica biofisica quantistica considera ciascun individuo unico e irripetibile ed è in grado di fornirci importanti parametri sul suo stato di salute».

Meglio partire dal dizionario.

«Semeiotica: studio dei segni e dei sintomi delle malattie e dei modi per rilevarli. Biofisica: disciplina che studia i fenomeni biologici mediante gli strumenti e i principi della fisica. Quantistica: teoria fisica che studia e descrive i sistemi basandosi sul concetto di quanto».

In pratica?

«Be', intanto già dal 1761 si sa che Leopold Auenbrugger, medico viennese figlio di un oste, usò la percussione come tecnica semeiotica dietro suggerimento del padre, che batteva sulle botti di vino per valutarne il livello. Io ho applicato al corpo umano le leggi della dinamica non lineare, come nella turbolenza. Ogni organo interno può essere stimolato attraverso una pressione sui *trigger points*, o punti grilletto, che sono zone della pelle corrispondenti ai tessuti sottostanti. Con sollecitazioni d'intensità differente si ottengono onde sonore che hanno una precisa durata, auscultabili col fonendoscopio. Quanto più le oscillazioni sono irregolari, tanto più l'organo è sano. Quanto più le oscillazioni presentano un ordine apparente, tanto più l'organo è malato».

Mi faccia un esempio.

«Se premo sul cieco, nell'individuo sano lo stomaco e il duodeno si dilatano per 10 secondi esatti. Mai visto 11, mai. Però in caso di lesioni di qualsiasi natura la dilatazione dura meno di 10 secondi. E dura tanto di meno quanto più grave è la lesione. In caso di ulcera, per dire, dura 3-4 secondi al massimo».

Come c'è arrivato?

«È indispensabile una premessa. Il corpo umano contiene 10.000 miliardi di cellule. Di queste, poche, come i globuli rossi che non hanno nucleo, non si trasformeranno mai in cellule maligne. Ma le altre possono in ogni istante degenerare, tramutarsi da elementi sociali in elementi asociali. A impedirlo c'è il sistema psico-neuro-endocrino-immunitario, un apparato di controllo complesso, formato da diversi sottosistemi, che regola la formazione di anticorpi e controlla il movimento microcircolatorio nei tessuti, finalizzato a portare materia, energia e informazioni ai vari parenchimi, vale a dire alle sostanze caratteristiche di ciascun organo, e a far sì che, se una cellula degenera, o ritorni cellula sociale oppure venga distrutta dai sistemi di difesa, in particolare dagli anticorpi».

Continui.

«Sono partito dallo studio del microcircolo e dei mitocondri, cioè di quelle strutture che fanno respirare la cellula, così piccole da non poter essere osservate col microscopio ottico. I mitocondri sono i polmoni delle cellule. Respirando e pulsando ritmicamente, essi arricchiscono la cellula dell'energia indispensabile per far funzionare l'intero organismo e anche per riparare gli eventuali danni del suo patrimonio cromosomico nucleare. Ma in taluni individui esiste una debolezza congenita, una patologia mitocondriale ereditata per via materna, visto che solo la madre trasmette al figlio i mitocondri. L'ho chiamata istangiopatia congenita acidosica enzimo-metabolica, in acronimo Icaem. Su di essa può insorgere il terreno oncologico, variabile per intensità da soggetto a soggetto e da tessuto a tessuto. Senza Icaem non c'è terreno oncologico e senza terreno oncologico non c'è, né potrà mai esserci, tumore. L'Icaem rappresenta la condicio sine qua non di qualsiasi malattia».

E il microcircolo che c'entra?

«Il microcircolo è la parte più periferica dell'apparato circolatorio, quella che inizia quando i vasi sanguigni hanno raggiunto i 100 micron di spessore, cioè i 100 millesimi di millimetro. Una carenza di ossigeno nel microcircolo viene compensata dalla moltiplicazione incontrollata delle cellule, incluse quelle tumorali. Il microcircolo si modella a seconda della patologia presente nel parenchima. Risalendo dai vasi possiamo sapere che cosa accade nelle cellule. La difficoltà principale è stata quella di studiarli con un semplice stetoscopio. Quando un microvaso è aperto al sangue, un altro è chiuso; successivamente il secondo si apre e il primo si chiude, in una sequela di dinamiche irregolari che sembrano sfuggire a una conoscenza clinica. E qui m'è venuto in aiuto Anthony Quinn».

Prego?

«Ma sì, nel 1988 l'ho visto a Cremona mentre girava il film *Stradivari*. Davanti al duomo, centinaia di comparse. A volte alcune stavano ferme e altre si muovevano; poi si muovevano le seconde e si fermavano le prime. Quelle persone mi hanno ricordato i globuli rossi che si muovono nei capillari, i microvasi nutrizionali. A un certo punto uno squillo di tromba annunciò l'arrivo dei cavalieri al soldo del padrone di Cremona e tutte le comparse si mossero nella stessa direzione, cioè verso il duomo, e alla stessa velocità. Mi dissi: se riesco a trovare un'analoga stimolazione di questi microvasi, posso in quell'istante studiarli in qualsiasi tessuto».

Ha l'occhio clinico e anche cinematografico.

«L'occhio clinico non è che un'intuizione. Non si conosce solo con i sensi e con l'intelletto ma anche con quella che Albert Einstein chiamava immedesimazione amorosa nell'oggetto della conoscenza. Ho imparato cose preziose sul microcircolo perché ci passo dentro le giornate, da anni».

Non crede che la diagnosi di terreno oncologico possa avere contraccolpi psicologici pesanti sul paziente?

«È forse preferibile ignorarla? Io stesso so d'avere un terreno oncologico. E anche un reale rischio di cardiopatia ischemica. Tant'è vero che nel 2001 m'è venuto un infarto, pur non avendo una costituzione diabetica».

Medico, cura te stesso.

«Bravo, ma l'ho scoperto solo dopo che ero portatore di reale rischio. Perché invece a un iperteso diabetico e fumatore non viene l'infarto? Ho scritto al professor Attilio Maseri. Il grande cardiologo che ha curato la regina Elisabetta d'Inghilterra sta ancora cercando una risposta. Mi ricorda i bambini che si alzano sulla punta dei piedi per raggiungere la maniglia. Ma la porta l'ho già aperta io a un congresso mondiale in Argentina: a quell'iperteso non viene l'infarto perché non presenta un reale rischio di cardiopatia ischemica. E per saperlo basta la percussione dello stomaco».

Comprendo la diffidenza del professor Maseri.

«Allora la stupirò ulteriormente con l'esperimento di Lory, dal nome di mia nipote, che me l'ha ispirato. Sapevo che la compressione delle ghiandole salivari provoca un afflusso di sangue nel pancreas, che non a caso nell'Ottocento era chiamato ghiandola salivare dell'addome. A Natale del 2007, dopo il pranzo, ho chiuso mia moglie Marina in una stanza e la sua sorella gemella Wilma in un'altra. Ho ordinato a Wilma di comprimersi con un dito la parotide e ho rilevato una congestione di 10 secondi nel pancreas di mia moglie».

Mi prende in giro?

«Siamo fatti di materia, quindi di molecole, quindi di atomi, quindi di neutroni, protoni, elettroni. Quando ci mettiamo in relazione, le nostre particelle s'intrecciano con quelle altrui in un *entanglement* quantistico, un aggrovigliamento. Credevo che ciò avvenisse solo sui gemelli. Invece ho sperimentato che il riflesso gastrico avviene su chiunque: basta che la comunicazione fra i due sia aperta. La prova scientifica che siamo tutti figli di uno stesso padre e di una stessa madre».

Torniamo al terreno oncologico.

«Non dobbiamo nasconderci la realtà: questa è la linea di demarcazione fra chi non avrà mai un tumore e chi potrebbe svilupparlo. La genomica pretende di scoprirlo studiando le modificazioni genetiche. Non ci arriverà mai. Anziché salire sulle Alpi, bisogna scendere alla foce del Po. Io l'ho fatto».

Ma il terreno oncologico è reversibile?

«Certamente. Possiamo indebolirlo, renderlo terreno oncologico residuo, facendo lavorare meglio i mitocondri».

Come?

«Innanzitutto con la dieta, etimologicamente intesa, dal latino *dies*, giorno. Quindi programmando lo stress quotidiano. Tenendo d'occhio l'indice di massa corporea, che calcola il rapporto fra il peso e l'altezza di una persona: il grasso mette in crisi i sistemi biologici. Camminando molto: l'attività fisica facilita lo scorrimento del sangue che nutre l'endotelio. Mangiando peperoncino rosso, che stimola i recettori delle fibre C, le quali stimolano a loro volta la secrezione naturale di due ormoni, melatonina e somatostatina, indispensabili per una buona ossigenazione dei mitocondri. Evitando le sigarette».

Lei è l'unico al mondo a parlare di terreno oncologico.

«Se ne parlassero gli oncologi, allora non farebbero

la mammografia a tutte le donne, ma solo a quelle che ne hanno bisogno; non doserebbero il Psa a tutti gli uomini, ma solo a quelli che ne hanno bisogno. Ho chiesto all'American cancer society: "Conoscete l'esistenza del terreno oncologico? La vostra mancata risposta sarà per me un'affermazione". Sono stato contattato dagli americani mentre mi facevo esaminare gli occhi dall'oculista a Chiavari. Ha preso la telefonata il dottor Emerico Zigliara, che li ha pregati di mandarmi un'e-mail: sì o no, con la firma sotto, però. L'ha vista lei? Per iscritto non ti mettono niente. Ho rivolto il medesimo invito al professor Umberto Veronesi in ben tre occasioni pubbliche, volevo confrontarmi con lui. Non mi ha mai risposto».

È troppo impegnato sul fronte eutanasia per darle retta.

«Gli oncologi non conoscono che un angolino della medicina, piccolo piccolo. Loro prediligono la medicina di Marte, tutta attacco e aggressione – ti buco la vena, ti bombardo di raggi, ti tolgo un pezzo per sapere che cos'hai – anziché quella di Venere, fatta di tatto e di contatto, di ascolto devoto e pio di ciò che il corpo umano sta dicendo. Loro non si chiedono perché sullo stesso pianerottolo la famiglia Bianchi si ammala di cancro e la famiglia Rossi no. Dovrebbero rileggersi la poesia di Martha Medeiros, quella che il ministro Mastella attribuì erroneamente a Pablo Neruda. Lentamente muore chi non fa domande su ciò che non sa. Lentamente muore chi non dà risposte a domande su ciò che sa».

LUCIANO STERPELLONE
Le malattie che hanno fatto storia

Più che dagli inglesi e dai prussiani, Napoleone fu sconfitto a Waterloo dalle emorroidi. Beethoven morì sordo ma soprattutto ubriaco. Stalin era affetto da psicosi paranoica e i medici Levin e Pletnev, che nel 1937 gliela diagnosticarono, trascorsero i successivi 25 anni in un gulag a ringraziare Dio, o il fato: la condanna originaria, commutata in carcere duro, era alla pena capitale. Non andò meglio, nel gennaio 1953, ai colleghi che curavano il sanguinario dittatore ormai in preda a marasma mentale: furono accusati di un complotto teso «ad accorciare la vita di noti dirigenti dell'Urss, praticando loro trattamenti nocivi». Il processo, che nelle intenzioni di Stalin si sarebbe dovuto concludere non con la fucilazione – troppo compassionevole – bensì con l'impiccagione degli imputati, fu provvidenzialmente interrotto, il 5 marzo, dal decesso del paranoico.

È da allora, anzi addirittura da prima, dal 1952 – quando fu iscritto ai due Ordini che a 84 anni continua a servire con uguale dedizione, quello dei medici e quello dei giornalisti – che Luciano Sterpellone fa l'inviato speciale nelle malattie. Ovvio che il sensorio vigile del cronista si rianimi ogniqualvolta l'occhio clinico del medico incrocia un paziente illustre. Ecco spiegato perché l'ultimo dei 120 libri che Sterpellone ha scritto nel corso della sua carriera s'intitoli *Famosi e malati* e abbia in copertina un ritratto del Bonaparte con la mano destra infilata nella marsina a proteggersi la pancia (un classico dell'iconografia napoleonica) e un termometro a mercurio infilato in bocca (una licenza poetica dell'editore).

Per crudele contrappasso, al giornalista di medicina più famoso d'Italia non poteva che capitare una complicatissima affezione al dotto di Stenone: «Una mattina di due anni fa, mentre mi stavo radendo, ho notato allo specchio un gonfiore sospetto nella guancia destra. Dopo lunghi accertamenti, mi hanno scoperto un calcolo nel dotto escretore che porta la saliva dalla parotide alla bocca. Come tutti i medici, ero terrorizzato all'idea di finire sotto i ferri. Dieci ore d'intervento chirurgico. Purtroppo in questa zona passano il nervo facciale, il tratto terminale dell'arteria carotide esterna e il nervo auricolotemporale... Non è stata una passeggiata».

Già specialista in patologia clinica alla Sapienza di Roma, autore di una *Storia della medicina* in dieci volumi, ospite fisso per 28 anni di fortunate trasmissioni radiofoniche e televisive (*Dottore buonasera*, *S come salute*, *Check up*), collaboratore di quotidiani e della rivista *Kos* edita dal San Raffaele di Milano, Sterpellone ha passato in corsia solo tre lustri della sua lunga vita e poi s'è interamente dedicato alla divulgazione scientifica. Con una serietà riconosciuta persino da Simon Wiesenthal, il cacciatore di criminali nazisti che aveva assicurato alla giustizia, fra gli altri, Adolf Eichmann, l'ideatore della "soluzione finale", e Karl Silberbauer, l'ufficiale della Gestapo responsabile dell'arresto di Anna Frank. «Nel 1978 Wiesenthal esaminò per due mesi nel suo ufficio di Vienna il mio libro *Le cavie dei lager*, che l'editore Mursia si apprestava a pubblicare. Alla fine non solo acconsentì a stendere la prefazione, ma decise, bontà sua, che io ero la persona giusta cui affidare la documentazione relativa ai folli esperimenti compiuti sugli ebrei nel campo di concentramento di Ravensbruck, dove per testare l'efficacia dei sulfamidici si praticavano ai prigionieri incisioni lunghe otto centimetri nelle quali venivano inoculati batteri infettivi e pus oppure piantati pezzi di ferro e di legno per riprodurre le ferite riportate dai soldati al fronte».

Quando ha cominciato a occuparsi della salute dei Vip?

«Nel 1948. Ero a Vienna per uno stage in patologia all'Allgemeines Krankenhaus, l'ospedale generale. Siccome amo la musica classica, mi ricordai che lì il 27 marzo 1827 era deceduto Beethoven e mi saltò in mente di chiedere la sua cartella clinica. Dopo una decina di minuti mi fu consegnata».

Non ci credo. Sono due mesi che aspetto di avere la cartella di un mio ricovero in day hospital avvenuto nel 2003.

«Giuro. Erano una decina di fogli, scritti con grafia minuta, dai quali si evinceva che il grande compositore era stato ucciso a soli 57 anni da una cirrosi epatica e che l'autopsia aveva dimostrato un eccesso di consumo d'alcol. Nella Vienna postbellica, divisa in quattro parti dagli Alleati, cercai invano anche le orecchie di Beethoven, che nel referto autoptico risultavano enucleate dalla testa da un certo dottor Wagner, ironia della sorte, e messe in formalina. Ma non le trovai. Erano andate perse sotto i bombardamenti».

Nelle biografie dei personaggi famosi raramente si fa cenno alle loro malattie.

«Vero. Eppure Sigmund Freud sosteneva che una biografia è monca se non contiene riferimenti alle abitudini sessuali. Direi la stessa cosa per la salute. Il fatto che uno psicoanalista, quindi un medico, abbia continuato a fumare dopo aver subìto 23 interventi demolitivi per un cancro alla bocca – sto parlando di Freud – meriterebbe qualche investigazione in chiave psicoanalitica. Gli fu asportata la metà del palato duro, ma fino all'ultimo non rinunciò mai a sigari e sigarette».

Le malattie cambiano il corso della storia?

«Eccome. Vittorioso nella prima fase della battaglia di Waterloo, Napoleone fu costretto verso sera a rintanarsi nella sua tenda in preda a una violenta crisi emorroidaria. I medici tentarono invano di alleviare l'infiammazione applicandogli acetato di piombo sulla zona congesta e turgida. Alla fine il dolore era così forte che l'imperatore fu imbottito di laudano, un oppiaceo che gli fece perdere la lucidità. Se Napoleone fosse stato presente a se stesso, forse la battaglia avrebbe avuto un esito diverso».

Per restare nelle retrovie, la proctologia un secolo prima aveva giocato un ruolo decisivo anche nelle vicende del Re Sole.

«A tal punto che alcuni storici suddividono il regno di Luigi XIV in due periodi, *avant la fistule* e *après la fistule*, tanto ne era condizionato. Non per nulla la riuscita dell'operazione fu salutata con inni, lodi e poesie. Il chirurgo di corte, François Felix De Tassy, inventò per l'occasione un bisturi speciale, detto *à la royale*. Prima d'usarlo sulla fistola anale dell'augusto infermo, si fece la mano su non meno di 300 sventurati all'ospedale della Salpêtrière di Parigi».

Gli esperimenti sulle cavie umane cominciarono ben prima di Josef Mengele.

«Può dirlo. Quando Enrico II, re di Francia, fu gravemente ferito a un occhio durante una giostra cavalleresca organizzata nel 1559 per le nozze della figlia, i medici fecero decapitare all'istante quattro galeotti reclusi a Le Châtelet in modo da poter simulare la lesione inferta al sovrano. Che nonostante l'inutile mattanza morì di lì a dieci giorni a soli 40 anni per quella che oggi definiremmo meningoencefalite traumatica. Fra i carnefici figurava peraltro il grande Ambroise Paré, il più famoso barbiere-chirurgo del tempo, il quale prima delle operazioni addormentava i pazienti a cazzotti, visto che l'anestesia generale sarebbe arrivata solo quattro secoli dopo».

Insomma, la medicina è sempre progredita a spese di qualcuno.

«Certo. Il celebre clinico londinese Richard Mead nel 1721 inoculò il pus vaioloso a sette condannati a morte rinchiusi nel carcere di Newgate. Era stata lady Mary Wortley Montagu, moglie di un diplomatico inglese a Costantinopoli, a raccontare a corte che in Oriente si proteggevano dalla terribile malattia inalando o innestando la polvere ottenuta dalle pustole essiccate dei malati di vaiolo. Solo dopo aver provato sui morituri la variolazione, o vaiolazione, il futuro re Giorgio II acconsentì a far immunizzare anche le proprie figlie».

Degli importanti pazienti su cui ha indagato, il più paziente di tutti chi fu?

«Il filosofo Friedrich Nietzsche. Nella cui anamnesi ho rintracciato violenti dolori al capo e agli occhi fin da bambino, sifilide contratta in un bordello in giovane età, difterite, dissenteria, epatite infettiva, insonnia, esaurimento fisico, depressione e paralisi progressiva, oggi chiamata demenza paralitica, una conseguenza diretta della lue. Credeva d'essere la reincarnazione ora di Voltaire, ora di Napoleone, ora di Wagner. La sua follia esplose a Torino. In piazza Carlo Alberto abbracciò un cavallo urlandogli: "Amico mio, non soffrire". A 56 anni il fautore del mito del Superuomo, inchiodato a una carrozzella e incapace di qualsiasi ragionamento, fu ucciso da una polmonite».

Quello curato meglio?

«Forse fu il pianista George Gershwin. Per un accesso cerebrale venne operato in modo corretto e tempestivo, addirittura via radio, dal miglior neurochirurgo del tempo. Ma fu tutto inutile: il classico caso della serie "l'operazione è riuscita, ma il paziente è morto"».

Quello curato peggio?

«Quanto tempo ha da dedicarmi? Franz Kafka: siamo già nel 1924, ma per la sua tubercolosi laringea i dottori prescrivono allo scrittore un ciclo di bagni freddi nel Danubio. Aleksandr Borodin: si può dire che non sia stato neppure curato perché, quando nel 1887, colpito da ictus cerebrale, il musicista russo cadde improvvisamente a terra durante il ballo mascherato all'Accademia di Pietroburgo, i medici presenti credettero che si trattasse di uno dei suoi soliti scherzi. Piotr Ilich Chajkovskij: dopo aver bevuto l'acqua infetta della Neva, l'autore del *Lago dei cigni* e dello *Schiaccianoci* si prese il colera, ma, nonostante fosse subentrata un'insufficienza renale acuta, i clinici insistettero a curarlo con bagni caldi».

Di quali altre cure dissennate ha trovato traccia?

«La cefalea cronica di Martin Lutero veniva contrastata con un miscuglio di vermi cotti e midollo di cervo. Lorenzo il Magnifico, afflitto dalla gotta come tutta la famiglia dei Medici, fu messo dai parenti nelle mani del medico personale del duca di Milano, Lazzaro da Pavia, un luminare. Il quale cominciò una terapia a base di polvere di diamanti, smeraldi, topazi, rubini e altri minerali, convinto che contenessero un miracoloso "succo petrifico". L'assunto era il seguente: se le particelle delle pietre stanno insieme, deve esserci una sostanza che lega gli elementi fra loro, quindi quella stessa sostanza terrà insieme anche il corpo umano. Risultato: a 42 anni il signore di Firenze era già morto».

Se crepavano in questo modo i potenti, figurarsi i poveracci...

«Per più di mille anni, fino al Settecento, uno dei farmaci più usati è stato la mumia, cioè la resina che filtrava dalle sepolture degli antichi egizi. Sempre in base a un assunto insensato: se i faraoni, benché morti, erano arrivati intatti fino ai nostri giorni sotto forma di mummie, questa colatura doveva pur avere qualche beneficio anche sui vivi. Fu imbastita una truffa mondiale sull'assurda terapia, con sostanze catramose spacciate per mumia».

Chi fu il più stoico nel dedicarsi alle sue normali occupazioni nonostante una grave infermità?

«Giacomo Puccini. Il tumore alla laringe non gli impedì di continuare la stesura della *Turandot*. Il male ebbe il sopravvento proprio mentre il compositore stava lavorando all'"aria della morte" di Liù. Donde il sommesso omaggio del maestro Arturo Toscanini, che nella prima rappresentazione alla Scala, il 25 aprile 1926, posò la bacchetta, si voltò verso il pubblico e mormorò: "Qui finisce l'opera perché a questo punto il maestro è morto". Non meno coraggiosa Eleonora Duse, affetta da tubercolosi polmonare, che nonostante la diagnosi impietosa del medico si alzò dal letto, chiese ragguagli sulle prove della *Denise* di Dumas figlio e concluse: "Riprendiamo domani. Quanto a morire, morirò dopo". Andò in palcoscenico fino all'ultimo, ansimante e piegata dalla tosse».

I papi erano curati meglio dei re?

«Non direi. Siccome Pio XII, affetto da ipertrofia prostatica, aveva notevoli problemi di minzione, prima gli furono somministrati non meglio precisati "decongestionanti venosi" e magnesio, poi gli venne imposta una misteriosa "dieta biogenica", quindi si passò all'omeopatia e un medico svizzero, Paul Niehans, gli praticò una cervellotica cura di "cellule vive animali". Fino a quando Papa Pacelli non si decise a reclutare due ottimi clinici, che scelse di persona fra quelli "di sicura fede monarchica"».

Ma poi il suo archiatra, il professor Riccardo Galeazzi Lisi, vendette a un rotocalco le foto della salma del pontefice.

«Ben poca cosa rispetto alla sorte riservata nel 1824 al cadavere di Lord Byron, che per essere traslato dalla Grecia all'Inghilterra via mare fu immerso in un barile d'alcol, visto che all'epoca non esistevano certo le celle frigorifere. Giunto al porto di destinazione, il comandante del brigantino consegnò la salma alle autorità e vendette per una ghinea alla pinta l'alcol in cui era stata conservata».

Paolo VI per la sua prostata preferì ricorrere al bisturi.

«Primo caso di un papa sottopostosi alla resezione chirurgica. Invece Charles De Gaulle trovò sollievo in un catetere a permanenza che consentiva lo svuotamento della vescica. Il miglioramento fu tale che il generale chiese di potersi congratulare con l'inventore. Quando gli spiegarono che era un americano, ebbe un impeto sciovinista e pretese che la cannula fosse subito rimossa. In seguito, su pressione dei medici, accettò di servirsene a condizione che sulla vicenda calasse il segreto di Stato».

Le malattie hanno influenzato l'arte?

«Senz'altro. Si pensi soltanto alla descrizione poetica che Charles Baudelaire, non sapendo d'essere stato colpito da un attacco ischemico transitorio, fece di quello che ai giorni nostri con un acronimo inglese chiamiamo Tia: "Oggi ho avuto un singolare avvertimento: ho sentito passare su di me un soffio d'imbecillità"».

Grandioso.

«La feconda malinconia di Giacomo Leopardi non avrebbe toccato le vette sublimi che conosciamo se egli non fosse stato colpito dal morbo di Pott, la tubercolosi delle vertebre, che provocò la comparsa di due gobbe, una sulla schiena e una sul torace, e lo isolò dal mondo, lasciandogli l'unica consolazione della poesia. Così come il giallo nelle tele di Vincent van Gogh era dovuto a xantopsia, un'abnorme visione degli oggetti, che appaiono con una dominante di questo colore. A provocarla era un'intossicazione da digitale, somministrata al pittore olandese contro l'epilessia. Infatti nel *Ritratto del dottor Gachet*, venduto all'asta nel 1990 per 82,5 milioni di dollari, persino il medico curante di van Gogh ha la faccia gialla. Accanto, sul tavolo, una pianta di *Digitalis purpurea*, dalle cui foglie si ricava la digitale».

Grandi tossicomani ve ne furono?

«Un'infinità: Henri de Toulouse-Lautrec, Oscar

Wilde, Adolf Hitler, Hermann Göring, Marilyn Monroe, Edith Piaf, Rock Hudson, Sammy Davis. Furono trovate tracce di hashish persino nelle pipe che fumava William Shakespeare».

Che cosa pensa dei medici d'oggi?

«C'è una diatriba sul loro eccesso di specializzazione a scapito d'una visione d'insieme del paziente. Io trovo invece che i trentenni abbiano una preparazione superiore a quella che avevamo noi alla loro età. Se un medico trentenne si fosse addormentato nel 1930 e si fosse ridestato nel 1960, al risveglio avrebbe saputo più o meno tutto quello che c'era da sapere. Oggi un medico che smette per tre anni d'aggiornarsi perde la metà del suo sapere, quindi del suo valore».

Pensa che la malattia abbia un significato finalistico?

«No. Però t'insegna qualcosa. Finché non ho avuto questo guaio al dotto di Stenone, credevo d'essere eterno».

Nella sua esperienza di medico c'è un malato "normale" che le è rimasto impresso nella memoria?

«Un vecchio generale. La prima volta che entrai nella sua camera m'investì con una caterva di contumelie. Ci rimasi molto male. Poi seppi che era affetto dalla sindrome di Gilles de la Tourette, detta anche morbo della parolaccia, una malattia degenerativa del sistema nervoso centrale che si esprime fra l'altro col turpiloquio. Sino alla morte, a ogni mia visita, continuò a ricoprirmi d'insulti irripetibili. Ma gli ho voluto bene lo stesso».

UMBERTO TIRELLI
Il professor Parlo Chiaro

Al Cro di Aviano non ci sono orari di visita. Chiunque può entrare quando vuole. Non c'è tempo da perdere, al Cro di Aviano. I giorni, le ore, i minuti stessi sono più preziosi che in qualsiasi altro ospedale. Qui arrivano unicamente i malati che combattono la battaglia finale per la vita. Lo sanno loro, lo sanno i parenti.

Ad Aviano, in Friuli, ci sono soltanto due cose: da una parte la base dell'aviazione americana, con le piste di decollo e gli hangar verde marcio; dall'altra il cancro, anche se ha perso la prima sillaba e lo chiamano Cro. Significa Centro di riferimento oncologico. Un ospedale che sembra un hotel di Cancun, ai piedi delle montagne, l'erba tagliata di fresco nei prati circostanti. All'ingresso mosaici di vetro policromi che dovrebbero mettere allegria. Nei corridoi non c'è puzzo né di cloro né di broccolo. È uno dei sette istituti nazionali tumori del ministero della Sanità. Il Dipartimento di oncologia medica è diretto dal professor Umberto Tirelli. Il tenace avversario della cura Di Bella, protagonista di tanti duelli in Tv e sui giornali. Lo scienziato che ha ingaggiato epici scontri con il ministro Tex Willer Bordon, come lo chiama lui, per via delle onde elettromagnetiche. Il socio fondatore di Angolo (acronimo di Associazione nazionale guariti o lungoviventi oncologici). Il primo a occuparsi in Italia della Cfs (Chronic fatigue syndrome, sindrome da stanchezza cronica) e il primo a occuparsi dei tumori associati all'Aids. Il cofondatore di Galileo 2001, un'associazione di scienziati che si batte per la diffusione di informazioni corrette riguardo all'ambiente.

Se gli chiedi come mai è in guerra col mondo, risponde: «In Italia non c'è rispetto per la ricerca scientifica, i suoi metodi e i suoi risultati. L'ultimo che passa per strada spara la prima cazzata che gli viene in mente e finisce in prima pagina. E il bello è che molti ci credono». Esempio: «Hanno scritto che l'uranio impoverito fa aumentare i linfomi di Hodgkin. Però tra i soggetti presi in esame risulta una riduzione di tutti gli altri tumori. Allora l'uranio fa bene? Naturalmente no, ma non talmente male da far aumentare i tumori: lo confermano tutte le ricerche condotte su questo argomento nel mondo». Altro esempio: «Arrivano a Trieste i ragazzi di Cernobyl. La gente crede che vengano qui per curarsi. Invece sono in vacanza. È vero che in quella regione si riscontra un incremento dei tumori alla tiroide nei bambini, che peraltro guariscono quasi tutti. Ma la prima causa di morte dopo il disastro nucleare sa qual è? Il suicidio. E quell'incidente è stato causato di proposito da un pazzo ubriaco che era il responsabile di quella centrale nucleare. In altre parole, bisogna fidarsi dei dati scientifici e non delle impressioni o dei sentimenti di paura che vicende come quelle dell'uranio impoverito e di Cernobyl possono ingenerare nelle persone».

Alle pareti dello studio, dove t'aspetteresti di trovare diplomi di laurea e tavole di anatomia, il professor Tirelli tiene appese fotografie di pomodori, cetrioli, ciliegie, uva, meloni. È orgoglioso d'essere nato nella campagna più grassa d'Italia. Suo padre, un rappresentante di elettrodomestici, conduceva un'azienda agricola a San Martino in Rio, Reggio Emilia.

L'oncologo di Aviano è un sarto che cuce il vestito su misura per ciascun paziente, anche anziano o affetto dal virus dell'Hiv, cioè colpito dall'Aids. Attento alle misure, meticoloso nelle prove, perché esistono oltre cento tipi di tumori conosciuti e ognuno ha un profilo particolare e richiede una cura personalizzata. Un artista, insomma. Come lo fu l'omonimo Umberto Tirelli, nato dalle sue stesse parti, che sarto lo era davvero e vestì i personaggi dei film di Luchino Visconti e Federico Fellini.

Tirelli ha 60 anni e da 32 fa ricerche sul cancro. Dalle 7 di mattina, quando si alza, a mezzanotte, quando va a letto dopo aver dedicato all'ex "male incurabile" anche il dopocena, non smette mai d'indagare. Non lo dico per il fatto che è docente di oncologia medica all'Università di Udine e *visiting professor* all'Università di Stanford, Palo Alto, California, e quindi aggiornarsi gli tocca. Lo dico perché ho intravisto persino nel bagno del suo studio, impilati per terra, decine di faldoni gonfi di relazioni scientifiche.

Il cancro rischia di diventare la prima causa di morte?

«Sì. Oggi è la seconda, preceduto solo dalle patologie cardiovascolari. Sembrerebbe un controsenso, visto che il 50 per cento dei tumori può essere guarito. Ma la popolazione sta invecchiando e l'incidenza del cancro aumenta con l'età. Un malato su due è anziano. Le terapie danno i risultati peggiori dai 65 anni in su. Inoltre molti non abbandonano gli stili di vita sbagliati: per esempio, molte donne continuano a fumare e i tumori del polmone diventano sempre più spesso per il sesso femminile la prima causa di morte nei Paesi occidentali».

Quanti pazienti vedeva morire all'inizio della sua carriera?

«Sempre troppi. Io non guardo ai 50 che guariscono: guardo ai 50 che muoiono. Finché ne perderò anche uno solo, per me sarà sempre una sconfitta».

Non siamo immortali.

«Lei mi crede pessimista? No, sono realista. Quando la domenica mattina, al bar Posta di Pordenone, vedo ragazzini che fumano come vaporiere, non posso fare a meno di pensare che si stanno accorciando la vita di dieci o vent'anni. E nessuno dice nulla, nemmeno i medici».

Quali sono i peggiori tipi di tumore?

«Quelli del pancreas, del cervello, del polmone non operabili e le leucemie acute dell'anziano».

E quelli che lasciano più speranze?

«Cute, collo dell'utero, mammella localizzata, laringe, intestino quando non c'è metastasi, linfoma di Hodgkin. I tumori del testicolo si possono guarire all'80 per cento, anche se metastatici. Voglio ricordare che alle volte si può curare anche senza guarire. Ho pazienti che tengono sotto controllo il cancro da molti anni, anche decenni, alle volte con poche terapie o addirittura senza. È possibile anche guarire definitivamente, però. Nel 1994 ho fondato l'Associazione nazionale guariti o lungoviventi oncologici. Lo so, lungoviventi è una parola brutta, ma non ho trovato di meglio. Chiamarli *survivors*, sopravvissuti, come fanno gli inglesi, sarebbe stato peggio. Abbiamo anche attivato la prima clinica dei guariti di tumore in Italia, tra le prime nel mondo».

Perché all'interno d'una stessa famiglia una persona s'ammala di cancro e un'altra no?

«Ci possono essere delle predisposizioni genetiche. Se una donna ha avuto la mamma, la nonna e una zia col cancro alla mammella, è bene che si tenga sotto controllo. E così vale per chi ha familiari con tumori del colon o della prostata. Se invece in una famiglia ci sono stati sì casi di tumore, ma diversi fra loro, i rischi s'abbassano».

L'arma migliore di cui disponete?

«La chirurgia. È chiaro che nelle leucemie o nei linfomi non serve. In seconda battuta, chemioterapia e radioterapia».

E per il futuro?

«Sarà sempre di più una medicina predittiva, cioè capace di valutare preventivamente in base alla genetica il rischio individuale per i vari tipi di cancro. Già oggi nei tumori della mammella, del colon-retto e della tiroide si può identificare una persona a rischio grazie a queste tecniche. Bisognerà d'altra parte tener conto dell'impatto psicologico e sociale della medicina predittiva».

Quali sono i sintomi da non sottovalutare per una diagnosi precoce dei tumori?

«Un nodulo sulla pelle, sulla mammella o in bocca che compare all'improvviso. Un neo che cambia dimensioni e caratteristiche. Una tosse persistente. Un calo di peso che non si spiega. Una perdita di sangue anomala. Una profonda stanchezza non imputabile a cause note. In generale tutti i sintomi che permangono per troppo tempo senza una ragione».

Vi sono test periodici ai quali conviene sottoporsi?

«Certamente. Per le donne mammografia, rettocolonscopia e pap-test a cominciare da quando sono sessualmente attive e per tutta la vita. Per gli uomini rettocolonscopia, esplorazione rettale, visita prostatica e Psa, l'antigene prostatico specifico, per il quale basta un prelievo di sangue».

L'ultima volta che lei s'è fatto controllare?

«Qualche mese fa mi sono sottoposto al Psa e agli altri esami che nel mio ospedale sono obbligatori ogni anno. Ho già fatto alcune esplorazioni rettali per l'esame della prostata e mi sottopongo periodicamente all'esame del sangue occulto nelle feci. Ho appena fatto una rettocolonscopia di screening».

Non è facile seguire il suo esempio...

«Non sono esami piacevoli, lo capisco. Ma ogni anno si contano 30.000 nuovi tumori del colon. La diagnosi precoce è l'unica strada».

Ha mai avuto familiari o amici colpiti da tumore?

«No. Sono un privilegiato».

Dovesse, Dio non voglia, capitare a lei?

«Prima di tutto me ne farei una ragione. Una persona su tre sviluppa un cancro. È statistica».

Da chi andrebbe a farsi curare?

«Andrei dove i tumori vengono combattuti da gruppi multidisciplinari con diversi specialisti – chirurghi, radioterapisti, oncologi medici – che parlano fra loro e decidono al meglio. Inoltre preferirei gli ospedali dove si fa ricerca».

Come il suo?

«Come il mio».

Fanno bene i malati a rivolgersi a vari centri oncologici o devono fidarsi di un unico medico?

«È senz'altro meglio ascoltare varie opinioni. Al mio sito www.umbertotirelli.it arrivano ogni giorno oltre cento richieste d'aiuto».

E risponde a tutti?

«Certo. A volte li mando pure al diavolo. Un tizio mi scrive il 1° dicembre. Il 3 apro il suo messaggio. Il 7 mi manda un sollecito nervoso. L'8 mi riscrive: "Siete bravi soltanto a chiacchierare". Gli ho risposto ugualmente. Con una postilla finale: lei è un gran maleducato».

Ascoltando pareri diversi alla fine non si sa più a chi dar retta.

«Nei casi più complicati può accadere. Ma consigli contrastanti possono essere ugualmente efficaci. Nessun ricercatore serio le dirà mai: tutto sbagliato ciò che lei ha fatto finora».

Al malato va raccontata tutta la verità nient'altro che la verità, oppure un po' di verità, oppure una pietosa bugia?

«La verità, sempre. Ma gradualmente, tenendo conto del suo profilo psicologico, sociale e intellettivo. Il consenso informato è indispensabile per cominciare il trattamento migliore. Come si fa a non dire a un cinquantenne che l'asportazione chirurgica della prostata potrà provocargli impotenza, mentre con la radioterapia non avrà questo inconveniente? Invece bisogna essere molto cauti nel formulare una prognosi. Quando è troppo infausta, meglio tacerla o lasciarla sul vago».

Tra alcuni suoi colleghi pare invece che vada di moda congedare il malato così: «Le restano sei mesi di vita».

«So di un urologo che a un uomo affetto da tumore al rene, con metastasi alle ossa, ha detto: "Lei non ha chance. Fosse mio padre, non le farei nulla". Si può?

Nessuno di noi è Gesù Cristo per prevedere l'andamento di un tumore. Ho visto un malato mandatomi dalle Marche. Dieci anni fa era stato aperto e subito chiuso per un tumore al pancreas. È perfettamente guarito affidandosi alla Madonna. Ho studiato il caso. Si trattava di un linfoma e non di un tumore del pancreas. Comunque, se fosse così semplice, organizzerei dei pullman verso i santuari mariani. O avrebbe ragione Andrea, perito agrario di Treviso, che sui giornali si accredita come colui che guarisce i tumori inoperabili. Sa quanti hanno fatto appello alla Madonna e non hanno avuto la grazia? La stragrande maggioranza».

Bambini le capita di curarne?

«No. Se ne occupa l'oncologia pediatrica».

I suoi figli che età hanno?

«Uno 26 e l'altro 18 anni. A tavola sentono parlare di cancro da quando sono nati. Ormai non ci fanno più caso. Andiamo a vedere le partite di calcio e siamo tifosi dell'Udinese. Il più grande, che è avvocato, si interessa di problemi dello sport».

Perché l'immagine e la voce del cancro, in Italia, sono quelle del professor Tirelli? Maurizio Costanzo Show, Porta a porta, *tiggì, giornali radio...*

«Forse perché cerco di parlare chiaro. Dico quello che penso, anche quando non mi conviene».

Come mai ha combattuto con tutte le sue forze il professor Luigi Di Bella?

«Per proteggere i pazienti oncologici da trattamenti che non avevano, e non hanno, alcuna base scientifica e li avrebbero soltanto danneggiati. Di Bella era solo un fisiologo. Non stava in reparto, non faceva le notti, non assisteva i malati che muoiono vomitandoti addosso il sangue e pertanto è altamente improbabile se non impossibile che potesse avere un'esperienza nella gestione dei pazienti. In Italia ogni giorno lavorativo viene diagnosticato un tumore a mille persone. Con le illusioni mediatiche che si erano create, molti malati rischiavano di abbandonare trattamenti potenzialmente guaritivi, e non solo ovviamente chemioterapici, bensì anche chirurgici e radioterapici. Ho visto donne che con un nodulo alla mammella si erano affidate alla cura Di Bella e dopo pochi mesi presentavano masse tumorali inoperabili. Sarebbe bastato un piccolo intervento chirurgico per risolvere il problema. Qualche anno dopo, nel teatro comunale di Ovada, un'associazione di pazienti oncologici, La Vela, mi ha pubblicamente ringraziato per aver difeso i malati che, a dar retta a giornali e televisioni durante il caso Di Bella, con i trattamenti convenzionali sarebbero morti. Invece, anche grazie alla mia voce, hanno continuato a fare quei trattamenti e si sono salvati».

Eppure molti giurano d'essere guariti con la cura Di Bella.

«Ho visitato parecchie persone che l'hanno eseguita sotto il controllo del professore modenese o dei suoi colleghi e ho potuto constatare che non funziona. Mi avevano confessato che avevano accettato la terapia perché quei medici erano gli unici che avevano promesso loro la guarigione o comunque un controllo a lungo termine della malattia senza effetti collaterali. Il che ovviamente non era vero. Comunque alcune malattie oncologiche possono andare avanti per molti anni senza alcun trattamento e quindi anche la terapia Di Bella poteva risultare efficace, magari dopo che erano state impiegate le terapie convenzionali...»

Di norma la multiterapia Di Bella è inefficace?

«La medicina buona è la medicina che funziona. Per definizione. Che sia convenzionale o no, non me ne frega nulla. Ora la multiterapia Di Bella contiene anche farmaci antitumorali convenzionali, tipo l'Endoxan, che è efficace contro il cancro ma può essere tossico, soprattutto se impiegato per molto tempo, e può generare a lungo termine anche dei tumori indotti. O il Synacthen depot, che è un ormone che provoca generalmente un grande beneficio soggettivo. Al paziente ovviamente viene fatto credere che i risultati ottenuti siano l'effetto antitumorale combinato di somatostatina e melatonina. Ma complessivamente i risultati sono spesso insignificanti o inferiori a quelli che si possono ottenere con i moderni trattamenti oncologici convenzionali».

Per quale motivo di punto in bianco è esploso il fenomeno Di Bella? In fin dei conti erano decenni che il fisiologo andava per la sua strada senza che nessuno se ne occupasse.

«Vi è stata una speculazione politica contro il ministro Rosy Bindi, per mettere in difficoltà la quale a mio parere non c'era assolutamente bisogno del caso Di Bella. Inoltre i costi della somatostatina avevano costretto i pazienti a uscire allo scoperto per denunciare quello che loro ritenevano un sopruso. E lì intervenne il noto pretore d'assalto Carlo Madaro, che poi si diede alla politica. Tutto già visto».

In questo momento di che cosa avrebbe bisogno per svolgere al meglio il suo lavoro?

«Avrei bisogno di accorciare le liste d'attesa. Avrei bisogno di più infermieri. Avrei bisogno di più ricercatori. Avrei bisogno di più flessibilità nella tutela della salute, mantenendo però il timone orientato verso la ricerca scientifica e i suoi risultati. Fuori dagli ospedali dovrebbero attaccare questo cartello: “Qui dentro gli amministratori aiutano i medici a curare meglio i malati”. Spesso succede il contrario».

È stato presidente dell'Aimac fondata dall'ex ministro Francesco De Lorenzo, proclamato a furor di popolo Responsabile Unico di tutte le nequizie della sanità italiana. Non teme d'essere guardato storto dai suoi colleghi?

«Assolutamente no. De Lorenzo è stato, a parere mio e di molti altri ricercatori, il miglior ministro della Sanità degli ultimi decenni. Inoltre, come malato di cancro, ha coraggiosamente saputo sconfiggere questa malattia e utilizzare la sua esperienza per fondare l'Aimac, che negli Usa è stata insignita di un ambitissimo premio da parte del National cancer institute. E più tardi ha dato vita a Favo, la federazione che raggruppa centinaia di associazioni di volontariato in oncologia, di cui è oggi presidente».

Perché lei sostiene che l'elettrosmog non fa male?

«I risultati di numerosi esperimenti su animali e gli studi di laboratorio non hanno prodotto alcuna evidenza a sostegno di un ruolo dei campi magnetici nello sviluppo di leucemie e tumori».

Però a Cesano, dove ci sono i ripetitori della Radio Vaticana...

«Ma per favore! Gli studi compiuti hanno dimostrato che la mortalità fra la popolazione di Cesano, circa 50.000 abitanti, è addirittura inferiore rispetto alla mortalità in altre aree di Roma. Se dovessimo prendere per oro colato tutti i dati epidemiologici, dovremmo chiedere la sistemazione di un ripetitore della Radio Vaticana in ogni città, visto che riduce la mortalità per tutte le cause».

Mi riferivo alla mortalità per leucemia.

«Statisticamente, nell'arco di 15 anni in quell'area c'erano da aspettarsi 0,16 leucemie acute su bambini. Vi è stato invece un caso, un bimbo di 9 anni al quale nel 1993 fu diagnosticata una leucemia acuta. Ebbene, quest'unico caso è bastato per far dire che a Cesano il rischio di leucemie è sei volte superiore che nel resto d'Italia. Come si fa a imbastire uno psicodramma collettivo su queste premesse? Un caso è un caso. Non dimostra nulla».

Che cosa le viene in tasca ad affermare che l'uso dei telefonini non danneggia la salute?

«Niente, ovviamente. Un'indagine condotta sull'intera popolazione della Danimarca, confrontando i dati delle compagnie telefoniche con il registro tumori di tutta la nazione, ha escluso che vi sia una correlazione tra uso di telefonini e insorgenza di tumori, in particolare quelli cerebrali. La verità è che si terrorizza la popolazione per distoglierla dai veri cancerogeni, come il benzene proveniente dagli scappamenti delle auto, l'asbesto degli scarichi di Marghera, le sigarette che ammazzano 100.000 persone l'anno più altre 3.000 per fumo passivo, il radon che provoca i tumori del polmone. Il sottosuolo di Aviano è impregnato di questo gas. Lo monitorano attentamente i militari americani. Chi abita nei primi piani delle case corre seri rischi se non tiene aerati i locali».

È stato il primo, in Italia, a occuparsi di sindrome da stanchezza cronica. Come si manifesta?

«Con una spossatezza indescrivibile, che porta via tutte le capacità di lavoro e di studio. I sintomi sono molto debilitanti: febbricola continua, dolori muscolari e articolari, difficoltà di concentrazione e di memoria. Ho tra i miei pazienti atleti professionisti, anche primatisti italiani nella loro categoria, chirurghi, professori di matematica che non riescono più a fare un'operazione, studenti modello. Si calcola che ne soffrano almeno 100.000 italiani».

Da che cos'è provocata?

«Non si sa con certezza. Probabilmente nella maggior parte dei casi dopo un'infezione si crea uno squilibrio del sistema immunitario, che rimane alterato e produce certe sostanze, le citochine, le quali sono alla base della sintomatologia».

Come si cura?

«Non esistono terapie definitive. Meglio confidare nella profilassi. Consiglio senz'altro di prendere sul serio tutte le infezioni, in particolare l'influenza, stando a riposo assoluto durante la fase acuta e programmando un'adeguata convalescenza. Purtroppo ormai la gente continua a lavorare anche con l'influenza addosso».

ROBERTO VECCHIONI
L'ospedale è la mia casa

Ha preso un impegno con se stesso: «Da sempre e per sempre in ospedale». Roberto Vecchioni – niente a che vedere col cantautore – aveva 11 anni e frequentava la prima media quando una mattina del 1943 il nonno materno Metello Francini, primario chirurgo a Grosseto, lo prese alla sprovvista: «O te che ci vai a fa' a scuola? Vieni con me in ospedale, piuttosto». Francini, nella cui casa il ragazzino originario di Massa Marittima viveva da sfollato, era soprannominato "l'angelo della Maremma". I pastori lo consideravano un Dio in terra, perché era l'unico capace di aprire le loro pance e rimuovere mediante resezione epatica, un intervento giudicato impossibile a quei tempi, l'echinococcosi del fegato, volgarmente detta cisti da echinococco, malattia provocata dalle larve della tenia che gli ovini trasmettono all'uomo.

Strascicando un camice bianco che gli arrivava fino ai piedi, il piccolo Roberto fu portato dal nonno in sala operatoria per assistere a un'emorroidectomia. «Rimasi molto impressionato solo dallo zaffo, un grosso cilindro di bende che a quei tempi si lasciava nell'ano del paziente per tamponare la ferita». La vista del sangue?

Per i Vecchioni non è mai stato un problema. Altrimenti non si spiegherebbe come una quarantina di loro, negli ultimi 150 anni, abbiano abbracciato la medicina e la chirurgia.

La scena si ripeté la settimana dopo, e quella dopo, e quella dopo ancora: «O te che ci vai a fa' a scuola?» Finché l'insegnante di latino non convocò la madre dell'alunno: «Senta, signora, ma che cos'ha suo figlio che è sempre assente e mi torna in classe con una giustificazione per malattia firmata dal nonno?»

Oggi il professor Roberto Vecchioni, chirurgo, abita a Verona, al numero 10 di piazzale Ludovico Antonio Scuro. Ma chi cerca casa sua e un campanello da suonare non li trova: quello è l'indirizzo del Policlinico. È lì che vive da 40 anni, pur avendo famiglia e un elegante appartamento nel centro storico. «Il giorno che arrivai qui, 30 settembre 1969, c'erano ancora i muratori. In sala operatoria mancavano i pavimenti». Adesso è un falansterio della scienza e della salute alto otto piani, diviso in due lotti, con 650 posti letto; attorniato da poli didattici, istituti biologici, piastra odontoiatrica, biblioteche, mense, eliporto; frequentato ogni giorno da 5.000 fra malati, studenti e visitatori; dove lavorano 1.200 fra medici e paramedici.

L'anulare sinistro perso subito dopo il matrimonio in un incidente di barca («la chiamano "malattia del camionista": la fede nuziale s'incastra nella maniglia mentre il guidatore scende dalla cabina e il dito resta appeso alla portiera») non ha impedito a Vecchioni di conquistarsi il titolo di «uomo dalle mani d'oro» e di tirar su un'intera generazione di fuoriclasse, come il professor Paolo Pederzoli, considerato il mago dell'endocrinochirurgia, massimo specialista dei tumori del pancreas, e Claudio Cordiano, Gennaro Rosa e Alberto Ottolenghi, divenuti presidenti rispettivamente delle Società italiane di chirurgia, di colonproctologia e di chirurgia pediatrica.

Sette anni fa il decano s'è ritirato da solo la patente: superato il giro di boa dei 50.000 interventi nelle "sue" sale operatorie, di cui non meno della metà eseguiti in prima persona, ha deposto il bisturi ed è andato in pensione. Ma siccome l'ordinario di chirurgia generale adesso è stato nominato professore emerito dell'università scaligera, al mattino si sveglia ancora nello studio-casetta che s'è ricavato al terzo piano del lotto B. Fa la doccia, si sbarba, indossa il camice bianco e scende a far colazione al bar interno («che lotte per ottenerlo dall'allora presidente: lui non lo voleva per paura che i medici vi si fermassero a far flanella»). A mezzogiorno solo un panino, anche se fornello e frigorifero gli hanno sempre garantito la piena autosufficienza. La sera cena leggera e macchina per scrivere: oltre 500 pubblicazioni scientifiche che recano la sua firma sono nate così, di notte. «Le pare che andavo a svegliare mia moglie e i figli piccoli alle due o alle tre? Mi coricavo qui e alle otto ero già pronto per il giro». Un unico accorgimento: due poster di regate veliche incollati al vetro smerigliato sopra la porta per impedire che la luce al neon del corridoio filtri fino al divano-letto.

Nel guardaroba tiene vestiti, càmicie, cravatte e scarpe per far fronte alle improvvise convocazioni del rettore. Un allievo giura d'aver visto una canottiera sullo stenditoio nell'antibagno. Vecchioni non nega: «Forse d'estate. Una lavatina col sapone di Marsiglia... Intendiamoci, mica sto qui per fare il bucato». Una notte un suo collega di guardia ha pensato a una sparatoria in corsia, invece era il cattedratico che alle tre guardava un film western in Tv. «Comunque adesso uso queste», e agita un paio di cuffie.

Sapevo che l'ospedale diventa per voi una seconda casa, ma non credevo fino a tal punto.

«È l'abitudine. Uno dei tre medici che vennero con me da Padova ad aprire questo nosocomio, l'insigne radiologo Gianfranco Pistolesi, siccome non andava mai in ferie, s'era fatto attrezzare un giardino privato con bersò e sdraio. E d'estate spediva agli amici una cartolina, con la scritta "Saluti dal Policlinico di Verona", che lo ritraeva in panciolle qui davanti».

S'è laureato all'Università di Padova?

«Sì, nel 1957. Mio padre Biagio m'aveva fatto iscrivere a Pisa. Ma ebbi una disavventura accademica. Per due anni m'ero preparato con scrupolo all'esame di anatomia sul libro del Chiarugi, un allievo del mio bisnonno. Purtroppo il professor Curzio Massart mi fregò con questa richiesta: "Mi parli delle unghie". L'unica parte del corpo umano che non avevo studiato. Mi cacciò con ignominia e un 3/30 sul libretto. A Pisa capitava che a studenti di primo pelo venisse anche chiesto di indicare il foro del Checcacci su un cranio da laboratorio».

E quale sarebbe il foro del Checcacci?

«Quello che un bidello, Checcacci appunto, aveva provocato nell'osso parietale lasciando cadere per terra il teschio. Demoralizzato, emigrai a Padova».

Era medico anche suo padre?

«Possidente terriero. Fu insediato da Benito Mussolini alla presidenza dell'Inail, l'Istituto nazionale assicurazione infortuni sul lavoro. Finita la guerra lo accusarono d'aver ricavato profitti dal regime. L'avrebbero sicuramente fucilato se un usciere dell'Inail non avesse tirato fuori i cedolini degli emolumenti mensili che mio padre s'era sempre rifiutato di ritirare, facendoli devolvere alle vedove e agli orfani dei caduti sul lavoro. Da allora ho avuto repulsione per la politica».

Chi è stato il suo maestro?

«Pier Giuseppe Cevese, un chirurgo straordinario, fra i più grandi che l'Italia abbia avuto. Un vicentino con un'anima e due mani eccezionali, dotato di dominio assoluto sulla malattia, capace di gesti operatori delicati ma decisi, forti ma riguardosi. A quei tempi il chirurgo doveva fare tutto: cervello, cuore, torace, addome, vasi. Poteva capitarti d'asportare una colecisti il mattino e di rompere col dito una stenosi mitralica il pomeriggio».

Prego?

«Digitodivulsione si chiamava. Si apriva il torace, si infilava un dito nell'atrio cardiaco e si spaccava la valvola mitrale ostruita dalle calcificazioni. Questo le fa capire perché quando nel 1992 il mio allievo Carlo Adami mi propose di adottare per la prima volta in Europa la chirurgia endovascolare ideata da Juan Carlos Parodi, un collega argentino, io restai molto perplesso. Non era facile per uno come me, abituato a operare a cielo aperto, accettare l'idea che un aneurisma dell'aorta potesse essere risolto praticando una piccola incisione all'inguine, inserendo dall'arteria femorale una protesi in poliuretano e metallo e rimandando a casa il paziente l'indomani. Tanto che per quel primo esperimento mi presentai in sala operatoria bardato come al solito, pronto ad affrontare eventuali emergenze col bisturi in pugno. Invece andò benissimo. Solo adesso che questa tecnica è diventata routine ho riflettuto sul fatto che la storia si ripete: in fin dei conti io ho fatto da garante al pioniere Adami così come Cevese a suo tempo aveva fatto da garante al pioniere Vecchioni».

Per quale innovazione?

«La mediastinoscopia. Allora non esistevano la Tac o la risonanza magnetica per vedere dentro lo spazio della cavità toracica in cui sono alloggiati cuore, timo, grossi vasi, trachea, esofago. Così andai al Karolinska Institutet di Stoccolma a impadronirmi di una tecnica che permetteva di praticare le biopsie profonde introducendo un tubo metallico nel mediastino attraverso il giugulo. In Italia nessuno ci aveva mai provato. I colleghi mi diedero del pazzo. "Se ti te vol far 'sta roba, fatela da solo: mi no' voio", fu la prima reazione del mio maestro. Ma poi decise d'appoggiarmi. Ne abbiamo fatte 400 con ottimi risultati».

Che cos'aveva ieri la sanità pubblica che oggi non ha più?

«Il decisionismo. Il giorno che arrivai qui, m'accorsi che mancavano i ferri per la chirurgia toracica. Andai dal presidente, Giambattista Rossi, e gli dissi: "Se capita un incidente, non posso aprire il petto al ferito". Lui mi chiese dove fossero in vendita i ferri migliori. A Bologna, risposi io. Staccò un assegno in bianco: "Ecco, va' subito a Bologna e comprati i ferri che ti servono". Ieri negli ospedali c'erano meno pastoie, meno burocrazia, meno conflittualità, meno sindacalismo. Davanti a una vita da salvare, nessuno guardava all'ora di lavoro in più o ai recuperi delle guardie. E avevamo anche tanti soldi da spendere».

Come avete fatto a finirli?

«L'avanzamento tecnologico ha costi drammatici. Tutti l'abbiamo sposato, io per primo. Prenda le suturatrici automatiche, adottate nel 1988: grandi vantaggi ma anche grandi spese. Una sola di queste cucitrici costa molto e dopo l'uso la si butta via. Una sutura eseguita a mano incide per un centinaio di euro. Ma le suturatrici sono più utili al medico che al paziente, diciamocelo. Con l'aggravante che il giovane chirurgo rischia di non essere più capace di fare le suture. E quando finiscono i quattrini, come lo chiude il paziente? Idem il metodo endovascolare introdotto in Italia da Adami. È semplice ed efficace, ma assai costoso. I malati vanno accuratamente selezionati, senza rinunciare a priori alla chirurgia tradizionale».

Dilemmi che non sussisterebbero se disponeste di più finanziamenti.

«In passato gli ospedali erano finanziati dallo Stato sulla base delle giornate di degenza. Sbagliato, perché in tal modo i malati venivano trattenuti in ostaggio nei letti per strappare il massimo rimborso. Purtroppo siamo caduti dalla padella nella brace quando è stato importato dall'America lo sciagurato criterio dei Drg, *diagnosis related group*: in pratica le Regioni ora pagano le prestazioni su gruppi omogenei di pazienti classificati per patologia. Si sono create sperequazioni folli. Vengono pagati pochissimo alcuni interventi maggiori e forse troppo altri interventi di piccola portata. Ci vuole quindi molta onestà da parte del medico nel descrivere e "fatturare" ciò che ha veramente eseguito, altrimenti si cade nell'errore colpevole di costringere le Regioni a spese ingiustificate. Insomma, vanno evitati gli sprechi e in questo esercizio di virtù il chirurgo è il vero protagonista, la vera parte attiva. Oggi comunque la chirurgia è cambiata. La mininvasiva è divenuta pratica corrente e molto di ciò che un tempo si faceva in regime di ricovero viene fatto in day hospital, con vantaggi per l'organizzazione e con riduzioni di spesa.

Anche qui le scelte sono demandate al chirurgo. Si spera che siano sempre oculate».

L'immagine che la gente ha del chirurgo resta quella di un signore molto distinto però in camice da macellaio.

«Sono convinzioni dettate spesso da immagini del passato. Un buon chirurgo deve avere cuore, manualità, coraggio, resistenza fisica, molte e solide conoscenze tecnico-scientifiche e una buona dose d'inventiva. Certo, un po' di sangue scorre... In passato gli svenimenti in sala operatoria erano contemplati dal tirocinio. Ogni tanto vedevo un allievo con la fronte imperlata di sudore, mi giravo e un attimo dopo non lo trovavo più al mio fianco: stramazzato sul pavimento. Il lucernario serviva proprio a evitare questo impatto negativo».

Il lucernario?

«Un tetto a vetri che consentiva agli studenti di assistere agli interventi. E di vedere anche gli errori dei maestri. Non dimenticherò mai uno dei primi interventi a cuore aperto col professor Cevese. Un cardiologo dell'équipe era ansioso di immortalare le varie fasi della sostituzione della valvola mitrale. Senonché la macchina fotografica gli scivolò di mano e cadde sopra l'atrio destro del cuore. Rimanemmo tutti paralizzati. L'assistente ai ferri, suor Agostina, sbottò: "Par cossa no' la cavè?", perché non la togliete? E visto che nessuno di noi trovava il coraggio di togliere quel peso dal cuore, la sua mano santa afferrò la fotocamera. Il paziente tornò a casa sano e salvo in decima giornata, con una quintalata di antibiotici in corpo a scopo precauzionale. Ma quello stesso pomeriggio la notizia fece il giro di Padova: gli specializzandi avevano assistito alla scena dal lucernario».

Dunque non è vero che i chirurghi seppelliscono i loro errori.

«Per la verità in mezzo secolo ne ho visto uno solo che ha avuto il coraggio di ammetterli. Accadde nel 1980, quando Cevese tenne a Firenze una conferenza pubblica intitolata appunto *I miei errori in chirurgia toracica*».

C'entra qualcosa col fatto che lei a 70 anni ha deciso di deporre il bisturi? La legge le consentiva di operare fino ai 72.

«Ho seguito l'esempio del mio maestro e di Pietro Valdoni, Achille Dogliotti, Paride Stefanini, Galeno Ceccarelli. A 70 anni il chirurgo è stanco, ci vede meno, non tollera i lamenti del malato. Perché dovevo fare male ciò che ho sempre cercato di fare bene?»

Però non è tornato a casa.

«Ho avuto la fortuna di sposare 48 anni fa una donna eccezionale, Gabria, che ha saputo crescere i nostri figli da sola. È lei l'unica artefice dei miei successi. Oggi viviamo felicemente assieme la nostra terza età. Io sono in pensione ma continuo a frequentare la struttura che ho diretto per 40 anni e che oggi è affidata al professor Pederzoli. Ciò mi consente di rimanere aggiornato e di vivere ancora con piacere alcuni momenti clinici che se non altro appagano la mia mai sopita curiosità. Carlo Carlon, che fu primario a Udine e a Padova, mi diceva: "Tu non sai quante cose ho imparato nei corridoi". Ah, se è vero!»

Un chirurgo su due oggi è di sesso femminile. Nel 1980 le donne che impugnavano il bisturi non superavano il 10 per cento. Che cos'è accaduto?

«Il mondo è cambiato, la donna si è emancipata e affronta con successo anche le professioni un tempo riservate agli uomini. La chirurgia è un esempio. Più difficile è che la donna raggiunga posizioni apicali nell'università e negli ospedali. Penso che il cammino per completare il processo di equiparazione non sarà breve. Ma ci arriveremo».

Il chirurgo risolve sempre?

«Oggi molto meno. Nei tumori è solo di supporto. Per le coronarie s'arrangia il cardiologo con l'angioplastica. Per l'ulcera gastroduodenale c'è la terapia farmacologica. Per le vasculopatie si rimedia con la radiologia intervenzionale e la chirurgia endovascolare».

Si stanno preparando legioni di disoccupati.

«Tra pochi anni la chirurgia tradizionale si sarà ridotta del 40 per cento. Il cardiochirurgo Denton Cooley aveva costruito parecchi alberghi a Houston, nel Texas, per i parenti dei malati che andavano a farsi operare il cuore: metà li ha dovuti chiudere».

Dopo tanta sala operatoria, s'è fatto un'idea su quali siano i fattori che contribuiscono a far ammalare le persone?

«Per alcune patologie hanno sicuramente una forte incidenza gli stili di vita, l'ambiente, l'ereditarietà. Ma qual è l'origine di un tumore del pancreas? Un filosofo diceva: "Il nostro gene è stanco di vivere". Forse aveva ragione».

Che cosa fa la grandezza di un chirurgo? L'abilità manuale? L'occhio clinico? Lo studio? L'esperienza?

«L'amore per il malato. Il professor Cevese nel curriculum dei suoi allievi scriveva: "Dimostra grande amore per il malato". E quando magari era costretto ad asportare la milza a un bimbo talassemico, mentre lo portava in sala operatoria mi diceva commosso: "Eto visto che belo che el xe?" Il fatto che fosse piccolo e bello lo spronava a guarirlo. È ancora nel cuore dei chirurghi l'amore per il malato? Io lo spero. Ma non lo so».

MICHELE ZAPPELLA
Per le nuove scale

Lo zio Michele ride, scherza, distribuisce complimenti e carezze, contrae il viso in smorfie da clown, talvolta urla, spesso si fa prendere per il naso, e non in senso metaforico. Ha qualche concorrente nel Regno Unito, in Svezia, negli Stati Uniti. In Italia no, è riconosciuto come il numero uno. Lo zio Michele possiede una sensibilità rabdomantica: riesce ad aprire casseforti di cui nessuno conosce la combinazione. Forzieri speciali che si muovono, respirano e interagiscono con lui, perché sono fatti di carne. Bambini autistici. «Fortezze vuote», per il famoso psicologo Bruno Bettelheim. Ma non per il professor Michele Zappella, neuropsichiatra infantile e pediatra, specializzato in malattie nervose e mentali. In 35 anni che si occupa di loro ne ha curati più di 10.000. Molti sono migliorati, alcuni guariti.

Iniziò nel reparto da lui stesso fondato all'ospedale di Siena, un ex convento. Nonostante il primario abbia un aspetto badiale, là dentro, per le antiche scale, non s'è mai sentito un monaco o un missionario, l'officiante di una religione laica, «l'ho sempre inteso solo come un dovere civile verso gli altri e verso il mio Paese».

Suo zio Mario – perché anche lo zio Michele ha avuto un parente che ha contato molto nella sua formazione – visse per 40 anni un'esperienza analoga nel decrepito manicomio di Maggiano (Lucca) e ci ricavò il suo romanzo più noto, *Per le antiche scale*, appunto. Quando faccio notare a Zappella che assomiglia in modo impressionante a lui, allo psichiatra-scrittore Mario Tobino, la sua bocca si allarga in un'espressione di stupefatta malinconia: «Bisogna farlo bene, fino in fondo, il nipote di uno zio così».

Il neuropsichiatra infantile è figlio di Clotilde, detta Tilde, la sorella maggiore di Tobino. L'11 dicembre 1991 ebbe il privilegio d'accompagnare l'illustre zio in quello che sarebbe stato l'ultimo viaggio, ad Agrigento, dove gli conferivano il premio Luigi Pirandello: «Ma a lui, più che il riconoscimento, interessava il mare. Guardava al di là del Mediterraneo, come se sognasse di tornare in quel deserto della Libia al quale quarant'anni prima aveva dedicato l'omonimo romanzo che rievoca la sua odissea di ufficiale medico durante la seconda guerra mondiale. Lo zio ne avrebbe compiuti 81, portati malissimo, di lì a pochi giorni. Ebbi la sensazione che quel premio fosse una sfida alla morte. Durante la cerimonia raccontò ai giovani la sua vita. Alla sera volle stare con loro al ristorante fin dopo la mezzanotte. Mangiò, bevve, scherzò anche pesantemente con le donne come un ventenne. Il mattino seguente fu schiantato dall'ennesimo infarto. Una morte in palcoscenico, come Molière».

Il professor Zappella, in pensione da due anni, ha festeggiato i 73 a marzo e oggi continua a curare i suoi piccoli pazienti per le nuove scale dell'ospedale della Versilia, un avveniristico complesso sanitario che sorge a Lido di Camaiore, a pochi chilometri dal Piazzone della sua Viareggio, su cui si apriva la finestra della camera dello zio Mario. È consulente dell'unità operativa di neuropsichiatria infantile diretta dal dottor Giorgio Pini. Ma visita anche a Siena, dove abita, a Roma e a Corigliano Calabro, un omaggio alla moglie che è nata lì ma soprattutto un favore alle famiglie disagiate del Sud, perché il metodo di cura messo a punto dal professor Zappella comporta sedute di apprendimento e richiede l'assidua partecipazione di mamme e papà.

Il luminare è presidente del comitato scientifico della Società italiana della sindrome di Rett e fino a cinque anni fa presiedeva la Società italiana della sindrome di Tourette, due malattie neurologiche di eccezionale rarità e gravità. La prima colpisce solo le bambine dopo il primo anno di vita e si manifesta con mutismo, epilessia, atrofie muscolari, difficoltà di deambulazione e coazione ad attività ripetitive, simili al lavaggio delle mani; la seconda con atteggiamenti stravaganti, tic e un'irrefrenabile pulsione a pronunciare sconcezze. Tutte sfide, per zio Michele.

Che cos'è l'autismo?

«Una malattia con spiccata componente genetica che compare nei primi anni di vita con tre caratteristiche: difficoltà grave nello sviluppo delle relazioni sociali; problemi di comunicazione; comportamenti ripetitivi, come dondolare il corpo avanti e indietro, ed ecolalia, la pronuncia ossessiva di parole udite in precedenza».

Essere il nipote dello psichiatra Tobino l'ha aiutata nel suo lavoro?

«Mio zio mi ha insegnato l'ascolto partecipato. Le malate di mente gli correvano intorno e lui s'immedesimava nel loro delirio: “Lei è una contessa... Prenda la torcia, andiamo! Il cavallo ci aspetta”. Ho capito che con i bambini autistici serviva la stessa capacità di avvicinamento. Loro non ti guardano, scappano nell’angolo più lontano della stanza. Allora la prima volta che li incontro vado a prenderli in sala d’attesa e mi congratulo per il loro aspetto. Quando comincia una visita deve iniziare una relazione positiva. La reciprocità fra adulto e bambino è la chiave di tutto».

Quanti sono gli autistici in Italia?

«Fino agli Anni 70 si riteneva che fossero 4 ogni 10.000 abitanti, quindi lo 0,04 per cento della popolazione. Oggi si sa che questa percentuale è dello 0,6 per cento. Quindi stiamo parlando di un bambino ogni 160 nati».

Da 0,04 a 0,6 è un incremento allarmante, il 1.400 per cento in più. Come si spiega?

«Sono migliorate le tecniche diagnostiche. Ma soprattutto viviamo in una società che punta tutto sulla relazione. Un secolo fa l’impiegato autistico passava inosservato: gli bastavano pennino, calamaio e una discreta calligrafia. Ma oggi? Deve usare il computer, padroneggiare Internet, dialogare col pubblico. Fra il 1961 e il 1965 ho lavorato al Fountain hospital per cerebropatici a Londra e poi in neurologia infantile al Children’s hospital di Washington: conoscevamo poco l’autismo, lo giudicavamo un handicap rarissimo. Del resto la definizione clinica era stata data solo vent’anni prima a Baltimora dall’austriaco Leo Kanner, che lo aveva individuato su 11 bambini, nove maschi e due femmine. La medesima proporzione che riscontriamo ai nostri giorni».

Negli Stati Uniti si parla dell’autismo come di un’epidemia.

«Si è data la colpa alle vaccinazioni, a causa della presenza del mercurio nei preparati. Ma nel 2001 le case farmaceutiche hanno tolto dai vaccini il thimerosal, tiosalicilato di mercurio, e le diagnosi sono aumentate ugualmente. In un distretto del Giappone per un certo periodo le vaccinazioni sono state sospese e anche lì i casi sono cresciuti. Credo che dipenda da una banale concomitanza: l'autismo si manifesta nell'età in cui si eseguono le vaccinazioni».

Perché ha deciso di occuparsi proprio di questa patologia?

«Nel 1973 mi fu portato in reparto Pino, 8 anni. Era un caso difficile, un gigante cerebrale, con un capoccione enorme. Disgrazia volle che quel giorno i dirigenti amministrativi venissero a farmi perdere tempo per discutere di problemi logistici. Quando uscii dal mio studio, Pino non c'era più: la mamma, stufa d'aspettare, lo aveva riportato a casa. Il giorno dopo andai io a cercarli. Abitavano a Scrofiano, non lontano da Siena, in un modesto alloggio. Pino toccava quasi il soffitto con la testa. Non riuscii a curarlo».

Le famiglie dei piccoli malati spesso si colpevolizzano.

«È la conseguenza di un passato molto brutto, quando la psicoanalisi pensava che l'autismo fosse il frutto di difficoltà nel rapporto madre-figlio, anziché di alterazioni dell'amigdala, del cervelletto e dell'ippocampo. Mi hanno portato una bimba con la sindrome di Rett che per nove anni, dico nove anni, è stata sottoposta inutilmente a cinque sedute settimanali dallo psicoanalista. Di errori i seguaci di Freud ne hanno fatti tanti».

La maggior parte delle coppie che hanno un figlio autistico nel giro di pochi anni si separano.

«È vero. Quasi sempre è il marito che se ne va,

lasciando la moglie da sola ad affrontare la situazione».

Un autistico può diventare pericoloso per sé e per gli altri?

«Nella maggioranza dei casi no. Però alcuni sono molto ritardati, non capiscono le regole, hanno bisogno d'essere accuditi. È vero che la scuola pubblica assegna a ciascuno di loro un insegnante di sostegno e spesso un assistente, tuttavia la pretesa di integrare tutti appartiene al radicalismo estremo. Vedo ragazzi d'ogni parte d'Italia: cominciano a star bene quando le scuole chiudono e loro vanno al mare. Bisogna sempre aver presente che si tratta di persone molto sensibili, più permeabili di altre all'aggressività scatenata da patologie sovrapposte, come la depressione, l'agitazione motoria, il disturbo maniacale. Non riuscivo a curare un bimbo di Prato in perenne agitazione. Inserito in un centro speciale, non ha più avuto bisogno di medicine».

E una volta terminata la scuola dell'obbligo?

«Subentra il vuoto. Gravitano sulla famiglia o sui centri diurni. Quelli più intelligenti, i cosiddetti *asperger*, possono trovare collocazioni terapeutiche mirate. Seguo un trentenne che è un fuoriclasse della chimica, s'è laureato con ottimi voti in Abruzzo. Lavorava in una università del Centro Italia, ma, vinto dalla depressione, ha tentato il suicidio. L'hanno salvato. Ora ha cominciato un dottorato di ricerca nello stesso ateneo e va meglio».

Come si cura l'autismo?

«I ritardati e i ripetitivi, anche se parlano, hanno bisogno d'essere organizzati mediante l'uso delle immagini. Sapere come vanno fatte determinate cose li tranquillizza».

Sono uomini d'ordine.

«Superordine. Per mandare in crisi un mio paziente che lavora in un vivaio è bastato che il proprietario gli cambiasse mansione dalla mattina al pomeriggio».

E i meno gravi come si curano?

«Bisogna fornirgli i mattoni per sviluppare le relazioni. Perché non conoscono le modalità di approccio, non sanno chiedere al compagno di banco: "Mi presti la gomma?" Quindi per loro invento scenette teatrali in cui ci scambiamo i ruoli. Ciao Giovanni, bella giornata, oggi. "Ciao zio Michele, bella giornata, oggi". Stesso percorso per genitori, insegnanti e terapisti».

La leggenda di zio Michele quando è nata?

«Non me lo ricordo nemmeno più. Incontravo parecchie famiglie di Napoli e mi preoccupavo che i piccoli non vedessero in me il medico in camice bianco che fa le punture, che mette paura. Qualche genitore diceva al figlio: "Siamo venuti a trovare zi' Michele". Ha avuto successo».

Dove trova tutta questa pazienza?

«Stare con un autistico per un'ora è diverso dallo starci tutto il giorno. La sera, anche adesso che sono anziano, quando finisco le visite mi sento benissimo, non sono mai stanco. Ho un forte ritorno affettivo da questi bambini che non vorrebbero andarsene dal mio studio. Mi mantengono giovane. Teo, un giovanotto della Lucania che oggi lavora in un ristorante, mi fu portato negli Anni 80 da padre, madre e nonno. Dopo poche sedute, parlava. Dissi loro: "Teo è guarito". Se lei avesse visto la felicità di quel nonno... Molto tempo dopo vado a un convegno in Campania. Al termine dei lavori mi ritrovo quest'uomo sulla porta che mi aspetta con ceste piene di ogni ben di Dio. Impagabile».

Dall'autismo si guarisce, dunque.

«L'autismo è plurale, sono diverse malattie in una. Nel 5-7 per cento dei casi è reversibile, per esempio quando nasce da deprivazioni ambientali, vedi il caso dei piccoli rumeni segregati negli orfanotrofi di Ceausescu».

Esistono davvero geni come l'autistico Raymond interpretato vent'anni fa da Dustin Hoffman nel film Rain Man*?*

«Certamente. Il *savant* ha queste capacità straordinarie e misteriose, soprattutto di tipo matematico. Io gli chiedo: che giorno era il 7 maggio 1998? Lui risponde di getto: giovedì. Vado a controllare ed è vero. C'è una teoria che attribuisce l'autismo a un'anomalia nelle connessioni cerebrali. Se è vera, devono esistere delle iperconnessioni a noi ignote».

Ho letto che lei si occupa anche di bullismo. Che c'entra con l'autismo?

«C'entra, purtroppo. Un giorno mi arriva in stato catatonico un autistico grave di 17 anni. I genitori mi raccontano che il fratello di 14, vittima dei compagni a scuola, è stato sbattuto contro una cancellata fino a fratturargli la clavicola. L'episodio violento aveva sovvertito per qualche giorno l'ordine familiare e il ragazzo più grande, sentitosi perso, era finito al pronto soccorso, dove l'avevano imbottito di neurolettici. M'è sembrata un'ingiustizia intollerabile».

E che cosa ha fatto?

«Ho cominciato a documentarmi, scoprendo che il bullismo colpisce sistematicamente autistici, iperattivi, neri, intelligenti e obesi. E come reagisce la scuola? Con risposte inadeguate. Ho letto di una studentessa di 16 anni spogliata nuda perché considerata secchiona. Sa qual è stato il castigo per i bulli? Li hanno mandati a pulire i bagni. Che cosa devono pensare i bidelli? Che il loro è un lavoro disonorevole? Lo trovo spaventoso. Alla vittima non è stata offerta alcuna protezione».

Lei che propone?

«Non occorre essere geni: basta andare a vedere che cosa s'è fatto in Scandinavia o leggersi il programma di prevenzione del bullismo compilato dalla dottoressa Rachel Vreeman, ricercatrice della scuola di medicina dell'Indiana University. Negli Usa ben 35 Stati su 50 si sono dotati di un'apposita legislazione per arginare questo deprecabile fenomeno».

In Italia non si possono sospendere i violenti dalle lezioni in ossequio al diritto allo studio.

«In Italia si fa una gran confusione. Il bullismo induce disturbi depressivi, istinti suicidari, sintomi psicotici. Fior di statistiche attestano che chi è bullo da adolescente spesso diventa inquilino di prigioni da adulto. La censura contro questi individui dovrebbe essere rapidissima, la sanzione severissima. Ma nel 1998, quand'era ministro della Pubblica istruzione Luigi Berlinguer, fu varato uno *Statuto delle studentesse e degli studenti* che offre tali e tante garanzie da rendere di fatto impossibile l'immediata punizione dei colpevoli. Una roba scandalosa».

Stampato da
Grafica Veneta S.p.A., Trebaseleghe (PD)
per conto di Marsilio Editori® in Venezia

«Gli specchi Marsilio»
Periodico mensile n. 168/2009
Direttore responsabile Cesare De Michelis
Registrazione n. 1333 del 28.05.1999
Tribunale di Venezia
Registro degli operatori di comunicazione-ROC n. 6388

EDIZIONE

10 9 8 7 6 5 4 3 2 1

ANNO

2009 2010 2011 2012 2013